中国历代竹器图谱与数字活化

张小开 孙媛媛 著

(教育部人文社会科学研究一般项目成果)
(项目编号：20YJA760104)

Atlas and Digital Activation of Bambooware in Chinese History

化学工业出版社
·北京·

内容简介

本书在系统梳理我国7000年竹器发展史、竹文化体系的基础上，挖掘其中蕴含的造物思想和文化内涵等，选取中国传统代表性竹器，充分利用现代计算机技术和三维、二维图形图像处理技术，提出传统竹器数字化复原路径，对历代典型竹器进行复原、再现，充分还原各历史阶段代表性竹器的重要造型、色彩、结构、尺寸、尺度、工艺等数据，让传统竹器完整再现，以此构建并数字化呈现我国历代竹器谱系。书中详细介绍了103种竹器复原的推演过程，并首次呈现了130幅代表性竹器复原效果图，对于传统器物活化研究具有一定的参考价值。

本书适用于竹器、竹文化研究者，竹产品设计者，以及竹制品行业从业者，亦可以作为高校产品设计、工业设计、家具设计、数字媒体等专业师生的参考用书。

图书在版编目（CIP）数据

中国历代竹器图谱与数字活化/张小开，孙媛媛著.—北京：化学工业出版社，2023.5
ISBN 978-7-122-29295-7

Ⅰ.①中… Ⅱ.①张…②孙… Ⅲ.①计算机技术-应用-竹制品-中国-图集 Ⅳ.①F768.5-64

中国国家版本馆CIP数据核字（2023）第045342号

责任编辑：张　阳
责任校对：李　爽
装帧设计：尹琳琳

出版发行：化学工业出版社
　　　　　（北京市东城区青年湖南街13号　邮政编码100011）
印　　装：天津裕同印刷有限公司
880mm×1230mm　1/16　印张26　字数407千字
2024年6月北京第1版第1次印刷

购书咨询：010-64518888
售后服务：010-64518899
网　　址：http://www.cip.com.cn
凡购买本书，如有缺损质量问题，本社销售中心负责调换。

定　　价：498.00元　　　　　版权所有　违者必究

Atlas
and
Digital
Activation
of
Bambooware
in
Chinese
History

序

中国是世界上最主要的产竹国，竹类资源、竹林面积、竹材蓄积、竹材产量以及竹产品对外贸易量均居世界首位。在我国无数珍贵的历史文化遗产和丰富的自然资源中，竹器及竹文化极具代表性。

2020年，中国竹产业产值达3198.99亿元。竹产业集经济效益、生态效益和社会效益于一体，是贯彻落实习近平生态文明思想，实施乡村振兴战略，助力塑料污染治理，实现绿色低碳发展的重要途径，已成为竹产区经济社会发展的重要支柱产业、绿色朝阳产业和农民增收致富的希望产业，为推动生态文明和美丽中国建设发挥了重要作用。竹产业发展优势明显，潜力巨大。

由张小开、孙媛媛共同完成的《中国历代竹器图谱与数字活化》一书是教育部人文社会科学研究一般项目的研究成果，也是该团队已经主持完成的国家出版基金项目"中国竹器"的延展研究成果。张小开教授自2004年读博期间选择以"竹"作为研究对象，一直持续至今，矢志不渝，有着近20年的学术积累，从中国传统竹器的历史脉络、设计规律、数字活化、产业化转型与创新发展等方面开展了较为系统、深入的研究。期间，查阅相关历史、考古、设计类相关文献数以千计，带领团队20年间走遍国内竹产区和竹器产地，行程万里以上，拍摄了数万张竹器照片。近年来，又带领团队完成中国历代竹器的谱系和数字化复原等工作，复原历代竹器100余件。为了尽可能完整、准确地复原历代竹器，团队对于每一件竹器都逐一查阅可能涉及的相关考古报告、历史文献或绘画资料，反复查证各类古籍文献，有时还利用多种资料相互印证，并且，对这100余件竹器做了科学的数据推算，开展了尺寸精准的数字模型制作，工作量很大。基于上述这些工作，最终完成了这部专题性研究著作。

该书深入挖掘、整理和数字化复原出中国历代典型竹器造物及其竹文化的系统性资源，图文并茂，特色鲜明，体现了竹器研究的系统性、学术性和鉴赏性，展现了我国传统竹器的深厚积淀和中华民族的无穷智慧与创造力，同时为推动我国竹产业创造性转化、可持续发展提供了借鉴思路。

包括中国竹文化在内的中国传统文化始终是国家和地域的象征，是中华民族价值观念和审美意识的体现，是中国人生活文化的核心组成部分。对传统文化资源的挖掘、整理和开发是繁荣我国文化的重要途径，是构建新时代国家新文化体系的重要保障，是推动我国建立高度文化自信的前提，也是新时代全体国人肩负的重要历史使命。因此，有关传统文化的保护与传承、在新时代的转型和创新性发展已成为迫在眉睫的世界性研究课题，具有重要的研究意义和实践价值。张小开教授等的这一系列研究正是其中的一分子。希望这本书的出版，能够抛砖引玉，吸引更多专家学者关注和共同参与到包括竹器造物与竹文化在内的中国传统文化的保护与传承研究，特别是数字化保护与传承中，更好地推动中华优秀传统文化创造性转化和创新性发展。

江南大学教授、博士生导师、（日）千叶大学名誉博士

2023年12月

前言

竹子文明的国度
——
中国竹器物谱系构建的文化溯源意义

> 瞻彼淇奥，绿竹猗猗。有匪君子，如切如磋，如琢如磨。
> 瑟兮僩兮，赫兮咺兮。有匪君子，终不可谖兮。
> 瞻彼淇奥，绿竹青青。有匪君子，充耳琇莹，会弁如星。
> 瑟兮僩兮，赫兮咺兮。有匪君子，终不可谖兮。
> 瞻彼淇奥，绿竹如箦。有匪君子，如金如锡，如圭如璧。
> 宽兮绰兮，倚重较兮。善戏谑兮，不为虐兮。
>
> ——《诗经·卫风·淇奥》

中国第一部诗歌总集《诗经》中的《卫风·淇奥》将绿竹比作高雅的先生，以竹比德。《诗经》是我国古代记录商周时代风俗之事的重要典籍，竹之文明在中国开始之早可见一斑。

确切地说，中国古人使用竹器的历史可追溯到史前时期，有实物证据的出土竹器距今约6700～7400年[1,2]。纵览约7000年的竹器历史长河，从新石器时代的竹编器、商代的采矿竹器、西周的矿业与渔业竹器、春秋战国的彩绘竹器、汉代马王堆彩绘龙纹勺、《说文解字》中的竹部竹器系统、魏晋南北朝的竹器典籍记载与竹林七贤典故、唐代的竹椅与尺八、宋代竹花篮与斗茶竹具、元代的大型竹席龙舟与农具竹器、明代的嘉定竹刻到清代的江浙竹篮，中国作为"竹子文明的国度"实至名归。

值得思考的是，"竹子文明"并不是中国人自己喊出来的，而是英美学者喊出来的。英国著名科学史家李约瑟（Joseph Needham）《中国科学技术史》（*Science and Civilization in China*，1954年剑桥大学出版社出版）中声称："东亚往往被称为'竹子'文明，有证据表明，商代已经知道竹子的多种用途。其中一种用途就是用作书简……这些书简大致和保存至今的汉初书简相同，一行一行的文字写在竹片或木片上，再把它们用两根绳子编缀在一起，因而有'册'这个字。我们从'册'字的甲骨文形象可以知道，它本来是用来描述一部书的形状。'典'字也是这样，它现在虽作字典解，而当时却表示放在桌上即放在受尊重的位置上的一部书。"[3]李约瑟这部著作在世界范围内产生了深远影响，继而中国"竹子文明"的美名被传播至全世界。

这里的"东亚"其实就是指中国，李约瑟在此引用了美国著名汉学家顾立雅（Herrlee G.Creel，1936年）的"商代已经知道竹子的多种用途"这一论据。竹简、册、典等是记载文字和文明的典型器具，而这些记录器具均以竹器为主。因此，李约瑟说中国是"竹子文明"的国度并不是个人观点，而是一种共识。类似这样的认识早在1925年德裔美国汉学家劳佛尔（Berthold Laufer）的《中国篮子》[4]（*Chinese Baskets*，菲尔德自然史博物馆出版）中提到过。作者对中国篮子（绝大部分是竹篮）进行了摄影记录，并将其传播到美国。劳佛尔在书中前言指出："尚未有人研究过中国的篮子，甚至连当代中国的著作及中国学者都未曾正视过中国篮子存在的

---

[1] 湖南省文物考古研究所.湖南洪江市高庙新石器时代遗址[J].考古，2006（7）：9-15.
[2] 贺刚.湘西史前遗存与中国古史传说[M].长沙：岳麓书社，2013：126-127.
[3] [英]李约瑟.中国科学技术史[M].王玲，协助.北京：科学出版社，上海：上海古籍出版社，1990.
[4] [德]劳佛尔.中国篮子[M].叶胜男，郑晨，译.杭州：西泠印社出版社，2014.

价值。事实上，篮子自古以来就是中华文明的一部分。"

在中国，另一代表性的竹器是筷子。在早期出土的竹器中，"竹箸"很有代表性，出土的筷子使用竹子来制作也屡见不鲜。在西方人的认知里，使用筷子作为进食工具虽有些不可思议，但这正是东方"竹子文明"的魅力之处。中华文明，博大精深。国人日常感知的是各种非凡的传统文化，但若要其选出最具代表性的物件，他便会不知所措；而身在其外的西方人，反而更容易看到中国最具代表性的事物，正可谓"不识庐山真面目，只缘身在此山中"。

中国素有"竹子王国"之誉。国内竹类资源丰富，第九次全国森林资源清查结果显示，我国竹林面积为641.16万 hm^2，占森林面积的2.94%，其中毛竹林467.78万 hm^2，占竹林面积的72.96%。竹林面积、蓄积量、竹制品产量和出口额均居世界前列。[1]

竹子美而不俗，淡中透雅，具有极强的观赏性。自古以来，这种雅物就在东方园艺中占有重要地位。像我国南方的"茂林修竹""竹径通幽""水中竹影""移竹当窗""竹林夹径"等以竹为景的景观随处可见。

竹文化也是中国传统文化的特色代表。数千年来，文人士大夫一直钟爱竹子和竹文化，也创造了众多的竹文化故事。著名的如魏晋南北朝时期的"竹林七贤"、晋王徽之"何可一日无此君"的名言、唐代的"竹溪六逸"、宋代苏轼"可使食无肉，不可居无竹"的诗句，以及之后的"松竹梅岁寒三友""梅兰竹菊四君子"等典故，都把竹文化深深地烙印在中国人的内心深处。从古至今，中国人对竹文化的认知一直在深化。如今我们通过宋代苏轼的名诗依旧能体味到竹子文明的魅力和境界。

於潜僧绿筠轩

（宋）苏轼

可使食无肉，不可居无竹。

无肉令人瘦，无竹令人俗。

人瘦尚可肥，俗士不可医。

旁人笑此言，似高还似痴。

若对此君仍大嚼，世间那有扬州鹤。

对中国历代竹器谱系的系统性研究，有利于系统整理中国竹器相关的造物文化，挖掘、传承和传播中国竹文化的物质与非物质资源。本书系统地整理出中国各个历史时期的代表性竹器，以及各时期竹器的造物思想、历史演变、造型特征、结构构造、尺度关系、文化内涵、工艺方式等，在此基础上对传统竹器进行数字化复原与制作，力求让中国竹器造物及文化以更翔实、更准确、更饱满的形象展现在世人面前，最终实现中国传统竹器数字博物馆的建设，进而利用现代互联网技术进行虚拟传播。

著者

2023年5月

---

[1] 国家林业和草原局.中国森林资源报告（2014—2018）[M].北京：中国林业出版社，2019.

目录

壹

第一章 中国竹器物及竹文化体系

第一节 中国竹子与利用 ... 2

第二节 中国竹器物体系 ... 5
1. 中国传统竹器品类体系 ... 5
2. 日常生活中的竹器类别 ... 7

第三节 中国竹文化体系 ... 9
1. 竹文化符号 ... 9
2. 竹成语 ... 11
3. 竹典故 ... 11

贰

第二章 中国历代竹器发展脉络与谱系特征

第一节 七千年的跨越 ... 16

第二节 历代竹器发展脉络与特征 ... 17
1. 史前时期:竹器的滥觞期 ... 17
2. 商代:竹器的工具时代 ... 18
3. 西周:竹器的工具+时代 ... 18
4. 东周:竹器的礼乐时代与第一次繁荣期 ... 20
5. 秦汉:竹器最早的系统化与专门化 ... 21
6. 魏晋南北朝:更系统的典籍记载 ... 22
7. 隋唐五代:高足竹家具的出现与精细化发展 ... 22
8. 宋代:竹器的风雅时代暨第二次繁荣期 ... 24
9. 元代:竹器的大型化发展 ... 24
10. 明代:科技思想融入传统竹器 ... 25
11. 清代:竹器的饱和与工艺时代 ... 26
12. 竹器的衰退转型阶段 ... 27

第三节 历代竹器的谱系构建 ... 27
1. 史前时期竹器谱系表 ... 29
2. 商代竹器谱系表 ... 30
3. 周代竹器谱系表 ... 34
4. 秦汉竹器谱系表 ... 35
5. 魏晋南北朝竹器谱系表 ... 40
6. 隋唐五代竹器谱系表 ... 46
7. 宋代竹器谱系表 ... 51
8. 元代竹器谱系表 ... 56
9. 明代竹器谱系表 ... 58
10. 清代竹器谱系表

第三章 历代竹器谱系研究的样本来源及特点

第一节 竹器样本的三大来源 … 64
 1. 出土实物 … 64
 2. 文献典籍 … 64
 3. 绘画图像 … 67

第二节 竹器谱系的断代缺失 … 68
 1. 出土竹器实物的断档情况 … 68
 2. 文献典籍的断档情况 … 68
 3. 绘画图像的断档情况 … 69

第三节 竹器实物的易腐化性 … 71
 1. 竹材易脱水腐化 … 71
 2. 竹胎漆器保存不易 … 72
 3. 彩绘装饰难保留 … 72

第四节 图像资料的不完整与失真 … 74
 1. 图像资料的不完整性 … 74
 2. 传统绘画中器物的失真 … 78

第五节 竹器文献的不足与难解 … 84
 1. 典籍记载表达简洁带来的困难 … 84
 2. 详细表达中的词义解读困难 … 87

第四章 中国竹器谱系构建的数字活化路径

第一节 竹器数字化复原技术路径 … 90
 1. 竹器数字化复原技术路径分析 … 90
 2. 缺失竹器三种数字化重构模式 … 91

第二节 竹器的实物复原模式 … 92
 1. 出土竹器实物的选择 … 92
 2. 出土竹器基础数据的收集与分析 … 93
 3. 造型补齐分析推演 … 96
 4. 竹器数字化复原与推演 … 97
 5. 实物竹器的复原路径 … 98

第三节 竹器的图像复原模式 … 99
 1. 参照系的选择与误差控制 … 99
 2. 竹器尺寸的确定 … 100
 3. 竹器结构和工艺的确定 … 100
 4. 数字化复原及结构推演展示 … 101
 5. 图像竹器的复原路径 … 104

第四节 竹器的文字复原模式 … 105
 1. 文献资料的选择 … 105
 2. 竹器基本特征和尺寸的确定 … 106
 3. 数字化复原与推演 … 107
 4. 文献竹器的复原路径 … 109

第五章 史前竹器图谱及数字复原

第一节 史前竹器图谱 … 112

第二节 尖山湾遗址出土竹簸箕的数字复原 … 116

1. 浙江尖山湾遗址概况 … 116
2. 尖山湾遗址竹筐造型特征分析 … 117
3. 尖山湾遗址竹筐复原与效果 … 119
4. 尖山湾遗址竹簸箕造型特征分析 … 120
5. 尖山湾遗址竹簸箕复原与效果 … 121

第六章 商代竹器图谱及数字复原

第一节 商代典型竹器图谱 … 124

第二节 神墩商代遗址大圆竹筐的数字复原 … 126

1. 江西神墩遗址及商代大圆竹筐 … 126
2. 神墩遗址大圆竹筐造型特征分析 … 126
3. 神墩遗址大圆竹筐复原与效果 … 128

第三节 大冶铜绿山古铜矿遗址商代竹器的数字复原 … 130

1. 湖北大冶铜绿山古铜矿遗址概况 … 130
2. 铜绿山古铜矿遗址商代单提梁竹篓造型特征分析 … 131
3. 铜绿山古铜矿遗址商代竹篓复原与效果 … 132
4. 铜绿山古铜矿遗址商代锅形筑篮造型特征分析 … 134
5. 铜绿山古铜矿遗址商代锅形筑篮复原与效果 … 134

第七章 周代竹器图谱及数字复原

第一节 周代典型竹器图谱 … 138

第二节 西周孙砦遗址竹渔具的数字复原 … 148
1. 河南孙砦遗址概况 … 148
2. 孙砦遗址圆底竹渔具造型特征分析 … 149
3. 孙砦遗址圆底竹渔具复原与效果 … 150
4. 孙砦遗址圆形竹篓（篮）造型特征分析 … 152
5. 孙砦遗址圆形竹篓（篮）复原与效果 … 153

第三节 东周大型竹木床的数字复原
1. 东周竹木床概况 … 154
2. 包山2号墓竹木床及造型特征分析 … 154
3. 包山2号墓竹木床复原与效果 … 155
4. 信阳长台关1号墓竹木床及造型特征分析 … 156
5. 信阳长台关1号墓竹木床复原与效果 … 158

第四节 东周各类竹筒的数字复原
1. 东周出土的各类竹筒 … 162
2. 东周方竹筒造型特征分析 … 162
3. 东周方竹筒复原与效果 … 163
4. 东周圆竹筒造型特征分析 … 164
5. 东周圆竹筒复原与效果 … 166

第五节 东周竹卮的数字复原
1. 东周出土各式竹卮 … 167
2. 九店东周墓竹卮造型特征分析 … 168
3. 九店东周墓竹卮复原与效果 … 169

第六节 曾侯乙墓竹乐器的数字复原
1. 曾侯乙墓概况 … 170
2. 曾侯乙墓竹乐器造型特征分析 … 171
3. 曾侯乙墓竹乐器复原与效果 … 172

第七节 江陵马山1号墓竹枕的数字复原
1. 东周出土的竹枕 … 173
2. 江陵马山1号墓竹枕造型特征分析 … 174
3. 江陵马山1号墓竹枕复原与效果 … 174

175

第八章 秦汉竹器图谱及数字复原

第一节 秦汉典型竹器图谱 …… 178

第二节 云梦睡虎地秦代竹器数字复原 …… 186
1. 湖北云梦睡虎地秦墓遗址概况 …… 186
2. 云梦睡虎地秦代竹器造型特征分析 …… 187
3. 云梦睡虎地秦代竹器复原与效果 …… 188

第三节 马王堆汉墓长柄彩绘竹勺的数字复原 …… 190
1. 马王堆汉墓概况 …… 190
2. 马王堆汉墓长柄彩绘竹勺造型特征分析 …… 191
3. 马王堆汉墓长柄彩绘竹勺复原与效果 …… 192

第四节 汉代竹装饰片的数字复原 …… 193
1. 江苏扬州西汉刘毋智墓出土的竹雕与竹装饰片 …… 193
2. 汉代竹装饰片造型特征分析与复原 …… 193

第五节 汉代乐浪郡彩绘竹箧的数字复原 …… 194
1. 汉代乐浪郡彩绘竹箧 …… 194
2. 汉代乐浪郡彩绘竹箧造型特征分析 …… 195
3. 汉代乐浪郡彩绘竹箧复原与效果 …… 196

第九章 魏晋南北朝竹器图谱及数字复原

第一节 魏晋南北朝典型竹器图谱 …… 200

第二节 西晋竹提篮的数字复原 …… 202
1. 江苏溧阳孙吴凤凰元年墓出土的西晋青瓷提篮 …… 202
2. 凤凰元年墓青瓷提篮造型特征分析 …… 202
3. 凤凰元年墓青瓷提篮复原与效果 …… 204

第三节 魏晋采桑竹篮的数字复原 …… 206
1. 魏晋十六国壁画及采桑图 …… 206
2. 魏晋十六国壁画采桑提篮造型特征分析 …… 207
3. 魏晋十六国壁画采桑提篮复原与效果 …… 208

第十章　隋唐五代竹器图谱及数字复原

第一节　隋唐五代典型竹器图谱 212

第二节　唐代高座竹椅的数字复原 218
1. 《六尊者像》中高座竹椅等竹器 218
2. 《六尊者像》高座竹椅 219
3. 造型特征分析 220
4. 高座竹椅复原与效果 222

第三节　唐代竹桌的数字复原 222
1. 《萧翼赚兰亭图》中的竹桌与竹杖 222
2. 《萧翼赚兰亭图》中竹桌 223
3. 造型特征分析 224
4. 《萧翼赚兰亭图》中竹桌复原与效果 225

第四节　隋唐幂䍦的数字复原 225
1. 隋唐幂䍦 225
2. 燕妃墓壁画幂䍦造型特征分析 226
3. 燕妃墓壁画幂䍦复原与效果 226

第五节　唐代《茶经》中的竹茶具数字复原 228
1. 《茶经》中的竹茶具 228
2. 《茶经》中竹茶具造型特征分析 229
3. 《茶经》中竹茶具复原与效果 230

第十一章　宋代竹器图谱及数字复原

第一节　宋代典型竹器图谱 234

第二节　宋代竹家具及数字复原 246
1. 宋代绘画中竹家具图谱 246
2. 传统竹家具结构与工艺复原思路 250
3. 宋代绘画中竹家具的复原技术路径与方法 252
4. 宋《白描罗汉册》竹椅造型特征分析与复原 254
5. 宋《药山李翱问答图》中竹椅造型特征分析与复原 257
6. 宋《商山四皓会昌九老图》中湘妃竹椅造型特征分析与复原 260
7. 宋佚名《玄奘三藏像》中竹背架（筴）造型特征分析与复原 264

第三节　宋代竹篮的数字复原 266
1. 宋《清明上河图》中元宝竹篮造型特征分析与复原 267
2. 宋佚名《鱼篮观音图》中竹篮造型特征分析与复原 270

第四节　宋代竹货挑及日用竹器的数字复原 272
1. 宋李嵩《货郎图》中货挑及日用竹器 272
2. 宋李嵩《货郎图》中竹器造型特征分析 273
3. 宋李嵩《货郎图》中竹器复原与效果 274

第五节　宋代竹丝扇的数字复原 276
1. 宋代竹篾扇 276
2. 宋代青丝竹篾扇 277
3. 宋代青丝竹篾扇造型特征分析 278
4. 宋代青丝竹篾扇复原与效果 278

第六节　宋代竹茶器的数字复原 279
1. 《茶具图赞》中的竹茶具 279
2. 宋代竹茶筅造型特征分析与复原 280
3. 刘松年《茗园赌市图》中竹炉提篮造型特征分析与复原 281
4. 宋佚名《斗浆图》中各类竹篮造型特征分析与复原 282

第十二章 元代竹器图谱及数字复原

第一节 元代典型竹器图谱 … 290

第二节 元代竹家具的数字复原 … 298
1. 元钱选《扶醉图》中竹床造型特征分析与复原 … 298
2. 元佚名《竹榻憩睡图》中竹床造型特征分析与复原 … 300
3. 敦煌莫高窟第九五窟《罗汉像》竹椅造型特征分析与复原 … 302

第三节 元代《王祯农书》农具的数字复原 … 304
1. 元代《王祯农书》竹制种箪造型特征分析与复原 … 304
2. 元代《王祯农书》竹篮造型特征分析与复原 … 305
3. 元代《王祯农书》竹籝箕造型特征分析与复原 … 306
4. 元代《王祯农书》竹篢造型特征分析与复原 … 307

第四节 元代竹篮的数字复原 … 308
1. 元任仁发《仕女图》竹提篮造型特征分析与复原 … 308
2. 元程棨《蚕织图》采桑竹篮、竹笼造型特征分析与复原 … 310

第五节 元代竹杖的数字复原 … 312
1. 元佚名《应真像》竹杖造型特征分析与复原 … 312
2. 元王振鹏《神仙图》竹杖造型特征分析与复原 … 313
3. 元蔡山《罗汉图》竹杖造型特征分析与复原 … 315

拾叁

第十三章 明代竹器图谱及数字复原

第一节 明代典型竹器图谱 ... 318

第二节 明代竹椅、竹几的数字复原 ... 328
1. 环翠堂新编《出像狮吼记》大扶手竹椅造型特征分析与复原 ... 328
2. 陈洪绶《西厢记真本图册》竹几造型特征分析与复原 ... 330

第三节 明代竹床榻的数字复原 ... 332
1. 明仇英《二十四孝图册》架子床造型特征分析与复原 ... 332
2. 明代『梦友』湘竹榻造型特征分析与复原 ... 338

第四节 明代竹柜、架的数字复原 ... 342
1. 明唐寅《斗茶图集》竹柜与竹架造型特征分析与复原 ... 342
2. 明湘妃竹衣架造型特征分析与复原 ... 344

第五节 明代竹轿椅的数字复原 ... 346
1. 戴进《钟馗夜游图》竹轿椅 ... 346
2. 戴进《钟馗夜游图》竹轿椅复原与效果 ... 348
3. 戴进《钟馗夜游图》竹轿椅的结构与工艺特点 ... 349

第十四章 清代竹器图谱及数字复原

第一节 清代典型竹器图谱 ... 352

第二节 清代竹椅凳的数字复原 ... 366
1. 《胤禛美人图之博古幽思》中湘妃竹椅造型特征分析 ... 366
2. 《胤禛美人图之博古幽思》中湘妃竹椅复原与效果 ... 368
3. 《胤禛美人图之裘装对镜》竹绣墩造型特征分析 ... 370
4. 《胤禛美人图之裘装对镜》竹绣墩复原与效果 ... 371

第三节 清代竹床榻的数字复原 ... 372
1. 华胥《甄妃晨妆图立轴》中竹架子床造型特征分析 ... 372
2. 华胥《甄妃晨妆图立轴》中竹架子床复原与效果 ... 374
3. 清《燕寝怡情》中竹架子床的造型特征分析 ... 376
4. 清《燕寝怡情》中竹榻造型特征分析 ... 377
5. 《吴友如画宝》中竹榻复原与效果 ... 378
6. 《吴友如画宝》中竹榻造型特征分析 ... 380
7. 任薰《莲塘清暑图》单扶手竹榻造型特征分析 ... 382
8. 任薰《莲塘清暑图》单扶手竹榻复原与效果 ... 383

第四节 清代竹橱柜的数字复原 ... 384
1. 《吴友如画宝》中竹橱柜造型特征分析 ... 384
2. 《吴友如画宝》中竹橱柜复原与效果 ... 386

第五节 清代竹桌的数字复原 ... 388
1. 清代绘画中竹制方桌、圆桌和六边桌造型特征分析 ... 388
2. 清代绘画中竹制条桌造型特征分析 ... 392
3. 清代绘画中竹制大条桌复原与效果 ... 393

后记

参考文献

拾肆

中国历代竹器图谱与数字活化

第一章 中国竹器物及竹文化体系

第一节 中国竹子与利用
第二节 中国竹器物体系
第三节 中国竹文化体系

第一节
中国竹子与利用

中国古人使用竹器的历史可追溯到史前时期。考古资料显示，新石器时代早期的先民就已开始制造竹器。目前已知最早的出土竹器是距今6700—7400年湖南洪江高庙遗址女性人体骨架下的竹篾垫子❶（出土时竹席虽已完全炭化，但印在地面上的图案仍十分清晰，制作工艺考究精湛）；距今6000—7000年的浙江田螺山遗址出土的竹编器物；距今4700—5200年的浙江钱山漾遗址出土的200余件各式竹筐、竹篓、竹簸箕；距今约3900年左右的浙江毗山遗址出土的大型竹篱笆工程等。这表明在新石器时代的中国，竹器制作已经达到很高的水平。

弹歌
断竹，续竹；飞土，逐宍。❷

《吴越春秋》中记载，春秋时期越国的国君勾践向楚国的射箭能手陈音询问弓弹的道理，陈音在回答时引用了这首《弹歌》。《吴越春秋》为东汉赵晔所著，虽成书较晚，但从《弹歌》的语言和内容推测，这首短歌很可能是从原始社会口头流传下来而经后人写定的❸。现代楚辞研究专家游国恩先生在《中国文学史》中也指出："从它的内容和形式上看，无疑的这是一首比较原始的猎歌。"❹这首《弹歌》记录了在中国人类早期使用竹器狩猎的情况，而且描述了砍断竹子后再加工成捕猎竹器的过程，再加上可以用这个竹器"飞土"，可以"逐宍"，即追逐猎物，由此可以基本判断这个竹器应该是一个类似于"弹弓"的竹器。可以说有这首原始诗歌的存在，从文献记载上证明了早期中国人使用竹器的情况。

自商代起，人们便开始使用竹简。从周代出土的各类竹制乐器中能看到周代的"礼乐"之风。《诗经·卫风·淇奥》中首次以竹比德，赞美卫武公"夙夜不怠，思闻训道"。这不仅成为古代赞美才德的著名篇章，还对后世产生重要影响。竹器从"实用工具"发展到具有"精神内涵"最早

---

❶ 湖南省文物考古研究所.湖南洪江市高庙新石器时代遗址[J].考古，2006（7）：9-15，99-100.
❷ "宍"读ròu，"肉"的古字。
❸ 姜亮夫，等.先秦诗鉴赏辞典[M].上海：上海辞书出版社，1998：917.
❹ 田宜弘.楚国歌谣集评注[M].杭州：浙江工商大学出版社，2013：3.

应出现在西周末、东周初。在东周时代，竹器能够和青铜、玉石、金银、陶器等一道成为随葬的明器，表明它逐渐具有了"工具"之外的意义。

在战国、西汉时期的辞书之祖《尔雅》中就有"竹"部字。竹部字大部分都用来记载该时期的竹器和竹文化。东汉《说文解字》中竹部文字共有151个，南朝梁《玉篇》中竹部字有508个，清朝《康熙字典》中竹部字达千余个。竹部字的演变也生动地记录了中国竹器的发展演变。

除了竹部字逐渐增多以外，典籍中记录的竹器也在慢慢增多。如，《说文解字》记录了汉代各类竹器共115种，涉及生产、生活、军事等方方面面。湖南马王堆汉墓出土各类竹器近500件，有彩绘竹勺、大小竹扇、竹熏罩、各类竹笥等，从"二重证据法"角度证明了汉代典籍记载竹器的正确性。南朝梁典籍《玉篇》详细记载了该时期的各类竹器共267种，比汉代增加了150余种，可见在南朝梁时期竹器的品类大大地丰富了。

《诗经·卫风·淇奥》中"以竹比德"出现得最早，歌颂的是卫武公（约852BC—758BC），说明至少在东周初年就已有"以竹比德"的共识。竹子、竹器不再停留在实用的层面上，而是有了更高层次的文化与精神内涵，中国竹器从"器物"发展到"精神"，形成更加丰富的竹器物文化。

至魏晋时期，借竹比德观念进一步强化，并折射出一定的符号意义。魏末晋初有"竹林七贤"。传世文献中，关于"竹林七贤"共有两条记载。《世说新语·任诞》："七人常集于竹林之下，肆意酣畅，故世谓竹林七贤。"❶《晋书·嵇康传》："所与神交者惟陈留阮籍、河内山涛，豫其流者河内向秀、沛国刘伶、籍兄子咸、琅琊王戎，遂为竹林之游，世所谓'竹林七贤'也。"在后世出土的《竹林七贤与荣启期》模印砖画中，竹林七贤相隔间出现阔叶竹的影迹。

书圣王羲之第五子王徽之也是爱竹之人。《晋书·王徽之传》中有记载："徽之，字子猷，性卓荦不羁……尝寄居空宅中，便令种竹。或问其故，徽之但啸咏，指竹曰：'何可一日无此君邪？'"不可一日无竹的感慨体现出该时期文人士大夫对竹之喜爱以及对其品德的向往。

唐代开元年间，以李白为代表的六位名士（即李白、孔巢父、韩准、裴政、张叔明、陶沔）隐居于泰安府徂徕山下的竹溪，合称为"竹溪六逸"。竹溪之地峰峦突起，林木绵蒙，竹岩相依，寂静深幽。六人寄情于间，对诗作文，悠然自得。李白在《送韩准裴政孔巢父还山》诗中曾写下"昨宵梦里还，云弄竹溪月"，便是对这段隐居竹林生活的深情回忆。

在竹器的发展中，唐代首次出现了高足竹椅、竹夹膝（竹夫人）、《茶

---

❶ 徐震堮.世说新语校笺[M].北京：中华书局，1984：390.

经》中系统的竹茶具、筚篥、尺八、羃䍦等竹器。同时，竹子作为战备资源（主要用于制作弓箭）在唐代得到了很大程度的重视，官方已经开始种植与养护，如唐代长安和洛阳周边都曾有官方大面积种植的竹子，朝廷也设置专门的官员管理竹园。

宋代文化的高度繁荣，进一步推动了宋代竹器与文人及文化活动的结合。从《诗经·卫风·淇奥》中"以竹比德"算起，到宋代竹文化已经在中华大地上发展了一千七百年，经过历代的传承、发展，竹文化已经完全成熟和符号化。这种符号已经不限于在上层社会的传播，而是全民传播。从苏东坡的"可使食无肉，不可居无竹。无肉令人瘦，无竹令人俗。人瘦尚可肥，俗士不可医……"，到街头巷尾普通老百姓的"茗斗"，宋代是中国传统文化高度繁荣的时代，而竹文化理所当然地成为这繁荣时代的一种。竹文化的发展促使竹器走向风雅，全民参与使宋代竹器走向了风雅时代。

在绘画作品中，我们可以看到两宋时期的竹器，如各类竹家具、茶器、花篮等雅物。特别值得一提的是，宋代茶文化的高度发展推动了竹制茶器的进一步发展。同时，竹子作为重要的战备资源，宋代延续唐代设置官家竹园，并有专职官员管理。对不同的竹材也更加关注，宋吴自牧《梦粱录》中关于竹子的使用有明确的记载，"竹之品，竹：碧玉、间黄、金筐、淡紫、斑金、苦方竹、鹤膝、猫头……"一共指出了至少8种宋代使用的竹材。

元代竹器继承了宋代竹器的主要类型。根据元代李衎《竹谱详录》中相关记载，竹器种类至少有船篙、船缆/百丈、竹索、船篷、竹筏、竹亭、簟、竹枕、竹床椅、竹胡床、箱箧、帘、辇竿、幡竿、拄杖、标枪、矛戟干、马箠、策、箭、投壶箭、弓、笔管、扫帚、寻火筒、梳篦、针筒、伞柄、箫笛、箫笙、笛、籧、匏琴、角、篱笆等30余种。其中提到的竹家具则有竹枕、竹床椅、竹胡床、箱箧、帘等。另一方面，从元代遗存的各类绘画等资料中，我们可以看到元代的竹椅、竹床、竹篮、竹筐、竹盒等各类竹器。

元代文人士大夫积极参与到竹器物与竹文化的构建和推动中。李衎《竹谱详录》中记载，"今越人以斑竹作床椅及他器用，颇雅，士大夫多喜爱之""（紫竹）用之伞柄、拄杖甚佳。亦有制箫笛者。根亦紫色，节节匀停，于马箠尤宜……越上人家紫方竹拄杖尤奇特"。

到了明代，出现了"岁寒三友""四君子"的称谓，世人常用这些称谓来寓意人的高尚品德。可以说，中国历来的文人雅士对竹之钟情，不但延伸了竹的内涵精神，还体现出国人所追求的人格品质与民族气节。这是典型的中华民族精神，是在中华大地上生长起来的原创文化，也从艺术和精神追求层面上再次印证了中国是"竹子文明的国度"。

第二节
中国竹器物体系

中国是世界上产竹、用竹规模最大、历史最悠久的国家。竹子是中国人生活中不可缺少的资源之一。竹文化是中国传统文化中极具个性和特色的优秀代表。国外更是把竹子、竹文化作为中国的典型代表。

1. 中国传统竹器品类体系

1896年A.B.Freeman-Mitford在其《竹子花园》(The Bamboo Garden)一书中曾这样描述中国以及日本的竹子应用情况:"竹子具有极重要的价值……它(竹子)作为房子的框架及其屋顶,同时还作为窗纸,作为雨篷,作为走廊上的卷帘。床、桌子、椅子、碗橱等许许多多的家具上的小物件都是用竹子来做的。人们把竹子削切成碎片填进枕头和被褥。小贩们的量具,木匠的尺子,农民的水轮和灌溉用的管子,装鸟、蟋蟀或者其他小虫子的笼子,各种容器,从富有人家华丽的漆面花架到最底层平民老百姓使用的器具,这些都来自同一源头。船夫的竹筏、撑竹筏的工具、绳索、篷席、用来加快速度的桨;上朝官员、新娘等坐的轿子,坟墓里的棺材;刽子手行刑的残忍工具,懒洋洋的画家们用的扇子和阳伞,士兵用的矛、箭筒和箭,书法家的笔、学生用的书、艺术家的画笔及其最喜欢的素材;乐师的笛子、口琴、弦拨以及各式各样有着奇怪造型和奇特声音的乐器——用来制造这些东西的全是竹子。"❶

中国的竹类产品从摇篮到棺材,无所不包。《中国竹器·竹器品类》一书曾对中国竹类产品做了系统总结,将其分为日用竹器、竹灯具、竹家具、生产竹器、交通竹器、文房竹器、竹乐器、竹工艺品、建筑室内竹器、景观户外竹器等几大类(图1-1)。❷其中的每一类都有数十种甚至成百上千种不同的竹器品种,既有传统的手工竹器,也有现代工业加工的竹器,还有手工制作和现代工业加工相结合的各类新式竹器,既能批量生产,又具有传统手工竹器所蕴含的细致和情怀。

---

❶ Ted Jordan Meredith.Bamboo for Gardens[M].Portland:Timber Press,2001:196.
❷ 张小开,张福昌,等.中国竹器·竹器品类[M].合肥:合肥工业大学出版社,2019.

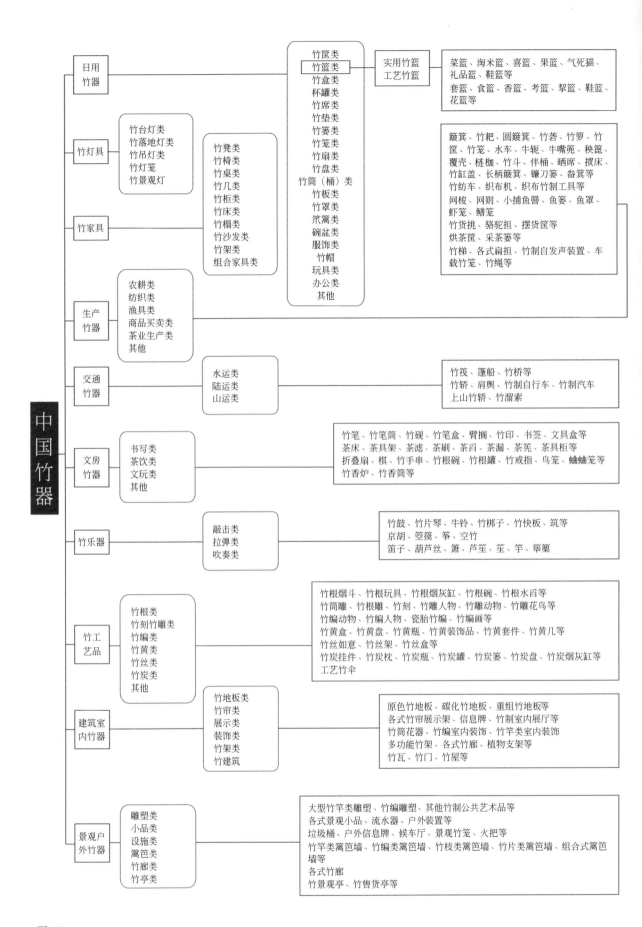

图 1-1
各式各样的竹产品

2.日常生活中的竹器类别

日用竹器通指日常生活需要的各种竹器,一般由灯具、家具、服饰用品、玩具、休闲用品等组成,是日常生活中必不可少的用具。这一类竹制用具在生活中很常见,品种也最丰富。

根据目前收集到的竹器来看,日用竹器可以分为至少19种不同的类别。每一种类别又可以根据不同的功能、造型、制造工艺等特点细分成数个到十余个品种。如竹筐类就分为圆竹筐、圆底筐、圆筒筐、椭圆筐、方竹筐、扁竹筐、套筐等至少7种不同造型的品种。竹篮类竹器根据功能就可以细分为实用竹篮和工艺竹篮等,而实用竹篮可以有菜篮、淘米篮、喜篮、果篮、气死猫、礼品篮、鞋篮等至少7种篮。类别与品种之多使得日用竹器成为竹器品类最为丰富的一类竹器(表1-1)。

表1-1 日用竹器的类别

序号	类别	包含种类
1	竹筐类	按造型分:圆竹筐、圆底筐、圆筒筐、椭圆筐、方竹筐、扁竹筐、套筐; 按功能分:毛巾筐、擦鞋筐、酒坛筐
2	竹篮类	实用竹篮:菜篮、淘米篮、喜篮、果篮、气死猫、礼品篮、鞋篮等; 工艺竹篮:套篮、食篮、考篮(文房篮、账篮)、香篮、挈篮、鞋篮、花篮等
3	竹盒类	鞋盒、针线盒、糖果盒等
4	杯罐类	水杯、刷牙杯、茶杯、竹盏、调料罐、厨房储物罐、存钱罐等
5	竹席类	竹编席、竹条席、竹麻将席、竹笡等
6	竹垫类	竹编垫、竹片垫、竹块垫、竹板垫等
7	竹篓类	背篓、发篓、鱼篓、蛐蛐篓、茶篓等
8	竹笼类	筷笼、蒸笼、鹅笼等
9	竹扇类	折叠扇、竹编团扇、竹片材扇、方扇、芭蕉扇等
10	竹盘类	方竹盘、圆竹盘、高足盘; 竹席盘、竹箨盘、竹集成材果盘等
11	竹筒(桶)类	打酒桶、盛酒竹筒、水烟筒、盛饭竹筒、虾滑筒等
12	竹板类	竹菜板
13	竹罩类	菜罩、烘衣罩等
14	笊篱类	竹漏勺(浅底、深底)、茶漏、饭捞等
15	碗盆类	竹编碗、竹筒碗、竹集成材碗、烘火盆、脸盆、脚盆等
16	服饰类	竹衣、竹编手提包、竹鞋、竹箧、竹制胡梳、竹纤维衣等
17	竹帽类	竹编安全帽、竹编圆凉帽、斗笠(尖斗笠、圆斗笠)、竹箨帽、渔民帽、折叠遮阳帽等
18	玩具类	动植物形象玩具、声响类玩具、竹球、竹蜻蜓、风筝、竹玩具装置等
19	办公类	名片盒、竹制键盘、竹制鼠标、竹制计算器、竹制优盘、竹制保护套等
20	其他	竹枕、竹牙刷、竹刀叉、竹勺、竹制晾衣架、竹筷、水果签、竹制扫帚、竹丝刷、竹编水瓶套、多功能手杖、竹箸、竹夹、遥控器座、杂志架、茶壶桶

竹灯具的主要类型有竹台灯、竹落地灯、竹吊灯和竹灯笼、竹景观灯等，其中台灯、落地灯、吊灯和景观灯是现代新型灯具，竹灯笼是传统灯具。依据竹材不同的造型特点可以分为竹编类、竹竿类、竹皮类（即竹片）、竹筒类、竹丝类和竹集成材类。这样不同的竹材结合不同造型的竹灯产生了十余种不同类型的竹灯具。在不同类型的竹灯具中，竹编、竹丝灯具因为有"孔洞"存在，能够产生丰富的光影效果，这一类竹灯具氛围营造能力最强。竹皮类灯具虽然不能产生层次丰富的光影效果，但是竹皮较薄，具有良好的透光性，灯具打开后能够映衬竹皮精美的材质肌理效果，也给人一种特别的审美感受。竹竿、竹筒类灯具虽然没有良好的透光性和"孔洞"效应，光影效果相对较差，但竹竿和竹筒类灯具具有竹子独特的形态。竹集成材类灯具具有竹材原材料是标准件，易于加工，可批量化生产的优势，但是竹集成材类灯具的缺点是灯具没有"孔洞"，光影效果的营造能力较弱，而且视觉上，灯具的厚度更大，灯具也更厚重。

竹家具是竹产品的一个重要类别，也是用竹材制作的较大尺寸的器物，主要可分为竹凳类、竹椅类、竹桌类、竹几类、竹柜类、竹床类、竹榻类、竹沙发类、竹架类及组合家具类等。从竹家具的制作材料来看，大多数竹家具属于竹竿类、竹条类（竹片）、竹板类或竹席类，偶见竹编类。

中国的竹类产品数以万计，应有尽有。但无论怎么变化，竹器制造都可以借由一根根竹子来实现。竹子的全身都是宝，都可以用来开发器物。一根竹子主要包含竹鞭、竹根、竹竿、竹枝、竹叶、竹箨等部位。不同部位竹材的主要特点有差别，如竹鞭具有更强的韧性和强度，硬度更大；竹根具有特殊的竹节组织和根须肌理；竹竿具有横、纵切分利用的良好基础，可以整体利用，也可以切分成篾用于编织加工；竹枝适合营造无序、自然的叠加肌理与造型效果，同时也可以切断后穿连使用；竹叶不同于竹材本身，具有薄片式材料的特点；竹箨防水防潮，可以随意弯曲成型。另外，竹子还可以提取出竹纤维，制作成竹炭等材料。竹纤维作为第五大天然纤维，具有良好的纺织品特性，可以用来制作衣服等。竹炭则具有一切炭化材料的特点——高吸附性、高硬度。

第三节
中国竹文化体系

宋代苏东坡有言:"食者竹笋,庇者竹瓦,载者竹筏,爨者竹薪,衣者竹皮,书者竹纸,履者竹鞋,真可谓不可一日无此君也。"竹作为一种特殊的载体,已渗透到中华民族物质和精神生活的方方面面。竹子是物质文明建设的重要资源,并渗透和凝聚于精神文化之中,构成了中国文化的独特色彩,进而形成了别具一格的中国竹文明,积淀出源远流长的中国竹文化。

中国竹文化就是以竹为载体的中国文化,就其内容来说可以分为竹文化景观和竹文化符号。竹文化内涵的显示不在于竹本身,而在于竹制器物及其使用规范,它能显示出文化性的、人化了的自然,或者说是中华民族为了特定的实践需要而有意识地用竹所创造的景象,此为竹文化景观。而宗教、文学、绘画、伦理规范中的"竹"本身即直接表现与象征着人的情感、思维、观念、价值、理想等精神世界,此为竹文化符号(表1-2)。

竹文化是中华传统文化的典型代表。在中国历史上,使用竹子来表达情感和哲理的词语有很多,大多都成了中国的成语或历史典故,极大地丰富了中国传统文化及其内涵。

1.竹文化符号

何明等在《中国竹文化》一书中,将中国竹子的文化内涵归纳为以下四个方面。[1]

(1)送子延寿,祖先代表——竹宗教符号

明范世彦在剧本《磨忠记》第二出《杨涟家庆》中,有这样的唱词:"令亲寿享,愿竹苞松茂,日月悠长"。"竹苞松茂"在此处的意思是根基像竹那样稳固,枝叶像松树那样繁茂,常被作为祝寿的颂词。中国早期的道教信徒和彝族、傣族、景颇族等少数民族都崇拜竹,以之为一种极为重要的信仰符号,其中凝聚着炽热虔诚的敬仰情感和意识,具有神秘和超自然的伟力。

---

[1] 何明,廖周强.中国竹文化[M].北京:人民出版社,2007:249-351.

表1-2 中国竹文化体系

中国竹文化体系	六大竹文化景观	衣——竹服饰	秦汉时期就出现竹布、竹冠、竹鞋、竹斗笠、竹笄、竹簪、竹篦箕、竹箍
		食——竹饮食	根据《诗经》《禹贡》等文献记载,竹笋在西周时期已成为餐中佳肴
		住——竹建筑	商代遗址中出现了竹墙、竹棚、竹席等竹建筑;唐宋时期竹屋等竹建筑已大量使用,北宋王禹偁写有《黄州竹楼记》
		行——竹交通工具	竹轿、竹筏、竹桥、竹溜索等
		用——竹用具	竹制生活器物、竹制生产工具、竹制书写工具等
		娱——竹娱乐品	竹制乐器,竹制工艺品。东周曾侯乙墓出土竹篪、竹排箫等乐器
	六大竹文化符号	竹宗教符号	战国时期开始把竹神圣化和非凡化。彝族、傣族、景颇族等少数民族的竹图腾
		竹民俗符号	竹文化相关的口承文艺、游乐活动和婚丧嫁娶民间习俗
		竹诗歌符号	远古时期竹相关的原始歌谣,《诗经》《楚辞》《汉乐府》《古诗十九首》等先秦两汉的文学作品对竹和竹制器物均有大量描绘。魏晋时期的咏竹诗
		竹绘画符号	中国画竹始于唐朝,至五代十国墨竹画已问世,北宋文同、苏轼等人开始大量画竹,完善了画竹艺术
		竹造景符号	竹子是中国古典园林中重要的植物材料,从上林苑、辋川别业到寿山艮岳,都有竹子景观的记载
		竹人格符号	95岁卫武公"以竹比德",晋王徽之"不可一日无此君",竹林七贤,宋苏轼"无竹令人俗"

(2)赋竹赞竹,寓情于竹——竹文学符号

竹凝聚着无数文学家的审美理想与艺术追求,融注了他们多少炽热情感和睿智思索。翻看史书,爱竹之人不胜枚举。竹林七贤,常聚集在山阳竹林之下饮酒赋诗,以抒襟抱。竹还可入诗言志。郑板桥先生对竹也情有独钟,曾咏诗道,"衙斋卧听萧萧竹,疑是民间风雨声"。其关爱百姓之心昭然可见。竹已成为一种极富中华民族文化特色的文学符号。

(3)清姿瘦节,秋色野兴——竹绘画符号

竹叶枝枝玉立如少女纤秀,叶叶招展又似椰影摇曳之景观。若现于山林之间,只会多添清秀,将其置于案头之上,又会增几分清雅之气。竹自六朝隋唐进入画家视野之后,即因适应了中华传统文化的土壤而得以长足发展，成为中国画中一种重要的绘画符号，具有坚贞高洁的公立象征意义和繁复众多的私立象征意义，以简淡逸远的审美风格在画坛上独树一帜。

（4）凌云浩然，淡远自然——竹人格符号

竹指述与象征着中华民族的人格评价、人格理想与人格目标，成为中国传统文化中极为重要的人格符号。从"不可一日无此君"到"无竹令人俗"，从"竹林七贤"到"竹溪六逸"，再到"岁寒三友"，足见文人士大夫对竹之喜爱以及对其品德的向往。

我国学者李世东在《中国竹文化若干基本问题研究》[1]一文中指出中国竹文化符号包括竹宗教符号、竹民俗符号、竹诗歌符号、竹书画符号，竹造景符号和竹人格符号，对我国竹文化符号做了进一步的分类和说明。

2. 竹成语

带有"竹"字的成语，查阅成语词典[2]，可找到至少19个（表1-3）：

表1-3 带有"竹"字的成语

哀丝豪竹	成竹在胸	吹竹弹丝	豪竹哀丝
金石丝竹	茂林修竹	品竹弹丝	破竹之势
罄竹难书	青梅竹马	势如破竹	胸有成竹
易于破竹	竹篱茅舍	竹马之交	竹头木屑
著于竹帛	芒鞋竹杖	竹杖芒鞋	

其中耳熟能详的有罄竹难书、势如破竹、胸有成竹、青梅竹马等。每一个成语都具有深刻的内涵或典故，是中国传统文化的多样表达。

3. 竹典故

（1）95岁的卫武公与以竹比德

《诗经·卫风·淇奥》中提到"以竹比德"，歌颂的是卫国的第十一任国君卫武公（约852BC—758BC）。此人生平最显著的功绩就是在周幽王被犬戎杀死后，协助周幽王之子周平王平息犬戎叛乱，并辅佐周平王东迁洛邑（今河南洛阳），此为东周之始。卫武公的个人事迹有很多，其中有一

---

[1] 李世东，颜容.中国竹文化若干基本问题研究[J].北京林业大学学报（社会科学版），2007，6（1）：6-9.
[2] 湖北大学古籍研究所.汉语成语大词典[M].北京：中华书局，2002.

个以95岁高龄仍虚心纳谏的典故广为传颂:

《国语·卷十七·楚语上》：昔卫武公年数九十有五矣，犹箴儆于国，曰，"自卿以下至于师长士，苟在朝者，无谓我老耄而舍我，必恭恪于朝，朝夕以交戒我；闻一二之言，必诵志而纳之，以训道我"。在舆有旅贲之规，位宁有官师之典，倚几有诵训之谏，居寝有亵御之箴，临事有瞽史之导，宴居有师工之诵。史不失书，瞍不失诵，以训御之，于是乎作《懿》戒以自儆也。

按照卫武公生活的年代推算，至少在东周初年就已有"以竹比德"的共识。卫武公因其辅助周平王平息叛乱、建立东周的功绩而广受颂扬，因此《淇奥》在东周初年具有被广泛传颂并产生广泛影响的可能性。

（2）唯美湘妃竹

湘妃竹又称斑竹，是禾本科竹亚科刚竹属植物，桂竹的变型，具紫褐色斑块与斑点，分枝亦有紫褐色斑点，为著名观赏竹。陈鼎《竹谱》称其为"潇湘竹""泪痕竹"。其竿部生黑色斑点，颇为美丽，是我国竹家具、竹文化器具等的优质用材。《博物志·卷八》："尧之二女，舜之二妃，曰'湘夫人'，舜崩，二妃啼，以涕挥竹，竹尽斑。"《群芳谱》："斑竹甚佳即吴地称湘妃竹者。"湘妃竹从一个凄美的爱情故事开始，经过中国文化数以千年的世代传颂和沉淀，逐步演变为中国文人或情侣的情感寄托，以至于湘妃竹至今仍是人们喜爱的一种独特竹材，一般用在表达文化品位或爱情的器具上，如用湘妃竹制作的竹扇（包括折扇与团扇）、文人书画工具、茶器与茶具等（图1-2）。

千年的历史沉淀不仅丰富了中国人的竹器物利用的物质文化，也沉淀了厚重的非物质文化，使得竹文化和中华其他文化一起成为中国文化的符号和象征。

图 1-2
湘妃竹材与竹器

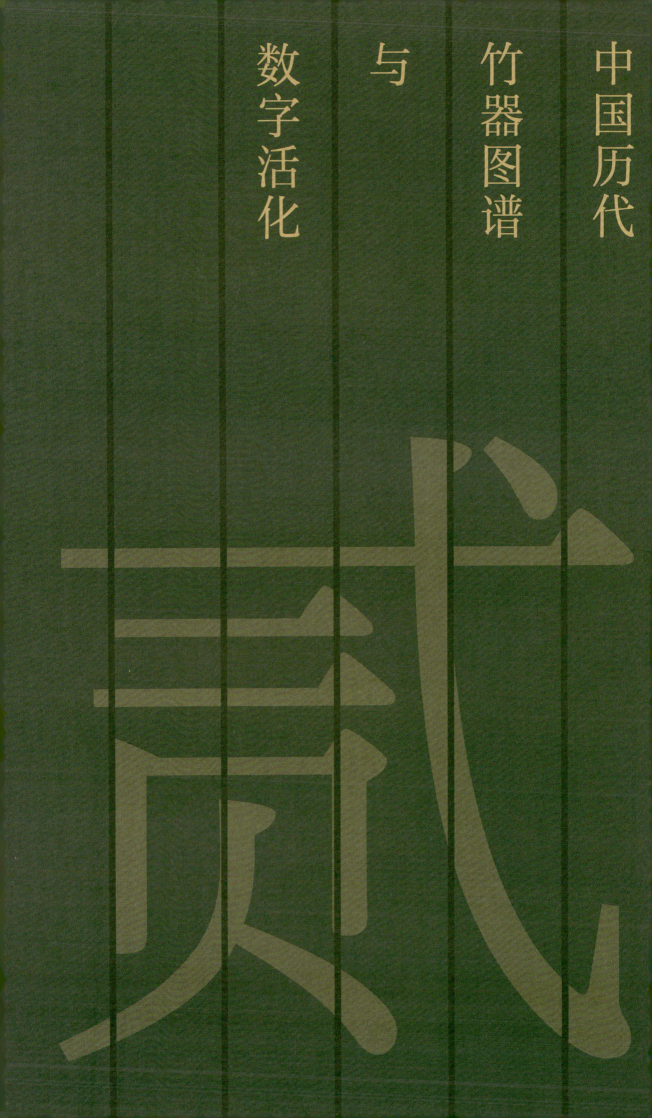

中国历代竹器图谱与数字活化

贰

第二章 中国历代竹器发展脉络与谱系特征

第一节 七千年的跨越
第二节 历代竹器发展脉络与特征
第三节 历代竹器的谱系构建

第一节
七千年的跨越

如表2-1所示，中国传统竹器历经七千年历史，主要经历起源、发展完善、成熟饱和与衰退转型四个阶段。其中起源阶段历时最长，占据了竹器发展史一半的时间；发展完善阶段大约经历了两千五百年，时间节点主要从中国进入文字时代开始到隋唐五代；竹器发展到宋代，达到成熟饱和阶段，此阶段的竹器功能开发、加工工艺、类型扩充等均达到我国古代竹器的高峰水平。元明清时期在对宋代竹器进行传承和发展的基础上继续完善和进步，也在传统竹器成熟期之列。近代伴随世界范围内工业革命的兴起，传统竹器遭遇衰退和被动转型的命运，近数十年来最为明显。当前主要处于竹器转型期。

表2-1 竹器发展的四个阶段

阶段		时期	时段
起源阶段		滥觞期	—
发展完善阶段	第一发展阶段	工具时代	商代
		工具+时代	西周
		第一繁荣期 礼乐时代	东周
	第二发展阶段	繁荣发展期	秦汉
		过渡传承期	魏晋南北朝
		传承发展期	隋唐五代
成熟饱和阶段		第二繁荣期 风雅时代	宋代
		传承发展期	元代
		新发展期	明代
		传承衰落期	清代
衰退转型阶段		衰退转型期	近现代

第二节
历代竹器发展脉络与特征

1. 史前时期：竹器的滥觞期

时长：约3500—4000年。

竹器特点：功能单一，品种较少，竹材利用方式简单。

中国竹器的起源阶段，也是中国竹器的滥觞期。其最大的特点就是历时最长。在目前可查的考古资料中，距今数百万甚至千万年的竹化石❶虽远早于竹器器物出现，但不能作为竹器出现的依据。最早发现的竹器在新石器时代，距今7400年。虽然竹器的起源阶段跨越了约4000年，但是出土的竹器实物却不多，出土实物的遗址较少，出土竹器的遗址中以浙江良渚文化区域居多。

- 距今7400年的湖南洪江高庙遗址，出土竹篾垫子；
- 距今6000年的陕西半坡遗址，出土带竹席纹的陶片；
- 距今4700—5200年的浙江钱山漾遗址，出土200余件竹器，竹器编织工艺有十字编、人字编、三角编等；
- 距今4000—5000年的浙江尖山湾遗址，出土十字编、人字编等竹编器物；
- 距今约3900年的浙江毗山遗址，出土全长60m的大型竹围堰。

这一阶段出土的竹器以平面式的竹席、竹篱笆、竹编等为主。浙江钱山漾出土的竹器显然具有较高的工艺水平，有竹簸箕、竹席、竹绳等，留下的残片据推测可能来自竹筐（箩）、竹篰、竹篮等类似的竹器。总体来说，出土竹器功能较单一，品种不多。但竹编技法已经有变化的形式，如在钱山漾出土的大量竹器中就发现了十字编、人字编、三角编等编法。

良渚文化时期（3200BC—1800BC），浙江出土竹器的遗址最多，显示出在良渚文化期间，长江下游一带已经掌握了较先进的竹材制作工艺技术，并有广泛的使用。

---

❶ 中国科学院西双版纳热带植物园研究人员与合作者2013年在云南镇沅哀牢山西坡河谷发现大量保存良好的竹子叶片和竹竿化石。标本产自距今15.97—11.61百万年前的中新统地层。该发现提供了中国最早的竹子叶片和竹竿化石证据。

2. 商代：竹器的工具时代

从目前出土的商代竹器来看，以铜矿遗址出土的生产竹器为主，主要是竹篓、竹筐、竹席、竹绳等。研究甲骨文可以发现，其中记载的竹器比较少，"簋""箙""箕""册""典""矢"等均为实用工具。因此，这一阶段竹器主要以实用"工具"的形式出现，是竹器基本功能的拓展，而且限于目前发现的竹器品类较少，可以认为商代是竹器功能拓展的初始期，功能拓展的领域有限。

此阶段竹器的加工技术相对简单，出土的竹编粗糙，显然是耐用品，而不是精致器物。要么就是对竹材的直接使用，如竹梯、竹签、竹竿等。

3. 西周：竹器的工具+时代

周代作为我国历史最长的朝代，前后有800多年的时间，因此周代出土的竹器相对丰富。从目前出土的竹器来看，周代竹器呈现出不同的阶段，西周时期，出土的竹器仍延续商代竹器的特点，以实用工具为主，如湖北大冶铜绿山铜矿遗址出土的大量采矿用生产竹器、河南信阳孙砦遗址出土的大量渔业用生产竹器。西周阶段的金文文字中相关竹器文字与商代比，并没有太大的变化和突破。

相比商代，西周出土的竹器仍以实用的生活、生产、军事等工具为主，但竹器规模和功能、种类大大丰富了，竹器的功能领域进一步被拓展，因此，西周时期仍然是竹器的工具时代，但应是升级的工具+时代。

4. 东周：竹器的礼乐时代与第一次繁荣期

东周出土的竹器与西周、商代有一个很大的不同，即东周出土的竹器绝大部分是墓穴出土，而西周和商代竹器主要是铜矿、渔场等生产遗址出土。同样，史前时期出土的竹器也均是通过生活或生产遗址发现的，如钱山漾遗址、毗山遗址、尖山湾遗址等。

若论厚葬之风，在商代甚至更早的时期就已经开始，如商代妇好墓出土了1928件精美的随葬品，其中青铜器468件、玉器755件、骨器564件，并出土海贝6800枚。从出土的陪葬品数量就可以看出，商周时代有厚葬之风。但在之前的墓穴中为什么很少发现有竹器作为陪葬品呢？因为竹器一直作为实用工具存在，还没有成为生活中的贵重物品或祭祀用品（礼器❶），直到东周时期，这一情况得以改变。

湖北江陵九店东周墓出土的竹笄、方竹笥、圆竹盒（筥）、竹扇、竹枕等竹器，都制作精良，设计独特，不是一般的生活用具。特别是方竹笥和圆竹盒（筥）上的竹编图案，达到了东周时期竹编的最高水平，显示出此类竹器在墓主人生活中的重要地位，由此看出，东周的竹器已经升级到"礼器"的等级，可以用来代表墓主人的尊贵身份。同样的例子还可以在湖北荆门包山战国楚墓出土的"凤鸟双联杯""竹熏罩"，江西靖安李洲坳东周墓出土的"天下第一扇"中得到印证。

竹器在东周的第一个显著特点，就是发展到有"精神内涵"，超出"实用工具"的范畴。 竹器在东周时代能够和青铜、玉石、金银、陶器等一起成为随葬的明器，显示出竹器在东周时期逐渐具有了"工具"之外的意义。前文提到的《诗经·卫风·淇奥》中"以竹比德"，歌颂的人是东周初年卫国的第十一任国君卫武公（约852BC—758BC）。《淇奥》在卫国范围内一定是广为流传的，在东周全境也会有广泛的影响。因而竹器在东周被赋予了"实用工具"之上的精神内涵，逐渐被东周人所接受，竹器的文化内涵也得以出现。

竹器在东周的第二个显著特点，就是东周出土的竹器中有一批精致的竹制乐器。 如湖北随州曾侯乙墓（433BC）中出土的有精美装饰的竹制乐器"篪""排箫""笙"，湖北望山沙塚楚墓出土的竹"相"。作为早期出土的竹制乐器，作为和周代"礼乐"❷文化相联系的器物，乐器一直是周代出土文物中重要的一部分。而竹制乐器的出土，则表明在东周时代，竹制乐器已经有较高的开发水平，应该经过了一段时间的发展，到东周时期得到了王公贵族的重视。中国古代用"丝竹"❸代指音乐，而"竹"主要指管乐器。由此可见，竹乐器在中国乐器史上具有重要的地位。东周墓出土的各式精美竹乐器体现了该时期"礼乐"文化的特色。

东周竹器的第三个特点是首次使用装饰。 在之前发现的史前竹器、商代竹器、西周竹器中还没有使用装饰及图案的先例。无论是江陵九店东周墓、马山楚墓等出土的竹编纹样，还是随州曾侯乙墓、荆门包山楚墓、望

---

❶ 礼器是古代中国贵族在举行祭祀、宴飨、征伐及丧葬等礼仪活动中使用的器物，用来表明使用者的身份、等级与权力。

❷ 礼乐始自夏商，到周朝初期周公"制礼作乐"形成独有文化体系，后经孔子和孟子承前启后，聚合前人的精髓创建以礼乐仁义为核心的儒学文化系统，从而得以传承并发展至今，是中国古代文明的重要组成部分。

❸ 《礼记·乐记》："德者，性之端也，乐者，德之华也，金石丝竹，乐之器也。"

山沙塚楚墓等出土的带有漆绘装饰的竹器，都显示东周竹器使用装饰，且并非个案，而是大量地使用装饰。这显示出该时期人们对竹器的审美要求进一步提高。装饰手法主要有竹编的图案装饰、上漆装饰。

另外，东周竹器的功能开发也达到这一时期的最高水平，对竹器的材料特点有深刻的认识和掌握。如最典型的代表就是都江堰水利工程（约256BC—251BC）中使用的防洪竹笼，李冰父子使用大型竹编的长笼，内置岷江中的石块，用于防洪和护坝等。显示出东周时期对竹器作为工具的功能有新的发展。

不论是东周竹器的"礼""乐"特点，还是竹器的"装饰"特点，以及竹器从朴素的实用工具到具有文化内涵、审美要求的升级，都显示出东周时期中国竹器得到了一次全面的发展，既有对原有竹器功能的拓展，以致竹器品种大量增加，也有对竹器的文化寓意和审美内涵的提升。东周时期竹器迎来了发展的第一次繁荣期。

5.秦汉：竹器最早的系统化与专门化

秦汉竹器继承了春秋战国时代竹器的主要特点，并在第一次繁荣期的基础上又有所发展，特别是在竹器的系统化、专门化的发展上都有所突破。

首先，秦汉继承了东周竹器特点，是对礼乐竹器的发展延续。如在汉马王堆墓出土的竹器中，既有实用器具，也有装饰精美的礼器，同时也有竹笛、竹律、竹笙等乐器。同时出土的竹器在装饰手法上也沿用了春秋战国时代红黑色搭配的手法，装饰图案及纹样也有一定的延续性。

汉代竹器在继承基础上的发展体现在竹器功能、加工技术等的拓展上。如汉代马王堆墓出土的一套具有完整音律的"竹律"，显示出汉代竹制乐器相比东周时代的发展，马王堆出土的"漆绘龙纹勺"使用了竹刻、竹雕等多种雕刻手法，并且使用了竹钉的简易榫卯结构等，均是对竹器加工技术的发展和突破。长短柄竹扇的出现，也说明同种功能竹器类型的丰富和发展。

其次，汉代首次系统记载了竹器文字。在汉代许慎《说文解字》中共记载了竹部相关的文字151个，其中在汉代（后世文字的含义存在发生变化的情况）表示竹器的文字有115个。首次系统全面地记载了汉代及以前的竹器情况，展现出汉代竹器已经呈系统化发展。《说文解字》记载的竹器显示汉代竹器已经涉及生活、生产、军事、文化、音乐、居住、服饰等诸多方面。

再次，秦汉竹器出现了专门化的发展。如汉马王堆出土的一套具有完整音律的"竹律"就是竹乐器专门化发展的重要表现，而且《说文解字》中记载的各类竹制乐器多达18种。再如《说文解字》中与"吃"有关的各类竹器有簸、箱、筥、筥、箅、箅、笇、筆等十余种，体现了围绕人们衣食住行的重要日常生活，竹器深入细化发展，逐渐专门化。

最后，秦汉竹器还具有使用地域广的特点。由于汉代中国的文功武治，中国疆域进一步扩大，在汉代出土的竹器中，发现有出土于于阗（今新疆和田）、居延（今内蒙古额济纳旗、甘肃西北部一带）、乐浪郡（今朝鲜境内）等地的竹器。按照竹子的生长特点，汉代的于阗、居延不是竹产区，因此这一带的竹器应该是从竹产区带过去的。另外，汉代有竹器出土的地方遍及湖南、湖北、广东、广西、江苏、山东、江西、四川、陕西等地，传统的竹产区如浙江、福建等地也应该是竹器的使用地。因此，相比商周时期，汉代竹器在更广阔的疆域上使用。

6.魏晋南北朝：更系统的典籍记载

魏晋南北朝竹器的发展进入了一个模糊阶段。根据目前的研究，魏晋南北朝时期出土的竹器很罕见，相关壁画、绘画中记载的竹器十分有限，因此限于相关实物或图像资料的匮乏而不能深入地了解该时期竹器的发展情况。但根据南朝梁《玉篇》的记载，该时期共有竹部文字508个，其中表示竹器的文字有267个[1]，显示出该时期同汉代相比，竹器文字有一个很大的发展。总体而言，限于竹器实物（及图像）资料的不完整，只能推断出魏晋南北朝是中国竹器典籍记载的顶峰时期，通过比对《说文解字》和《玉篇》《钜宋广韵》记载竹器文字的差异和变化，发现该时期对汉代竹器有所传承，是一个"过渡传承期"。

之所以称这一时期为"过渡传承期"，是因为从现有的研究看，该时期竹器发展基本上处于传承阶段，没有在功能或内涵上有较大的突破，因此，是一个较平缓的传承阶段。

---

[1] 作者注：现存世的宋本《玉篇》经过了北宋陈彭年等的重修，对原本《玉篇》进行了扩充，现本在原本16917个字的基础上，至少增加了5644个字。因此，不同版本的《玉篇》记载的竹器文字数量有一定的误差。

7. 隋唐五代：高足竹家具的出现与精细化发展

　　隋唐五代时期是中国竹器史上在第一繁荣期之后的一个传承发展期，对传统的竹器有传承，对传统竹器的功能（用途）也有所拓展，同时也出现新的竹器形式。其中最具有影响意义的就是竹家具的出现，另外比较重要的有新的竹乐器尺八与筚篥等的出现、幂䍦的出现、竹夹膝（竹夫人）的使用、团扇的进一步发展、生产竹器的进一步系统化和新的生产竹器的出现等。

　　同魏晋南北朝及以前时期相比，唐代竹器有一定的发展，特别是因为唐代国家再次统一，国力强盛和繁荣，催生出新的生活方式。魏晋时期中国人由早期的席地而坐逐渐改为垂足而坐，催生了新的家具形式。到了唐代，家具形式有了很大的改变，更接近现代的家具形式。在这一过程中，使用竹材制作具有"现代"意义的家具也开始出现了，唐卢楞伽《六尊者像》中留下了我国最早的纯竹制椅子的形式。

　　唐代的"尚乐"之风在竹器中也体现得很明显。和前代不同的是，唐代的竹乐器品种有了新的发展，无论是在《宫乐图》、吴道子《八十七神仙图》等绘画作品中，还是在唐代墓室壁画、敦煌壁画等中都显示出唐代对乐器的重视。竹制乐器作为丝竹乐的核心乐器也出现了固定的组合形式，如竽、箫、排箫、笛、箜篌、筚篥等的组合。

　　五代时期的绘画作品中还绘制了该时期的渔具图像，是最早的渔具图像资料。而且该时期的渔具较前代有很大的发展，特别是使用渔网的专用捕鱼工具的出现，改进了此前的捕鱼工具。如董源《夏景山口待渡图卷》、赵干《江行初雪图》中绘制了大型捕鱼工具以及鱼篓等，画面中清晰可见的鱼篓造型与现代乡村使用的竹制鱼篓完全一样，至于大型的捕鱼工具，对比近现代的类似工具，也可推断使用竹子最方便，当然也有使用柔韧性较好的木材制作的可能性。

　　五代卫贤《闸口盘车图》则显示了五代时期，长江以南地区系统地使用竹制生产工具劳作的场景，显示出竹制生产器具在该时期有系统化、规制化的发展，而且描绘了部分新发展的生产类竹器，如竹砻、筛谷篼以及运输粮食用的船和牛车（上覆盖有竹席）等。

8. 宋代：竹器的风雅时代暨第二次繁荣期

　　宋代竹器的发展，达到了中国传统农业社会的另一个繁荣期，不论是一般的生活生产竹器，还是具有宋文化特色与竹文化内涵的竹茶具、竹家具、竹贡帘，以及《钜宋广韵》中记载的竹器文字，都达到了传统农业时代的竹器发展的高峰。因此，宋代是中国传统竹器发展的第二次繁荣期。

宋代竹器的第一个特征是进入到新的发展层次，即竹器的风雅时代。由于宋代文化的繁荣，宋代竹器及竹文化也达到前所未有的高度。竹文化不但在文人士大夫阶层得到发展，在普通老百姓层面也有全面的普及。如宋代著名的"斗茗"（即斗茶）之风，就是上到贵族阶层，下到黎民百姓阶层都盛行。老百姓更是自备整套茶具聚友斗茗。而这套茶具中，竹器占有重要的地位，如各种精致的竹篮、竹架、竹茶筅、竹篦等，竹篮有装茶具的，有装炭条的，造型各异。另外，无论是十分讲究的宋代贡席——梁平竹席，还是宋代人热衷使用的便面（扇子），湘妃竹制作的竹篱笆、竹椅和笔筒，文人士大夫使用的竹椅、竹帘、竹杖以及竹林场景等，都和竹器息息相关，将竹器推向更高的文化层次。

宋代竹器发展的第二个特征是体系完善。这体现在生活、生产、文化、音乐等方方面面。如张择端《清明上河图》中系统地展示了日常生活场景中近二十种不同类型的数百件竹器，李嵩《货郎图》则集中显示了包括竹制货架在内的十余种不同日常生活用竹器，楼璹的《耕织图》系统地展示了宋代在农业生产和蚕丝业中使用的各类竹器，佚名《雪渔图卷》中系统地绘制了宋代捕鱼用的各类竹器，《斗茶图》《茗园赌市图》《斗浆图》等系统地展示了宋代各类煮茶具及辅助器具，刘松年《十八学士图》、李公麟《商山四皓会昌九老图》、张胜温《画梵像》等展现了宋代竹家具的面貌。此外，在《钜宋广韵》中共记载了代表竹器的文字223个，分属生活、生产、军事、文化、音乐等诸多领域。

宋代竹器发展的第三个特征是竹器专业化进一步发展，竹器功能和形制进一步确定。在继承前代竹器特征的基础上，宋代的竹器在功能上进一步完善并成熟，竹器的规格和形制则进一步固定。这在《钜宋广韵》记载的竹器文字中可见一斑。比南朝梁《玉篇》晚近500年的《钜宋广韵》，记载的竹器文字反而比《玉篇》少了40个，深入分析的话会发现《钜宋广韵》中有27个代表竹器的文字在《玉篇》中没有，这样《玉篇》中有60多个代表竹器的文字未出现在《钜宋广韵》中。这就体现出竹器在这一阶段出现了"优化整合"的情况，功能相似称谓不同的竹器逐渐合并，新出现的竹器有了新的称谓。"优化整合"后的竹器文字会更加明确、成熟。同时，宋代竹器中出现了专门用于耕种、蚕织、渔业、饮茶、制帘等多个领域的品类，这在《耕织图》、《雪渔图卷》、《斗茶图》、宋代贡帘等中体现得特别明显。

9.元代：竹器的大型化发展

元代竹器的发展进入一个新的传承发展期。虽然只有约100年的发展时间，但也在继承前代竹器特点的基础上有所发展，特别是在《王祯农书》中系统地整理和记载了元代农耕器具，展现了元代农用竹器的整体面貌。

元代竹器的第一个特征就是系统地传承。元代竹器系统地传承了宋代的农耕类竹器、蚕织类竹器、渔业竹器、乐器类竹器等，这从元代《耕作图》《蚕织图》《雪山图轴》《东山丝竹图轴》等可以看出，基本上沿用和继承了宋代《耕织图》《雪渔图卷》等作品中表现的各类竹器。如果没有《王祯农书》对元代农用竹器的系统整理和记载，元代的《耕作图》和《蚕织图》等基本上就是对宋代相关题材绘画的临摹，仅是对个别器具形式进行了微调。

元代竹器的第二个特征是宋代竹器"风雅"内涵的衰落。元代竹器中有对竹器及其文化内涵的继承，如《竹林大士出山图》中反映了各类竹器与文人雅士的联系，王振鹏《神仙图》等也有各类竹杖与文人、宗教人物的表现，各类竹帘的使用，但是元代竹器总体上表现出宋代"风雅"之风的衰落，而不是宋代竹器"风雅"之风的繁荣和普及。元代竹器中竹文化的内涵精神仍在，但是其繁荣和普及程度远远不及宋代，相关竹器的创新发展很少。这同元代文化变迁与转型的社会大背景也有一定的关系。

元代竹器的第三个特征是大型化发展。元代竹器特别是生产类竹器有了大型化发展的趋势，如《王祯农书》中记载的筦、乔扦等都可以制作成数米或数丈的体量，用于晾晒粮食；用于脱粒的掼稻簟尺寸也很大，丈许见方；用于收麦子的麦笼和麦绰也是"广可六尺"的大型竹器；高转筒车更是"高以十丈为准"的竹木器。王振鹏《大明宫图卷》中绘制了元代竹席制作的大型船帆。这一类竹器的出现，充分说明了元代竹器向着更加大型化的方向发展，以适应当时社会生活、生产等的需要。

10.明代：科技思想融入传统竹器

明代竹器的发展，在继承前代竹器发展的基础上，有了新的特征，即早期科学技术思想的融入。它首先是一个传承发展期，但在明代由于早期科学技术思想的融入，这一时期竹器的发展有了新的内涵，因而称之为"新发展期"。

明代竹器的第一个特征是对宋元定型竹器的继承。如明代以宋代《耕织图》为蓝本绘制的《便民图纂》中的《农务之图》《女红之图》，就对宋元成熟的农耕、蚕织用具进行了传承和延续，其中描述的相关农耕和蚕织竹器也基本相似，没有太大的改变。周臣《渔乐图卷》中描绘的竹渔具也与宋元时期的竹渔具有相似之处。这也证明了自宋代以来相关农耕、蚕织和渔具等竹器进入成熟期。

明代竹器的第二个特征是科技思想的融入。《天工开物》记载的竹器中，除传承传统竹器特点外，出现了一类很有技术含量的竹器，传统竹器也被技术化。如弧矢、桔槔、木竹、船篷等，在《天工开物》中详细阐述了其技术参数，如功能模式、制作技术、规格参数、性能指标等。特别是用于井盐取卤水的"木竹"，经过技术上的革新，可以不断增加其长度，最长可达到数十丈，用于汲取地下数十丈的卤水，通过技术手段改变了竹器的使用局限。科学技术理念与手段的融入，对明代竹器的发展产生了重大的影响，也推动了明代竹器的进一步发展。

明代竹器的第三个特征是竹雕成为单独的艺术形式。竹雕和竹刻虽然早在汉代就已经出现，但是其成为独立的艺术形式并获得全面发展则是在明代。明代的竹雕获得了长足的发展，著名的嘉定"三朱"竹刻、南京濮仲谦雕刻等都是明代竹雕的代表。

11. 清代：竹器的饱和与工艺时代

清代是中国传统竹器发展的一个饱和期，竹器的发展陷入一个艰难的传承衰落期。一方面，常用竹器的形制趋于成熟和规范，竹器发展缺乏推陈出新的动力。如清代焦秉贞《御制耕织图》是以宋元《耕织图》为蓝本创作的，绘制的相关农耕和蚕织器具也基本延续了宋元时期的特点，是对传统耕织竹器的继承。另一方面，清代竹器发展出一套精致的竹器工艺品，将生活中常见的器具逐渐由实用工具变为精致的工艺品，最终由于过于精致而装饰过渡。清代竹器最终发展到一个奇技淫巧时代，传统竹器也因无法走出成熟竹器体系的桎梏，最终走向传统竹器的衰落期。

清代竹器的第一个特征是竹器的精致化发展。如清代各式的民用竹篮，采用了更加精细的竹编工艺和加工制作技术。不论是竹花篮、竹食篮、竹考篮还是点心篮等，清代的竹篮使用的竹篾更加细密，编制手法更加多样，造型更加丰富和讲究，以至于1925年德裔美国汉学家劳佛尔专门写了一本《中国篮子》在美国出版，介绍中国清代精美的竹篮。除了民间的竹篮之外，清代宫廷用的各式竹盒、竹盘、竹碗、竹雕等都精致得无以复加，加工工艺也出现了竹黄工艺、文竹工艺、竹胎编等精致繁复的工艺形式。

清代竹器的第二个特征是竹器的装饰性发展。清代竹器因为注重精致化的发展，发展过程中越来越注重竹器的装饰性，进而竹器的实用功能被逐步忽视，部分竹器出现了装饰性大于实用性的情况，再就是越来越注重装饰性的竹雕、竹胎编、贴黄工艺等纯装饰性竹器的出现。竹器由功能性转向装饰性发展，竹文化仅作为符号存在于相关的竹器上。

12.竹器的衰退转型阶段

时长：约100年。

竹器特点：传统衰落，由手工到工业化的被动转型。

进入近代，由于现代工业革命的影响，人类的生活和生产方式产生了重大的变化，工业机器生产成为社会生产的基本技术前提。传统竹器由于手工生产的方式而被挤压，一直无法融入近现代人们的生活中，传统竹器进入了一个衰退转型期。

首先，传统竹器进入衰退期。中国传统竹器经过数千年的发展，从宋元明清的成熟饱和阶段逐渐走向衰退。自宋代以来，常见的耕种、蚕织、渔业、音乐、军事等生活生产竹器的形制等趋于成熟。待至近现代，随着现代生活方式的变革，中国社会由传统的农业社会转型为工业社会，现代城市的出现更是改变了人们使用器物的习惯，传统竹器逐渐从近现代城市中淡出，仅在乡村等更贴近农业生产的区域使用。随着我国城市化进程在改革开放以后的迅速发展，越来越多的人进入城市生活，传统竹器的使用人群和领域被进一步压缩。传统的农耕竹器被现代农业生产用具替代，传统的竹篮、竹筐等被现代塑料制品代替，传统的蚕织业也被现代纺织机器取代……传统竹器不但在使用的空间地域受到挤压，在使用的功能领域也迅速地被挤压，传统竹器进入一个衰退期，需求量急剧下滑。

其次，传统竹器被迫进入工业化转型阶段。竹材作为一种材料，在我国有地域广和产量多的优势，随着传统竹器使用量和使用领域的减少，竹材利用量也大量减少，从而导致竹材大量剩余，但同时又缺少与现代生活相适应的竹器，因此竹器的被动转型是必然的。传统竹器的转型不是对传统竹器的抛弃，而是基于传统竹器以及竹器文化内涵，根据现代人生活方式的需要，创造出更好的符合工业化生产的新竹器。

第三节
历代竹器的谱系构建

所谓谱系,是指"宗族世系或同类事物历代系统及其谱记载体的统称"。《隋书·经籍志二》:"今录其见存者,以为谱系篇。"对竹器及其历代系统的记录分析,就是竹器谱系的构建。中华七千年的竹器发展,有其脉络和传承关系,同时伴随着独特的中华竹文化,相辅相成,从而形成了中华竹器谱系及其内涵。

历代竹器谱系的构建需要有历代竹器资料的完整支撑,基于目前已有的历代竹器三大来源——出土的实物、文献记载和图像绘画资料,基本可以勾勒一个中国历代竹器的谱系表。从历代竹器发展的时间线来看,中国自史前时期至近现代,竹器的发展是持续不断、一脉相承的,竹器的品类也从早期的简单竹编、粗糙竹建筑逐步发展,形成一个品类极其丰富的竹器世界,涉及日用竹器、生产竹器、竹乐器、军用竹器、文化竹器、交通竹器、竹服饰、竹雕、竹建筑、竹景观等方方面面。从汉代《说文解字》的记载中就可以看出,中国竹器自汉代就已经形成丰富的竹器系统,其中记载的代表115种竹器的文字,足以证明汉代竹器品种的丰富。

1. 史前时期竹器谱系表

具体见表2-2。

13处。至今发现的史前时期出土竹器遗址至少有13处,其中最具代表性的是湖南洪江高庙遗址、浙江吴兴钱山漾遗址等。一个是我国考古发掘出土竹器记录最早的遗址,一个是史前时期出土竹器数量和种类最多的遗址。

10种左右200余件。涉及的竹器品种主要有簸箕、竹席、竹篓、竹绳、竹矛、竹杖、竹篱笆、竹制建筑构件等,另有一些竹编残件,器型不明,但可以推测到竹箩、簖、篮等竹器中。说明史前时期竹器的种类已经有10种左右,现以出土实物的形式存于世。彩陶、岩画中还没有发现带有竹器的图像,仅在陶器的印纹上见到竹"篦点纹"、竹席印纹等纹样。竹器的竹编纹样主要有十字编、人字编、双十字编等基本竹编形式。

长江下游。出土竹器涉及的区域主要有江浙、两湖等东部地区,陕西等西北地区,四川等西南地区,广东等南部地区。出土遗址相对密集、竹器数量相对较多的是江浙一带，可以说史前时期江浙一带的竹器利用水平是这一时期的最高水平。

散点呈现，关联较小。 出土竹器在漫长的历史时期中零星分布，散点出现，个别遗址的时间间隔是以千年为基数的，年代也相隔甚远，相互之间的关联性较小。江浙一带的竹器虽然有历史时段的间隔，但总体上看不论是竹编编法，还是竹器器型都有一定的传承性，具有较明显的关联。至于天南地北的散点分布，如广东、四川、陕西等出土的竹器，则充分说明了我国史前时期竹器起源的多点性、同步性等特点。这一时期竹器是以长江下游地区为主导，全国各地同步共发的形态发展起来的。

竹文化的萌芽。 这一时期的竹器主要以利用、功能开发为主，竹文化的发展处于原始的萌发阶段。因为没有文字的记载，只能从出土竹器的情况判断人们对竹器及其文化的理解。应该说将竹器（如高庙遗址中的竹篾垫子）放在身体之下埋葬，就表明了先人对竹子精神存在和价值的一种认同。

表2-2 史前时期竹器谱系表

史前时期竹器谱系代表	出现的竹器品种	竹器类别	出现形式	同期竹文化
1. 湖南洪江高庙遗址出土竹篾垫子1个❶、❷ 2. 浙江余姚田螺山遗址出土芦苇编织物、竹竿等竹器❸ 3. 湖北洞庭湖新石器时代遗址出土建筑用竹 4. 江苏常州戚墅堰圩墩新石器时代遗址出土竹矛 5. 湖南常德澧县城头山古文化遗址出土竹编织物 6. 陕西西安半坡村仰韶文化遗址出土有竹席符号的陶器 7. 江苏苏州新石器时代晚期的草鞋山遗址发现竹制建筑材料 8. 江苏张家港东山村新石器时代遗址出土竹建筑材料 9. 浙江吴兴新石器时代钱山漾遗址出土200余件竹器❹ 10. 浙江诸暨尖山湾遗址出土竹编、竹篮等竹器 11. 四川广汉三星堆文化遗址晚期出土竹片、竹杖 12. 广东高要茅岗新石器时代遗址出土竹编残片等 13. 浙江湖州毗山遗址出土新石器时代的大型竹围堰	簸箕、席类竹器、篓形器、竹绳、竹矛、竹杖、竹篱笆、竹制建筑材料，竹笋、篰、篮等隐约可辨	日用竹编、竹建筑等	出土实物	无

---

❶ 湖南省文物考古研究所.湖南洪江市高庙新石器时代遗址[J].考古，2006（7）：9-15.
❷ 张应军.武陵竹编文化研究[M].成都：西南交通大学出版社，2015：前言.
❸ 浙江省文物考古研究所，余姚市文物保护管理所，河姆渡遗址博物馆.浙江余姚田螺山新石器时代遗址2004年发掘简报[J].文物，2007（11）：4-24，73.
❹ 浙江省文物管理委员会.吴兴钱山漾遗址第一、二次发掘报告[J].考古学报，1960（2）：73-91.

2. 商代竹器谱系表

具体见表2-3。

5处。至今发现的商代出土竹器遗址至少有5处，其中最具代表性的是湖北大冶铜绿山古铜矿遗址，出土了大量的商代采矿竹器，并在考古发掘中留下了珍贵的照片资料。就商代而言，该遗址出土了数十个竹器，其数量已经很多了，是商代珍贵的竹器实物。

17种30余件。涉及的竹器品种主要有竹篓（单提梁圆柱形竹篓、单提梁挂篓）、竹梯、竹席、竹席护壁、竹筲篮、竹火签、圆竹筐、竹棍、陶罐竹护套、竹筒、竹制建筑构件等，还有簋、箙、箕、册、典、矢等甲骨文记载的竹器。说明商代竹器的种类至少有17种，以出土实物、甲骨文等形式存于世。商代遗址出土的竹器实物有30余件。竹器的竹编纹样主要有十字编、人字编、双十字编等基本竹编形式。

长江中游九江段。出土竹器涉及的区域主要有江西、湖北、四川等。出土遗址相对密集、竹器数量相对较多的是江西九江和湖北大冶一带，以铜矿遗址为主。采矿竹器是该时期遗存的竹器实物主体。

区域集中，生产竹器。出土竹器集中在长江中游的江西九江到湖北大冶段，主要有江西瑞昌铜矿遗址、湖北大冶铜矿遗址等。出土的竹器也是开采铜矿用到的各类竹制采矿工具。因商代甲骨文目前辨认的数量有限，因此通过文字了解到的竹器信息还不全面，但也证明商代竹器的开发利用不仅限于生产、日用竹器，还有用于重要场合的文化竹器。

表2-3　商代竹器谱系表

商代竹器谱系代表	出现的竹器品种	竹器类别	出现形式	同期竹文化
1.江西瑞昌铜岭铜矿遗址出土竹篓等工具❶ 2.湖北大冶铜绿山古铜矿遗址发掘有竹制采矿用具❷ 3.九江新合乡神墩商代遗址发现有竹棍、竹筐、竹席等工具❸ 4.江西德安县石灰山商代遗址出土竹编残片❹ 5.江西省德安县陈家墩商周遗址出土大量商周时期的竹编器❺ 6.甲骨文中的竹器文字	竹篓（单提梁圆柱形竹篓、单提梁挂篓）、竹梯、竹席、竹席护壁、竹筲篮、竹火签、圆竹筐、竹棍、陶罐竹护套、竹筒等；簋、箙、箕、册、典、矢等	日用竹器、生产竹器	出土实物、甲骨文记载	《尚书·多士》"惟殷先人，有册有典"

---

❶ 刘诗中,卢本姗.江西铜岭铜矿遗址的发掘与研究[J].考古学报,1998（4）：465-496，529-536.
❷ 潘艺,杨一蕾.试述竹材在古代采矿中的作用[J].江汉考古,2002,85（4）：80-86.
❸ 李家和,刘诗中,曹柯平.江西九江神墩遗址发掘简报[J].江汉考古,1987,25（4）：12-31，98.
❹ 李家和.江西德安石灰山商代遗址试掘[J].东南文化,1989（Z1）：13-25.
❺ 江西省文物考古研究所,德安县博物馆.江西德安县陈家墩遗址发掘简报[J].南方文物,1995（2）：30-49.

竹文化,"惟殷先人,有册有典"。《尚书·多士》:"惟尔知,惟殷先人,有册有典,殷革夏命。今尔又曰:'夏迪简在王庭,有服在百僚'。予一人惟听用德,肆予敢求于天邑商,予惟率肆矜尔。非予罪,时惟天命。"❶从书中记载的这段话来看,商代使用竹简记录商代的重要制度、法典或礼事等。"典册"在商代可以和重要文化活动挂钩,虽然有甲骨的使用,但竹简也应该是重要的形式,只是因为竹简等材料不能像甲骨一样保存至今。在商代竹子和文化、礼制等相关联,同时根据《尚书》中的描述,典册中记载的事又可以和"德"关联,这样一来,即在商代,竹文化已经和君王礼制、王德等产生了关联。

3.周代竹器谱系表

表2-4为西周竹器谱系表。

3处。至今发现的西周时期出土竹器遗址至少有3处,其中与商代重合的遗址有2处,分别是江西瑞昌铜岭铜矿遗址、湖北大冶铜绿山古铜矿遗址。因遗址重合,所发掘的竹器也基本一致。与商代遗址相比,最具代表性的是河南信阳孙砦遗址出土的80余件竹制渔业用生产器具。

13种100余件。涉及的竹器品种主要有竹篓、提篓、竹筐、竹篮、竹编井、竹索、竹梯、竹浇筒、竹席护壁、竹盘、竹簸箕、竹渔罩(梯形、簸箕状、圆锥形、近三角形等)、竹环形器等,说明西周竹器的种类至少有13种。竹器以出土实物、金文等形式存于世。西周遗址出土的竹器实物有100余件。竹器的竹编纹样除早期出现的十字编、人字编、双十字编等基本竹编形式外,还出现了六角编、多经多纬人字编、菊底编等。

遗址数量少。出土竹器涉及的区域主要有江西、湖北、河南等。出土该时期竹器的遗址相对较少,除孙砦遗址是典型的西周时期遗址外,铜绿山遗址和铜岭遗址均为商周遗址,相关竹器自商代开始就延续使用。

表2-5为东周竹器谱系表。

---

❶ 译文:"你们知道,殷人的祖先有书册有典籍,记载着殷国革了夏国的命。现在你们又说,'当年夏的官员被选在殷的王庭,在百官之中都有职事'。我只接受、使用有德的人。现在我从大邑商招来你们,我是宽大你们和爱惜你们。这不是我的差错,这是天命。"

表2-4　西周竹器谱系表

西周竹器谱系代表	出现的竹器品种	竹器类别	出现形式	同期竹文化
1.江西瑞昌铜岭铜矿遗址出土竹盘、竹篓、竹火签等采矿竹器❶ 2.湖北大冶铜绿山古铜矿遗址出土大量采矿用生产竹器❷ 3.河南信阳孙砦遗址（西周早期至晚期）出土竹篓、竹簸箕、竹鱼罩、竹环形器座等竹器80余件❸	竹篓、提篓、竹筐、竹篮、竹编井、竹索、竹梯、竹浇筒、竹席护壁、竹盘、竹簸箕、竹鱼罩、竹环形器、竹管、竹节、竹笞、竹篦、竹筐、竹笭、竹簧、竹筑凳	日用竹器、生产竹器（含竹渔具）	出土实物、金文记载	无

表2-5　东周竹器谱系表

东周竹器谱系代表	出现的竹器品种	竹器类别	出现形式	同期竹文化
1.湖北大冶铜绿山古铜矿遗址发掘有大量竹制采矿用具❹ 2.江西瑞昌铜岭铜矿遗址出土的竹盘、竹筐、竹火签等采矿竹器❺ 3.河南光山宝相寺黄君孟墓出土春秋早期的竹排箫4组、竹弓1件以及竹席等竹器❻ 4.湖北宜昌当阳金家山九号楚墓出土红彩竹席、竹篓等❼ 5.江西省靖安县李洲坳古墓出土竹扇、竹席、竹笥等竹器❽ 6.河南固始侯古堆春秋大墓出土竹木制肩舆3乘以及彩绘竹竿、竹席等❾ 7.湖北江陵秦家咀楚墓出土长方形竹笥8件、带细竹杆箭簇18支、竹扇（残缺）1个、竹席1张、竹简41支❿ 8.信阳长台关楚墓出土竹席6张、竹篓6个、竹毛笔及竹笔管1套、竹竿29根、竹木床1张、竹枕1个、竹简148支等⓫ 9.湖北襄阳余岗楚墓出土竹容器、乐器、兵器、日用竹器等	竹篓、提篓、竹簸箕、竹筐、竹篮、竹编井、竹索、竹梯、竹浇筒、竹席护壁、竹盘、竹火签、竹灯、竹屑、竹火把、防洪竹笼等	日用竹器、生产竹器（含竹渔具）、竹乐器、军用竹器、文化竹器、交通竹器、竹建筑等	出土实物、文献记载	《吴越春秋·弹歌》："断竹，续竹；飞土，逐宍。"《诗经·卫风·淇奥》中首次以竹比德，歌颂95岁卫武公

---

❶ 刘诗中，卢本珊.江西铜岭铜矿遗址的发掘与研究[J].考古学报，1998（4）：465-496，529-536.
❷ 潘艺，杨一蕾.试述竹材在古代采矿中的作用[J].江汉考古，2002，85（4）：80-86.
❸ 河南省文物研究所.信阳孙砦遗址发掘报告[J].华夏考古，1989（2）：1-68.
❹ 潘艺，杨一蕾.试述竹材在古代采矿中的作用[J].江汉考古，2002，85（4）：80-86.
❺ 刘诗中，卢本珊.江西铜岭铜矿遗址的发掘与研究[J].考古学报，1998（4）：465-496，529-536.
❻ 河南信阳地区文管会，光山县文管会.春秋早期黄君孟夫妇墓发掘报告[J].考古，1983（4）：302-348.
❼ 湖北省宜昌地区文物工作队.当阳金家山九号春秋楚墓[J].文物，1982（4）：41-45.
❽ 江西省文物考古研究所.江西靖安县李洲坳东周墓葬[J].考古，2008（7）：47-53.
❾ 固始侯古堆一号墓发掘组.固始侯古堆一号墓发掘简报[J].文物，1981（1）：1-8.
❿ 荆州铁路考古队.江陵秦家咀楚墓发掘简报[J].江汉考古，1988（2）：36-43.
⓫ 河南省文物研究所.信阳楚墓[M].北京：文物出版社，1986.

续表

东周竹器谱系代表	出现的竹器品种	竹器类别	出现形式	同期竹文化
10.湖北江陵雨台山楚墓（73座）出土笙1件、竹筒7件、竹弓1张、竹席2张、竹律管1套，竹木器腐乱残缺较多❶ 11.江西贵溪崖墓发掘竹编、竹纺织工具等24件，其中竹盘1个、竹席6件、竹管3节、竹器残底（筛形器）1个、竹筒1件、竹片3件、竹梭1件、竹杼2件、导经棍1件、绕线框1件、引经杆1件、纺砖4件❷ 12.四川荥经曾家沟战国墓群出土竹编器套1个、竹圆盒（圆竹筒）1个、竹筒（方竹筒）1个、竹篮1个、竹绳若干等❸ 13.湖北曾侯乙墓出土竹篪、竹笛、竹排箫等竹乐器，殳、竹席、竹筒，以及竹简200多枚❹❺ 14.四川成都市商业街船棺出土竽和竹编的席、筐、篮、篓等❻ 15.湖北江陵天星观1号楚墓出土竹弓、殳、戟，以及笙6件、竹简70余支等❼ 16.河南新蔡葛陵楚墓出土竹简1571枚❽ 17.湖北荆门左冢楚墓出土竹席、竹筒、竹篓、竹墨盒、竹枕、竹木篪、竹筒、竹竿、竹片、积竹柲等竹器23件❾ 18.四川青川县战国古墓出土竹簪4件、竹笄18件、竹筐2件❿ 19.湖北江陵九店东周墓出土竹笄、竹弓、圆竹筒、方竹筒、竹扇、竹枕、竹席、竹篓、竹算筹、竹毛笔及笔筒等竹器98件，分属37座墓；竹卮（木盖）12件，分属5座墓；竹简239枚，分属3座墓⓫⓬ 20.湖北枝江市姚家港楚墓出土竹弓、竹乐器、竹筒片、竹管、竹伞把、竹牛角器、竹片等⓭ 21.湖北荆州望山桥一号楚墓出土竹笥、竹筒、竹席、竹弓等竹器53件，竹简15枚⓮	竹简、圆竹盒（圆竹筒）、竹筒（方竹筒）、竹席、竹枕、竹扇、竹算、竹笄、竹笔筒、竹毛笔、竹帘、竹弓以及竹卮等，竹梭、竹杼、导经棍、绕线框、引经杆、纺砖等，竹篪、竹排箫、竹笙、竹笛、竹律管、殳等，竹木肩舆、竹木床、竹盒、竹伞柄、竹簪等，凤鸟双联杯、彩绘凤纹竹筒、彩绘竹竿、彩绘竹席等			

---

❶ 湖北省文物考古研究所.江陵雨台山楚墓发掘简报[J].江汉考古，1990（3）：1-7.
❷ 江西省历史博物馆，贵溪县文化馆.江西贵溪崖墓发掘简报[J].文物，1980（11）：34-53.
❸ 四川省文管会，雅安地区文化馆，荥经县文化馆.四川荥经曾家沟战国墓群第一、二次发掘[J].考古，1984（12）：1072-1091.
❹ 随县擂鼓墩一号墓考古发掘队.湖北随县曾侯乙墓发掘简报[J].文物，1979（7）：1-24.
❺ 谭维四.曾侯乙墓文物艺术[M].武汉：湖北美术出版社，1992.
❻ 成都市文物考古研究所.成都市商业街船棺、独木棺墓葬发掘简报[J].文物，2002（11）：4-30.
❼ 湖北省荆州地区博物馆.江陵天星观1号楚墓[J].考古，1982（1）：71-116.
❽ 河南省文物考古研究所.新蔡葛陵楚墓[M].郑州：大象出版社，2003.
❾ 湖北省文物考古研究所，荆门市博物馆，襄荆高速公路考古队.荆门左冢楚墓[M].北京：文物出版社，2006.
❿ 四川省博物馆，青川县文化馆.青川县出土秦更修田律木牍——四川青川县战国墓发掘简报[J].文物，1982（1）：1-21.
⓫ 湖北省文物考古研究所.江陵九店东周墓[M].北京：科学出版社，1995.
⓬ 湖北省文物考古研究所.湖北江陵县九店东周墓发掘纪要[J].考古，1995（7）：589-605.
⓭ 湖北省宜昌地区博物馆.湖北枝江县姚家港楚墓发掘报告[J].考古，1988（2）：157-168.
⓮ 荆州博物馆.湖北荆州望山桥一号楚墓发掘简报[J].文物，2017（2）：4-37.

续表

东周竹器谱系代表	出现的竹器品种	竹器类别	出现形式	同期竹文化
22.湖北江陵望山1号楚墓出土彩绘竹席、竹盒等,以及竹简23支❶				
23.湖北江陵沙冢1号楚墓出土彩绘竹席1件❷				
24.安徽寿县出土战国时期的竹形铜制"鄂君启节"				
25.湖北荆门郭店一号楚墓出土大批竹简、竹弓、竹笥、竹席、竹帘、箧等竹器❸				
26.湖北江陵马山一号楚墓出土竹枕1件、精美方竹笥17件、精美圆竹笥1件、彩绘矩纹竹扇1件、竹筐1件、竹席3件等,另有带叶竹枝一段❹				
27.湖北老河口安岗一号楚墓出土竹绕线棒40件、竹双联筒2件、笙1个、竹笥11件、竹管2件、竹弓4张、竹幡杆1件、竹简21枚❺				
28.湖北老河口安岗二号楚墓出土竹枕1个、竹笥8件、竹席2张、竹简4枚❻				
29.湖北荆门包山2号墓出土凤鸟双联杯1件,彩绘凤纹竹笥1个,竹毛笔及竹笔筒1套,竹席8张,竹笥60件,竹弓、竹枕、竹篓、竹扇、竹箕、竹圈、竹笼等若干,折叠竹木床1张,积竹柲若干,竹简444支❼				
30.湖北江陵拍马山楚墓出土箧盒2件、竹卮3件、竹弓3个、竹席1张❽				
31.浙江安吉县良朋楚墓遗址出土大量竹编				
32.四川成都市蒲江县船棺墓出土圆形竹筐(残件)7个❾				
33.金文中记载竹器26种,各类竹器文字字形470余个❿				
34.都江堰水利工程中的防洪竹笼				

---

❶ 湖北省文化局文物工作队.湖北江陵三座楚墓出土大批重要文物[J].文物,1966(5):33-55.
❷ 湖北省文化局文物工作队.湖北江陵三座楚墓出土大批重要文物[J].文物,1966(5):33-55.
❸ 湖北省荆门市博物馆.荆门郭店一号楚墓[J].文物,1997(7):35-48.
❹ 湖北省荆州地区博物馆.江陵马山一号楚墓[M].北京:文物出版社,1985.
❺ 襄阳市博物馆,老河口市博物馆.湖北老河口安岗一号楚墓发掘简报[J].文物,2017(7):4-37.
❻ 湖北省文物考古研究所,襄阳市博物馆,老河口市博物馆.湖北老河口安岗二号楚墓发掘简报[J].文物,2017(7):38-58.
❼ 湖北省荆沙铁路考古队包山墓地整理小组.荆门市包山楚墓发掘简报[J].文物,1988(5):1-14.
❽ 湖北省博物馆,荆州地区博物馆,江陵县文物工作组发掘小组.湖北江陵拍马山楚墓发掘简报[J].考古,1973(3):151-161.
❾ 成都市文物考古工作队,蒲江县文物管理所.成都市蒲江县船棺墓发掘简报[J].文物,2002(4):27-31.
❿ 容庚.金文编[M].北京:中华书局,1985.

33处。至今发现的东周出土竹器遗址至少有33处,其中最具代表性的是湖北九店东周墓出土的日用竹器、湖北江陵马山1号楚墓出土的竹笥与竹扇等彩绘竹器、湖北荆门包山2号墓出土的凤鸟双联杯等彩绘竹器、湖北江陵望山1号楚墓出土的彩绘竹席、湖北曾侯乙墓出土的彩绘竹乐器、江西贵溪崖墓出土的纺织竹器、河南信阳出土的竹木肩舆和竹木大床、四川都江堰工程使用的防洪竹笼等。

45种400余件,竹简2000余件。涉及的竹器品种主要有竹篓、提篓、竹筅箕、竹筐、竹篮、竹编井、竹索、竹梯、竹浇筒、竹席护壁、竹盘、竹火签、竹灯、竹屑、竹火把等生产竹器,竹简、圆竹盒(圆竹笥)、竹笥(方竹笥)、竹席、竹枕、竹扇、竹算筹、竹笄、竹笔筒、竹毛笔、竹伞柄、竹簪、竹笋、竹帘以及竹卮等日用竹器,竹梭、竹杼、导经棍、绕线框、引经杆、纺砖等纺织竹器,竹篪、竹排箫、竹笙、竹笛、竹律管等竹乐器,殳、竹弓等竹兵器,竹木肩舆、竹木床等竹木家具,凤鸟双联杯、彩绘凤纹竹筒、彩绘竹竿、彩绘竹席等彩绘竹器,至少有45种。还有代表26种竹器的金文文字,如箭、笥、节、簠、筥、簋、簠、筐、笭、簸、簧、笀、筯、箦、箕、竿、簪、筑、典、龠、籁、册、矢、仑、宿等。说明周代竹器的种类至少有45种,现以出土实物、金文等形式存于世。周代遗址出土的竹器实物至少有400余件,其中仅湖北九店东周墓出土的竹器实物就达98件之多。竹器的竹编纹样除常见的十字编、人字编、双十字编等基本竹编形式外,还主要有彩绘竹编形式,用黑色和红色搭配竹篾的本色,竹编装饰纹样精美。

长江中游湖北段。出土竹器涉及的区域主要有湖北、江西、河南、四川、广东、安徽、浙江等区域。出土遗址相对密集、竹器数量相对较多的是湖北江陵(今湖北省荆州市)一带,该时期竹器以日用竹器、彩绘竹器为主。随墓葬出土的竹器是该时期遗存的竹器实物主体。

区域集中,彩绘竹器。东周时期出土的竹器区域很集中,主要在湖北省境内,其中又以楚国故都江陵为聚集地,出土了大量的春秋战国时期竹器。出土的竹器中又以彩绘竹器最具代表性。

竹文化。东周时期出现了"以竹比德"的《诗经·卫风·淇奥》,歌颂的是春秋末期卫国国君——95岁的卫武公。这开创了我国竹文化"人格化"的先河,竹文化由实用文化转向精神文化,开创了竹文化新的领域和内涵。

竹器作为狩猎工具进入诗歌。《吴越春秋·弹歌》:"断竹,续竹;飞土,逐宍。"

4.秦汉竹器谱系表

具体见表2-6。

34处。至今发现的秦汉时期出土竹器遗址至少有34处,其中最具代表性的是湖北云梦睡虎地十二座秦墓、湖南长沙马王堆汉墓、湖北江陵凤凰山汉墓等。

31种400余件,竹简42000余件。涉及的竹器品种主要有竹简、竹算筹、竹筒、竹帘、竹笔、竹笥、竹扇、竹筐、竹串、竹笋、竹笛、竹尺、竹篮、竹篓、竹席、竹簪、竹漆绘龙纹勺、竹熏罩、竹竽律、竹平衡杆、竹牍、竹盒、竹梭、竹雕构件、竹装饰构件、竹钗、竹擿、竹签、竹箅、竹杖、漆绘竹箧等至少31种。还有东汉《说文解字》中记载的代表115种竹器的"竹"部文字。说明秦汉竹器的种类至少有31种,现以出土实物、文字记载等形式存于世。除了竹简,秦汉遗址出土的竹器实物至少有400余件,其中仅湖南长沙马王堆汉墓出土的竹器实物就达到200余件之多。该时期出土竹简42000余件,其中仅里耶竹简就有36000余件。此外还出土了极具代表性的"漆绘龙纹勺"等汉代彩绘镂雕竹器精品。竹器的竹编纹样除常见的十字编、人字编、双十字编等基本竹编形式外,还延续了战国后期的彩绘竹器装饰,十分精美。

两湖地区,辐射全域。出土竹器涉及的区域主要有湖北、湖南、陕西、广西、山东、内蒙古、甘肃、江苏、四川、广东、新疆、汉乐浪郡(今朝鲜平壤附近)等区域。出土遗址相对密集、竹器数量相对较多的是以湖北、湖南为代表的"两湖"地区。同东周一样,该时期以日用竹器、彩绘竹器为主体,随墓葬出土的竹器是该时期遗存的竹器实物主体。

竹文化。帝王竹林与庭院用竹。秦都咸阳第三号宫殿建筑遗址壁画出土了"竹"形象:"两株并立,杆圆形,叶片质地薄,呈披针形,颜色似现在的紫竹(亦称黑竹)。"在宫廷壁画里出现竹子,说明这种禾本植物当时可能已栽种于帝王庭院之中。栽竹原因,大概由于"(凤)集帝梧桐""食帝竹实"之故。这在后代也有类似记载。《晋书》载:"长安又谣曰,'凤皇凤皇止阿房。'坚以凤皇非梧桐不栖,非竹实不食,乃植桐竹数十万株于阿房宫城以待之。"帝王和竹的关联,最早关联到了华夏先祖"黄帝",让中国传统的竹文化又有了"帝王之气",象征着不同凡响的竹文化内涵。

关中地区,周秦时代已大量栽种竹子。《史记·货殖列传》载:"渭川千亩竹。"《汉书·地理志》亦载:"秦地有鄠、杜竹林,南山檀柘,号称陆海。"东晋《拾遗记》,"始皇起云明台,穷四方之珍木,得云冈素竹",这是竹子用于造园的最早记载。

据《三辅黄图》记载:"竹宫,甘泉祠宫也,以竹为宫,天子居中。"汉代的甘泉祠宫就是用竹子构筑而成的。

5.魏晋南北朝竹器谱系表

具体见表2-7。

表 2-6　秦汉竹器谱系表

秦汉竹器谱系代表	出现的竹器品种	竹器类别	出现形式	同期竹文化
1. 湖北江陵王家台 15 号秦墓出土长竹筒 1 件、红漆竹算筹 60 支、竹简 800 多枚❶ 2. 湖北江陵杨家山 135 号秦墓出土竹帘，另有竹简 75 枚❷ 3. 湖北云梦睡虎地第十一号秦墓出土竹制毛笔及竹笔套 3 套，竹筒 2 件，竹简 4 件，残竹扇 1 件，竹简 1155 枚❸❹ 4. 湖北云梦睡虎地十二座秦墓（除第十一号墓外）出土黑漆竹筒 1 件，竹算筹 6 件，竹简、竹筐、竹筒、竹串、竹笄等器物若干❺ 5. 秦兵马俑一号坑出土秘若干❻ 6. 湖北孝感云梦龙岗秦汉墓地出土竹简、竹筒 150 余件❼ 7. 湖北江陵岳山秦墓出土竹算筹 58 支❽ 8. 广西贵港罗泊湾一号汉墓出土竹笛 1 支、竹尺 1 把，竹筒、竹篮、竹篓等残件若干❾ 9. 湖北荆州谢家桥一号汉墓出土竹篓、竹筒、竹简、竹席、竹箸、竹笥等 223 件❿ 10. 湖南长沙马王堆汉墓出土大量竹扇、竹笥、竹漆绘龙纹勺、竹熏罩、竹篓、竹箸、竹席、竹竽律、竹串、竹简等器物 500 余件⓫ 11. 湖北江陵凤凰山一六八号墓出土竹毛笔及笔筒 1 套，竹扇 5 件，竹笥 12 件，竹筒 2 把，竹扇 9 个、竹平衡杆 1 件，竹胰 1 件，竹简 66 枚⓬ 12. 湖北江陵凤凰山汉墓（八、九、十号墓）出土竹扇 5 件、竹篓 11 件、竹盒 1 件、竹筒 9 个、竹帘 1 个、竹箸 6 个、竹简 400 多枚⓭ 13. 山东临沂银雀山汉墓出土竹简 14. 陕西西安长安区西汉大司马张安世家族墓出土汉代竹简 15. 内蒙古额济纳旗甲渠候官遗址（汉代居延地区）出土竹杆箭、竹笛⓮ 16. 甘肃金塔县肩水金关遗址（汉代居延地区）出土竹杆箭、竹尺、竹笄、竹梭等竹器⓯	竹简、竹算筹、竹筒、竹帘、竹笔、竹笥、竹扇、竹筐、竹串、竹笄、竹笛、竹尺、竹篮、竹篓、竹席、竹箸、竹漆绘龙纹勺、竹熏罩、竹竽律、竹平衡杆、竹胰、竹盒、竹梭、竹雕构件、竹装饰构件、竹钗、竹摘、竹签、竹算、竹杖、漆绘竹箧等	日用竹器、生产竹器、竹渔具、竹乐器、军用竹器、文化竹器、交通竹器、竹雕、竹服饰、竹建筑等	出土实物、图像资料、文献记载	宫廷壁画里出现竹子⓰ "（凤）集帝梧桐……食帝竹实"⓱

---

❶ 荆州地区博物馆.江陵王家台 15 号秦墓[J].文物，1995（1）：37-43.
❷ 湖北省荆州地区博物馆.江陵杨家山 135 号秦墓发掘简报[J].文物，1993（8）：1-11，25.
❸ 湖北孝感地区第二期亦工亦农文物考古训练班.湖北云梦睡虎地十一号秦墓发掘简报[J].文物，1976（6）：1-10.
❹ 云梦睡虎地秦墓编写组.云梦睡虎地秦墓[M].北京：文物出版社，1981.
❺ 湖北孝感地区第二期亦工亦农文物考古训练班.湖北云梦睡虎地十一座秦墓发掘简报[J].文物，1976（9）：51-62.
❻ 朱学文.从考古资料看秦代漆器艺术风格的相关问题[J].文博，2011（4）：25-31.
❼ 湖北省文物考古研究所，等.云梦龙岗秦汉墓地第一次发掘简报[J].江汉考古，1990（3）：16-27.
❽ 湖北省江陵县文物局，荆州地区博物馆.江陵岳山秦墓[J].考古学报，2000（4）：537-563.
❾ 广西壮族自治区文物工作队.广西贵县罗泊湾一号墓发掘报告[J].文物，1978（9）：25-38.
❿ 荆州博物馆.湖北荆州谢家桥一号汉墓发掘简报[J].文物，2009（4）：26-42.
⓫ 湖南省博物馆，中国科学院考古研究所.长沙马王堆一号汉墓[M].北京：文物出版社，1973：111-137.
⓬ 纪南城凤凰山一六八号汉墓发掘整理组.湖北江陵凤凰山一六八号汉墓发掘简报[J].文物，1975（9）：1-8，22.
⓭ 长江流域第二期文物考古工作人员训练班.湖北江陵凤凰山西汉墓发掘简报[J].文物，1974（6）：41-61.
⓮ 甘肃居延考古队.居延汉代遗址的发掘和新出土的简册文物[J].文物，1978（1）：1-25.
⓯ 甘肃居延考古队.居延汉代遗址的发掘和新出土的简册文物[J].文物，1978（1）：1-25.
⓰ 刘庆柱.秦都咸阳第三号宫殿建筑遗址壁画考释[J].人文杂志，1980（6）：85-89.
⓱ [汉]韩婴撰、许维遹校释的《韩诗外传集释》："凤乃止帝东园……集帝梧桐……食帝竹实，没身不去。"

秦汉竹器谱系代表	出现的竹器品种	竹器类别	出现形式	同期竹文化
17.甘肃敦煌市马圈湾汉代烽燧遗址出土竹毛笔1支，以及竹编器残件等❶				
18.甘肃敦煌悬泉置遗址出土竹毛笔4支，漆筷若干等❷				
19.湖北省荆州市张家山汉墓出土竹简1236枚❸				
20.江苏扬州刘毋智墓出土竹片饰、竹雕构件各1件❹				
21.湖北孝感云梦西汉墓出土竹笥、竹筒共9件❺				
22.湖北随州周家寨西汉墓M8出土竹筒6件、竹笔管1件、竹简1卷共566枚，还有竹笥、竹竿等竹器❻				
23.湖北孝感云梦睡虎地西汉墓M77出土竹筒4件、竹笥1件、笔筒1件、简牍2137枚❼				
24.江苏仪征国庆前庄12号西汉墓出土竹钗、竹擿、竹签共6件❽				
25.湖北荆沙瓦坟园西汉墓出土竹笥、竹算各1件❾				
26.四川绵阳永兴双包山二号西汉木椁墓出土竹木制箭箙5件❿				
27.山东日照海曲西汉墓M106出土竹杖1个、竹简39件⓫				
28.山东青岛土山屯汉墓出土竹笥1件、竹杖1个、竹毛笔及笔筒1套⓬				
29.广东广州西村皇帝冈42号东汉木椁墓出土竹笥1件、篾席残片若干⓭				
30.新疆和田民丰县东汉时尼雅遗址出土竹弓				
31.东汉乐浪郡（现朝鲜平壤附近）出土彩绘竹箧1个⓮				
32.东汉画像石中的各类竹器				
33.陕西靖边县杨桥畔镇杨一村东汉墓壁画中有采桑竹篮				
34.湖南湘西土家族苗族自治州里耶古城1号井出土竹简36000多枚				
35.湖南长沙走马楼出土竹木简牍10万枚以上⓯				
36.东汉许慎《说文解字》记录、说明了代表115种汉代竹器的文字⓰				

---

❶ 甘肃省博物馆，敦煌县文化馆.敦煌马圈湾汉代烽燧遗址发掘简报[J].文物，1981（10）：1-8.
❷ 甘肃省文物考古研究所.甘肃敦煌汉代悬泉置遗址发掘简报[J].文物，2000（5）：4-20.
❸ 张家山二四七号汉墓竹简整理小组.张家山汉墓竹简[M].北京：文物出版社，2006.
❹ 扬州市文物考古研究所.江苏扬州西汉刘毋智墓发掘简报[J].文物，2010（3）：19-36.
❺ 湖北省博物馆，等.湖北云梦西汉墓发掘简报[J].文物，1973（9）：23-32.
❻ 湖北省文物考古研究所，随州市曾都区考古队.湖北随州市周家寨墓地M8发掘简报[J].考古，2017（8）：3-21.
❼ 湖北省文物考古研究所，云梦县博物馆.湖北云梦睡虎地M77发掘简报[J].江汉考古，2008（4）：31-37.
❽ 仪征市博物馆.江苏仪征国庆前庄12号墓发掘简报[J].东南文化，2017（2）：28-40.
❾ 荆州博物馆.湖北荆州市瓦坟园西汉墓发掘简报[J].考古，1995（11）：985-996.
❿ 四川省文物考古研究所，绵阳市博物馆.绵阳永兴双包山二号西汉木椁墓发掘简报[J].文物，1996（10）：13-29.
⓫ 山东省文物考古研究所.山东日照海曲西汉墓（M106）发掘简报[J].文物，2010（1）：4-25.
⓬ 彭峪.汉代县令家族的身后事——山东青岛土山屯墓群[J].大众考古，2018（2）：52-60.
⓭ 广州市文物管理委员会.广州西村皇帝冈42号东汉木椁墓发掘简报[J].考古通讯，1958（8）：37-42.
⓮ 张安治.中国美术全集·绘画编·原始社会至南北朝绘画[M].北京：人民美术出版社，1988.
⓯ 长沙市文物工作队，长沙市文物考古研究所.长沙走马楼J22发掘简报[J].文物，1999（5）：4-25，97-102.
⓰ [汉]许慎.说文解字[M].[宋]徐铉，校.北京：中华书局，1963.

表2-7 魏晋南北朝竹器谱系表

魏晋南北朝竹器谱系代表	出现的竹器品种	竹器类别	出现形式	同期竹文化
1.新疆吐鲁番阿斯塔纳东晋墓出土纸画墓主人生活图中的团扇与农具❶ 2.甘肃酒泉魏晋十六国墓壁画中的竹器❷ 3.魏晋南北朝时期敦煌壁画中有各式竹乐器（箫、排箫、箜篌、笙、笛子等）、竹编器物等❸ 4.裴钟——东晋的斑竹笔筒 5.南齐的竹根如意与笋箨冠 6.江苏溧阳孙吴凤凰元年墓出土泥塑竹提篮模型 7.南京西岗果牧场西晋墓中的青瓷提篮 8.魏武（曹操）《淳上器诫令》"今方竹严具❹，绿漆甚华好" 9.三国曹丕《诗》"重置施密网，罕筜飘如云" 10.三国曹丕《钓竿行》"钓竿何珊珊" 11.三国曹丕《代刘勋妻王氏杂诗》"缄藏箧笥里，当复何时披" 12.三国蔡琰（文姬）《胡笳十八拍》"胡笳本自出胡中，缘琴翻出音律同" 13.三国曹魏嵇康《四言赠兄秀才入军诗·其十四》"嘉彼钓叟，得鱼忘筌" 14.三国曹植《仙人篇》"湘娥拊琴瑟，秦女吹笙竽" 15.三国曹植《诗》"弹筝奋逸响。新声妙入神" 16.三国曹植《九华扇赋》"时赐尚方竹扇，不方不圆，其中结成文，名曰九华扇" 17.三国曹魏应璩《百一诗·其十六》"洛水禁罾罟，鱼鳖不为殖" 18.刘义庆《世说》"可为竹椑楯，而未显其言" 19.西晋左思《咏史八首》"南邻击钟磬，北里吹笙竽""习习笼中鸟，举翮触四隅" 20.西晋陆机《班婕妤》"寄情在玉阶，托意惟团扇" 21.西晋潘岳《悼亡诗三首·其二》"展转盼枕席，长簟竟床空" 22.《晋书》"羲之尝在蕺山，见老姥持六角竹扇卖之，羲之因书其扇，各为五字" 23.东晋《陶侃故事》"侃上成帝漆复箑五十枚" 24.东晋陶渊明《闲情赋》"愿在竹而为扇，含凄飙于柔握" 25.东晋陶渊明《饮酒》"采菊东篱下，悠然见南山" 26.东晋许询《竹扇诗》"箑疑秋蝉翼，团取望舒景" 27.南北朝无名氏《团扇歌》"青青林中竹，可作白团扇" 28.《东宫旧事》"皇太子初拜，供漆要扇，青竹扇各一，纳妃同心扇二十，单竹扇二十" 29.南北朝沈约《咏竹火笼诗》❺ 30.南北朝沈约《咏箑》❻	竹箫、排箫、箜篌、簾、笙、竽、筝、笛子、斑竹笔筒、竹根如意、笋箨冠、竹提篮、竹篮舆、竹火笼、竹团扇、方扇、竹槟榔盘、采桑竹篮、鸟笼、鹅笼、斑竹杖等、钓竿、箧、笥、胡笳、竹笙、罾、簟、竹席、竹篱、竹扉、筜桥、竹亭等	日用竹器、竹乐器、军用竹器、文化竹器、交通竹器、竹雕、竹服饰、竹建筑等	文献记载、图像资料、出土实物	竹林七贤王徽之："何可一日无此君？"

---

❶ 张安治.中国美术全集·绘画编·原始社会至南北朝绘画[M].北京：人民美术出版社，1989：118-119.

❷ 张宝玺.嘉峪关酒泉魏晋十六国墓壁画[M].兰州：甘肃人民美术出版社，2001.

❸ 吴健.中国敦煌壁画全集·西魏卷[M].天津：天津人民美术出版社，2002：175.

❹ 即妆具。

❺ 南北朝沈约《咏竹火笼诗》："江南箫管地，妙响发孙枝。殷勤寄玉指，含情举复垂。雕梁再三绕，轻尘四五移。曲中有深意，丹诚君讵知。"

❻ 南北朝沈约《咏箑》："结根终南下。防露复披云。虽为九华扇。聊可涤炎氛。安能偶狐白。鹤氅织成文。覆持鸳鸯被。百和吐氛氲。忽为纤手用。岁暮待罗裙。"

续表

魏晋南北朝竹器谱系代表	出现的竹器品种	竹器类别	出现形式	同期竹文化
31. 南北朝沈约《咏竹槟榔盘》❶				
32. 南北朝沈约《席》❷				
33. 庾翼《与王书》"今致八尺、丈二细桃枝簟十枚，黄箧双文簟二领，黄箧独坐双文簟一枚"				
34. 南北朝谢朓《咏竹火笼》❸				
35. 南北朝萧正德《咏竹火笼诗》❹				
36. 南北朝沈满愿《咏五彩竹火笼诗》❺				
37. 南北朝萧衍《江南弄·龙笛曲》"美人绵眇在云堂。雕金镂竹眠玉床"❻				
38. 南北朝萧衍《咏笛诗》❼				
39. 南北朝任昉《答到建安饷杖诗》"故人有所赠，称以冒霜筠。定是湘妃泪，潜洒遂邻彬"				
40. 南北朝到溉《饷任新安班竹杖因赠诗》"邛竹藉旧闻。灵寿资前职"				
41. 南北朝周弘正《咏班竹掩团扇诗》❽				
42. 南北朝吴均《王侍中夜集诗》"抽兰开石路，剪竹制山扉"				
43. 南朝《宋书·隐逸传·陶潜》"潜有脚疾，使一门生二儿舆篮舆"				
44. 北魏郦道元《水经注·江水》"县，即汶山郡治也。刘备所置也。渡江有笮桥"				
45. 南朝宋鲍照《临川王服竟还田里诗》"道经盈竹笱，农书满尘阁"				
46. 南朝梁吴均《续齐谐记》"……求寄鹅笼中……彦负笼而去，都不觉重"				
47. 南朝梁吴均留有关于"竹亭"的诗《送柳吴兴竹亭集诗》❾				
48.《三国典略》"梁岳阳王察钦其清素，乃赠以竹屏风"				
49. 刘璠《梁典》曰"韦睿字文怀……常缓服乘舆，执竹如意以麾进止"				
50. 南北朝梁宗懔《荆楚岁时记》"掷教於社神，以占来岁丰俭，或拆竹以卜"				
51.《玉篇》记载的代表267种竹器的竹部文字				
52. 晋戴凯之《竹谱》记载矢、篙、笛、笆、竹布、竹矛、梁柱、筇竹杖、簏、扫、箫、笙、辂策等竹器				
53.《乐府诗集》中记载的各类竹器				

---

❶ 南北朝沈约《咏竹槟榔盘》："梢风有劲质，柔用道非一。平织方以文，穿成圆且密。荐羞虽百品，所贵浮天实。幸承欢醑馀，宁辞嘉宴毕。"

❷ 南北朝沈约《席》："本生潮汐池。洲蔽杜若。幽渚夺江蓠。遇君时采撷。玉座奉金卮。但愿罗衣拂。无使素尘弥。"

❸ 南北朝谢朓《咏竹火笼》："庭雪乱如花，井冰粲成玉。因炎入貂袖，怀温奉芳褥。体密用宜通，文邪性非曲。本自江南墟，便娟脩且绿。暂承君玉指，请谢阳春旭。"

❹ 南北朝萧正德《咏竹火笼诗》："桢干屈曲尽，兰麝氛氲消。欲知怀炭日，正是履霜朝。"

❺ 南北朝沈满愿《咏五彩竹火笼诗》："可怜润霜质。纤剖复毫分。织作回风苣。制为萦绮文。含芳出珠被。耀彩接细裙。徒嗟今丽饰。岂念昔凌云。"

❻ 南北朝萧衍《江南弄·龙笛曲》："美人绵眇在云堂。雕金镂竹眠玉床。婉爱寥亮绕红梁。绕红梁。流月台。驻狂风。郁徘徊。"

❼ 南北朝萧衍《咏笛诗》"柯亭有奇竹。含情复抑扬。妙声发玉指。龙音响凤凰。"

❽ 南北朝周弘正《咏班竹掩团扇诗》："齐纨将楚竹。从来不相远。将申湘女悲。宜并班姬怨。"

❾ 南朝梁吴均留《送柳吴兴竹亭集诗》："平原不可望，波澜千里直。夕鱼汀下戏，暮羽檐中息。白云时去来，青峰复负侧。踯躅牛羊下，晦昧崦嵫色。王孙犹未归，且听西光匿。"

1处遗址，2处壁画。 至今发现的魏晋南北朝时期出土竹器模型遗址至少有1处，是江苏溧阳孙吴凤凰元年墓出土竹提篮模型，也是该时期为数不多的能看到竹器实物模型的出土遗址。魏晋南北朝时期竹器相关的图像证据则有2处，主要是魏晋南北朝时期敦煌壁画、甘肃酒泉魏晋十六国墓壁画，均绘制了一定数量的竹篮和竹乐器。

39种竹器和267个竹器文字。 涉及的竹器品种主要有竹箫、排箫、箜篌、簏、笙、竽、筝、笛子、斑竹笔筒、竹根如意、笋箨冠、竹提篮、竹篮舆、竹火笼、竹团扇、方竹扇、六角竹扇、竹严具（妆具）、竹簇、竹槟榔盘、采桑竹篮、鸟笼、鹅笼、斑竹杖、钓竿、篚、笥、胡笳、竹筌、罟、簟、竹席、竹屏风、竹篱、竹扉、笮桥、竹亭、竹甲盾、竹卜等。出土竹器、图像资料和文献资料中反映出的竹器至少有39种。还有南朝梁《玉篇》中记载的代表竹器的267个竹部文字。

竹文化。 竹林七贤。王徽之："何可一日无此君？"

魏晋时期，"竹林七贤"迫于当时的大环境遁隐竹林。他们的做法在当时引起震动，对后世文人产生了莫大的影响。七贤还被用来比喻不流俗的文人。竹林七贤敬竹崇竹、寓情于竹、引竹自况的做法，为后来的文人所称道，文人与竹子结下了更深的情缘。

6.隋唐五代竹器谱系表

具体见表2-8。

以出土实物为辅、图像文字为主的隋唐竹器。 目前发现的隋唐五代的竹器实物较少，出土的竹制品基本为竹器残件，不能看到完整的竹器实物。绘画中记载的隋唐五代竹器很有代表性，纸质绘画中的竹器发挥了不可替代的作用，具有代表性的有《六尊者像》中高座竹椅、《萧翼赚兰亭图》中的竹茶桌等唐代竹家具形象，五代《闸口盘车图》中的各类生产竹器、《夏景山口待渡图卷》《江行初雪图》中的竹罾等竹渔具。但作为主体的是以《全唐诗》《茶经》等为代表的唐代文献资料记载的各类竹器。通过文字更能详细了解该时期竹器的发展情况。

一部《全唐诗》，屡见竹制器。《全唐诗》涉及竹制器物的诗句有数百首之多。经粗略统计，有至少73种不同类别的竹器。

斑竹筒簟、蕲州簟、舒席、竹扇、斑竹拄杖、青竹杖、桃竹杖、邛竹杖、竹簪、竹马鞭、桃竹书筒、竹筒、竹亭、竹楼、竹编墙、竹廊、竹

表2-8 隋唐五代竹器谱系表

隋唐五代竹器谱系代表	出现的竹器品种	竹器类别	出现形式	同期竹文化
1.唐《六尊者像》中的大竹椅、几等 2.唐《萧翼赚兰亭》中的竹桌 3.唐韦贵妃墓出土壁画中的排箫 4.隋唐五代敦煌壁画中的竹器❶ 5.唐李勣墓壁画中的排箫和笛子❷ 6.唐燕妃墓壁画中的竹制幂䍦、箜篌和洞箫❸ 7.唐《宫乐图》《八十七神仙图》等中的竹乐器 8.唐人物花鸟尺八（日本正仓院藏） 9.五代《闸口盘车图》中的各类生产竹器 10.五代《关山行旅图》中的竹罩笼与遮阳棚 11.五代《夏景山口待渡图卷》《江行初雪图》中的竹罾等竹渔具 12.《韩熙载夜宴图》中的青篾扇 13.竹夹膝（即竹夫人） 14.唐《茶经》中的各类竹制茶具 15.《全唐诗》中记载的各类竹器 16.唐冯翊《桂苑丛谈·方竹柱杖》❹ 17.《唐书》"高祖时吴王杜伏威献竹帐，上以劳人不受" 18.唐刘恂《岭表录异》："气冲火灭则取卤汁，用竹盘煎之，顷刻而就。竹盘者，以篾细织竹镬表，里以牡蛎灰泥之" 19.云南威信长安瓦石棺木岩悬棺中有唐代遗留的竹制品3件❺ 20.吐鲁番阿斯塔那187号墓出土戴帷帽彩绘女骑俑	竹椅、竹几、竹桌、竹箫、排箫、箜篌、笙、笛子、竹制幂䍦、竹尺八、竹篮、竹筛、竹笋、竹筐、竹罩笼、遮阳棚、竹罾、竹鱼篓、青篾扇、竹夹膝、竹篮舆、竹杖、竹帐、煎盐竹盘、各类竹茶具17种	日用竹器、竹家具、生产竹器、竹渔具、竹乐器、军用竹器、文化竹器、交通竹器、竹茶具、竹雕、竹服饰、竹建筑等	出土实物、图像资料、文献记载	竹溪六逸 白居易《养竹记》❻"竹似贤"

---

❶ 段文杰.中国敦煌壁画全集7·敦煌中唐[M].天津：天津人民美术出版社，2006：12.

❷ 昭陵博物馆.昭陵唐墓壁画[M].北京市：文物出版社，2006：147.

❸ 同上，176.

❹ [唐]冯翊《桂苑丛谈·方竹柱杖》："公曰：'昔有客遗笻竹杖一条，聊与师赠别。'亟令取之，须臾而至。其杖虽竹而方，所持向上，节眼须牙，四面对出，天生可爱。"

❺ 刘宏，刘旭，吉学平，余腾松.云南省威信县长安乡瓦石棺木岩悬棺考古发掘[J].云南地理环境研究，2001，13（2）：86-92.

❻ 白居易《养竹记》："竹似贤，何哉？竹本固，固以树德。君子见其本，则思建善不拔者。竹性直，直以立身。君子见其性，则思中立不倚者。竹心空，空以体道。君子见其心，则思应用虚受者。竹节贞，贞以立志。君子见其节，则思砥砺名行，夷险一致者。夫如是，故君子人多树之为庭实焉……嗟乎！竹，植物也，于人何哉？以其有似于贤，而人爱惜之，封植也。况其真贤者乎！然则竹之于草木，犹贤之于众庶。呜呼！竹不能自异，惟人异之；贤不能自异，惟用贤者异之。故作《养竹记》，书于亭之壁，以贻其后之居斯者，亦欲以闻于今之用贤者云。"

阁、竹房、竹斋、竹扉、竹门、竹帘、鬻箄、竹桥、苦竹桥、竹马、竹茶笼、竹笛、竹床、竹书箱、竹担、竹船、竹酒钩、竹棚头、竹瓦、竹篮、桑篮、竹筇、竹篱、竹箸、竹枕、竹几、斑竹盛茶柜、篮舆、竹鞋、竹炉、竹笼、竹簰（竹筏）、竹如意、竹笥、竹屏、竹夹膝、笒箵、箬笠、竹背蓬、竹酒笃、茶蠃、茶舍、茶焙、竹伞、渔竿、竹鱼罩、竹鱼笼、竹鱼笱、竹皮冠、竹枪、竹箧、竹笏、竹弹弓、竹鞘、竹根珓子、竹蝇拂、竹瓦等。

这73种竹器只是隋唐五代竹器的一部分，以日用竹器和文化竹器为主，而非全部，特别是对生产用竹器的描述较少。结合隋唐五代时期的其他竹器类别如竹茶具、生产竹器、竹渔具、竹兵器等，唐代有文字记载的竹器将超过百种。

通过对该时期诗句的研究，可以推断出该时期竹屋、竹亭、竹廊、竹楼、竹桥、竹瓦等竹建筑十分常见，因为诗文中多次提及竹建筑实物。同时，唐代生活中篮舆、柱杖、竹席等品种丰富，不同产地、不同竹材制作的柱杖和竹席都已经形成品牌效应，得到文人的认可，常作为馈赠的文化礼品。

下面是较典型的竹器唐诗。

1. 杜牧《斑竹筒簟》❶。
2. 皇甫冉《题竹扇赠别》❷。
3. 贾岛《赠梁浦秀才斑竹拄杖》❸。
4. 李嘉祐《寄王舍人竹楼》❹。
5. 李嘉祐《题道虔上人竹房》❺。
6. 高适《咏马鞭》："龙竹养根凡几年，工人截之为长鞭。"
7. 张九龄《答陈拾遗赠竹簪》："遗我龙钟节，非无玳瑁簪。"

---

❶ 杜牧《斑竹筒簟》："血染斑斑成锦纹，昔年遗恨至今存。分明知是湘妃泣，何忍将身卧泪痕。"
❷ 皇甫冉《题竹扇赠别》："湘竹殊堪制，齐纨且未工。幸亲芳袖日，犹带旧林风。掩笑歌筵里，传书卧阁中。竟将为别赠，宁与合欢同。"
❸ 贾岛《赠梁浦秀才斑竹拄杖》："拣得林中最细枝，结根石上长身迟。莫嫌滴沥红斑少，恰似湘妃泪尽时。"
❹ 李嘉祐《寄王舍人竹楼》："傲吏身闲笑五侯，西江取竹起高楼。南风不用蒲葵扇，纱帽闲眠对水鸥。"
❺ 李嘉祐《题道虔上人竹房》："诗思禅心共竹闲，任他流水向人间。手持如意高窗里，斜日沿江千万山。"

8. 王维《春夜竹亭赠钱少府归蓝田》❶。

9. 王维《酬严少尹徐舍人见过不遇》："偶值乘篮舆，非关避白衣。"

10. 张谓《过从弟制疑官舍竹斋》。

11. 李颀《听安万善吹觱篥歌》："南山截竹为觱篥，此乐本自龟兹出。"

12. 孟浩然《送元公之鄂渚，寻观主张骖鸾》："赠君青竹杖，送尔白蘋洲。"

13. 杜甫《桔柏渡（在昭化县）》："青冥寒江渡，驾竹为长桥。"

14. 杜甫《桃竹杖引，赠章留后（竹兼可为簟，名桃笙）》❷。

15. 李白《杂曲歌辞·长干行》："郎骑竹马来，绕床弄青梅。"

16. 李白《酬宇文少府见赠桃竹书筒》❸。

17. 王建《酬柏侍御闻与韦处士同游灵台寺见寄》："各自具所须，竹笼盛茶瓯。"

18. 王建《原上新居十三首》："锁茶藤箧密，曝药竹床新。"

19. 柳宗元《巽公院五咏·苦竹桥》："危桥属幽径，缭绕穿疏林。迸箨分苦节，轻筠抱虚心。"

20. 刘禹锡《衢州徐员外使君遗以縞纻兼竹书箱因成一篇用答佳贶》："远放歌声分白纻，知传家学与青箱。"

21. 韦庄《姬人养蚕》："仍道不愁罗与绮，女郎初解织桑篮。"

22. 元稹《竹簟》："竹簟衬重茵，未忍都令卷。忆昨初来日，看君自施展。"

23. 元稹《夜雨》："竹瓦风频裂，茅檐雨渐疏。"

24. 白居易《放鱼（自此后诗，到江州作）》："晓日提竹篮，家僮买春蔬。"

25. 白居易《过李生》："何以引我步，绕篱竹万茎……白瓯青竹箸，俭洁无膻腥。"

26. 白居易《寄蕲州簟与元九，因题六韵（时元九鳏居）》："笛竹出蕲春，霜刀劈翠筠。织成双锁簟，寄与独眠人。卷作筒中信，舒为席上珍。滑如铺薤叶，冷似卧龙鳞。清润宜乘露，鲜华不受尘。通州炎瘴地，此物最关身。"

---

❶ 王维《春夜竹亭赠钱少府归蓝田》："夜静群动息，时闻隔林犬。却忆山中时，人家涧西远。羡君明发去，采蕨轻轩冕。"

❷ 杜甫《桃竹杖引，赠章留后（竹兼可为簟，名桃笙）》："江心蟠石生桃竹，苍波喷浸尺度足。斩根削皮如紫玉，江妃水仙惜不得。梓潼使君开一束，满堂宾客皆叹息。怜我老病赠两茎，出入爪甲铿有声。老夫复欲东南征，乘涛鼓枻白帝城。路幽必为鬼神夺，拔剑或与蛟龙争。"

❸ 李白《酬宇文少府见赠桃竹书筒》："桃竹书筒绮绣文，良工巧妙称绝群。灵心圆映三江月，彩质叠成五色云。中藏宝诀峨眉去，千里提携长忆君。"

27. 白居易《香炉峰下新卜山居，草堂初成，偶题东壁》："五架三间新草堂，石阶桂柱竹编墙。"

28. 白居易《闲居》："绵袍拥两膝，竹几支双臂。"

29. 白居易《宿杜曲花下》："篮舆为卧舍，漆盝是行厨。斑竹盛茶柜，红泥罨饭炉。"

30. 白居易《早春忆游思黯南庄，因寄长句》："美景难忘竹廊下，好风争奈柳桥头。"

31. 白居易《游丰乐招提佛光三寺》："竹鞋葵扇白绡巾，林野为家云是身。"

32. 欧阳衮《寄陈去疾进士》："玄言萝幌馥，诗思竹炉温。"

33. 贾岛《题皇甫荀蓝田厅》："竹笼拾山果，瓦瓶担石泉。"

34. 皮日休《奉献致政裴秘监》："乌帽白绨袭，篮舆竹如意。"

35. 皮日休《临顿宅将有归于之日鲁望以诗见贶，因抒怀酬之》："几枚竹筒送德曜，一乘柴车迎少君。"

36. 皮日休《习池晨起》："竹屏风下登山屐，十宿高阳忘却回。"

37. 皮日休《鲁望以竹夹膝见寄，因次韵酬谢》："圆于玉柱滑于龙，来自衡阳彩翠中。拂润恐飞清夏雨，叩虚疑贮碧湘风。大胜书客裁成束，颇赛溪翁截作筒。从此角巾因尔戴，俗人相访若为通。"

38. 皮日休《奉和鲁望秋日遣怀次韵》："酒甀香竹院，鱼笱挂茅檐。"

39. 皮日休《初冬偶作寄南阳润卿》："迎潮预遣收鱼筍，防雪先教盖鹤笼。"

40. 皮日休《奉和鲁望渔具十五咏·罩》："芒鞋下跨中，步步沈轻罩。"

41. 陆龟蒙《渔具诗·笭箵》："谁谓笭箵小，我谓笭箵大。盛鱼自足餐，寘璧能为害。时将刷藓浪，又取悬藤带。不及腰上金，何劳问蓍蔡。"

42. 陆龟蒙《奉和袭美添渔具五篇·箬笠》："朝携下枫浦，晚戴出烟艇。冒雪或平檐，听泉时仄顶。飘移霭然色，波乱危如影。不识九衢尘，终年居下泂。"

43. 陆龟蒙《奉和袭美添渔具五篇·背蓬》："敏手劈江筠，随身织烟壳。沙禽固不知，钓伴犹初觉。闲从翠微拂，静唱沧浪濯。见说万山潭，渔童尽能学。"

44. 陆龟蒙《奉和袭美酒中十咏·酒篘》："山斋酝方熟，野童编近成。持来欢伯内，坐使贤人清。不待盎中满，旋供花下倾。汪汪日可掬，未羡黄金籯。"

45. 陆龟蒙《奉和袭美茶具十咏·茶籝》："金刀劈翠筠，织似波文斜。

制作自野老，携持伴山娃。昨日斗烟粒，今朝贮绿华。争歌调笑曲，日暮方还家。"

46.陆龟蒙《奉和袭美茶具十咏·茶舍》："旋取山上材，驾为山下屋。门因水势斜，壁任岩隈曲。朝随鸟俱散，暮与云同宿。不惮采掇劳，祗忧官未足。"

47.陆龟蒙《奉和袭美茶具十咏·茶焙》："左右捣凝膏，朝昏布烟缕。方圆随样拍，次第依层取。山谣纵高下，火候还文武。见说焙前人，时时炙花脯。"

48.花蕊夫人《宫词》："裹头宫监堂前立，手把牙鞘竹弹弓。"

49.贯休《咏竹根玦子❶》："出处惭林薮，才微幸一阳。不缘怀片善，岂得近馨香。节亦因人净，声从掷地彰。但令筋力在，永愿报时昌。"

50.齐己《谢人惠竹蝇拂》："妙刮筠篁制，纤柔玉柄同。拂蝇声满室，指月影摇空。敢舍经行外，常将宴坐中。挥谈一无取，千万愧生公。"

竹文化：竹溪六逸和白居易《养竹记》中的"竹似贤"。白居易在《养竹记》一文里说："竹似贤，何哉？竹本固，固以树德，君子见其本，则思善建不拔者。竹性直，直以立身。君子见其性，则思中立不倚者。竹心空，空以体道。君子见其心，则思应用虚受者。竹节贞，贞以立志。君子见其节，则思砥砺名行，夷险一致者。夫如是，故君子人多树之，为庭实焉。"他总结出竹的"本固""性直""心空""节贞"等高尚情操，将竹比作贤人，说君子都喜欢种竹。唐代文人刘岩夫在《植竹记》❷里则认为，竹子有刚、柔、忠、义、谦、贤、德等君子品格。

---

❶ 玦子：占卜的用具。
❷ 刘岩夫《植竹记》：秋八月，刘氏徙竹凡百余本，列于室之东西轩，泉之南北隅，克全其根，不伤其性，载旧土而植新地，烟翠霭霭，寒声萧然。适有问曰："树梧桐可以代琴瑟，植查梨可以代甘实。苟爱其坚贞，岂无松桂也，何不杂列其间乎？"答曰："君子比德于竹焉。原夫本劲节坚，不畏霜雪，刚也；绿叶萋萋，翠筠浮浮，柔也；虚心而直，无所隐蔽，忠也；不孤根以挺耸，必相依以成秀，义也；虽春阳气旺，终不与众木斗荣，谦也；四时一贯，荣衰不殊，常也；垂蕢实以迟凤，乐贤也；岁擢笋以成干，进德也；及乎将用，则裂为简牍，于是写诗书象象之辞，留示百代，微此则圣哲之道，坠地而不闻矣，后人又何所宗欤？至若镞之箭之，插羽而飞，可以征不庭，可以除民害，此文武之兼用也；又划而破之为篾席，敷之于宗庙，可以展孝敬；截而穴之，为篪为箫，为笙为簧，吹之成虞韶，可以和神人，此礼乐之并行也。夫此数德，可以配君子，故岩夫列之于庭，不植他木，欲令独擅其美，且无以杂之乎。"窃惧来者之未喻，故书曰《刘氏植竹记》，尚德也。

7.宋代竹器谱系表

具体见表2-9。

表2-9 宋代竹器谱系表

宋代竹器谱系代表	出现的竹器品种	竹器类别	出现形式	同期竹文化
1.《清明上河图》中的近20种100多件各类竹器 2.宋《耕种图》和《蚕织图》中的各类生产和纺织竹器 3.《十八学士图》《商山四皓会昌九老图》《梵像图》等中的各式竹家具 4.《撵茶图》《斗茶图》《斗浆图》《茗园赌市图》等中的各类竹茶具、竹篮 5.《茶具图赞》中的各类竹茶具 6.《货郎图》中各类日用竹器 7.《花篮图》中的各式宋代花篮 8.《耕获图》中的各类农耕竹器 9.《蚕织图》中的蚕织竹器 10.《雪渔图》中的竹渔具 11.《千里江山图》中的罾及竹篱笆 12.《文会图》中的竹罩 13.《宋高宗书〈女孝经〉马和之补图》中的方竹筐 14.《药山李翱问答图》中的竹椅 15.《白描罗汉册》中的竹椅 16.《玄奘三藏像》中的竹背架 17.宋代贡席——梁平竹席 18.《钜宋广韵》中记载了227个代表竹器的文字 19.《全宋诗》《全宋词》中记载的各类竹器 20.《太平御览》《太平广记》《东京梦华录》《梦粱录》《武林旧事》《黄州新建小竹楼记》《梦溪忘录》等宋代文献中的各类竹器、竹建筑等 21.蔡襄《茶录》、赵佶《大观茶论》等中的竹茶具及其使用 22.李诫《营造法式》中的竹建筑构建 23.宁夏西夏8号陵出土的《人物花园景》竹雕残片 24.福建邵武黄涣墓出土的青丝竹篦扇❶ 25.江苏金坛南宋周瑀墓出土的青丝竹篦扇❷ 26.内蒙古敖汉旗四家子镇闫杖子村北羊山1号辽代墓出土壁画中的大竹笼❸	竹椅、竹桌、竹几等各类竹家具，竹筐、竹篮、竹盒、竹斗笠、竹罩、竹扇、竹伞等各类日用竹器，竹耄、竹簸箕、竹筛、竹箩、竹笼等各类生产竹器，竹笼、都篮、竹柜、竹则、竹夹、竹火炉等各类竹茶具，各式竹花篮、竹罾、竹鱼篓、竹筌、竹笐篱等各式竹渔具，竹轿、竹货架、竹背架、竹篱笆等	日用竹器、生产竹器、竹渔具、竹乐器、军用竹器、文化竹器、交通竹器、竹茶具、竹雕、竹服饰、竹建筑等	图像资料、文献记载、出土实物	苏东坡的"可使食无肉，不可居无竹""岁寒三友"雏形❹

---

❶ 福建省博物馆.福州南宋黄昇墓[M].北京：文物出版社，1982.
❷ 镇江市博物馆,金坛县文管会.江苏金坛南宋周瑀墓发掘简报[J].文物，1977（7）：18-27，81，84.
❸ 徐光冀.中国出土壁画全集[M].北京:科学出版社，2011.
❹ 南宋林景熙《霁山文集·五云梅舍记》中有"种梅百本，与乔松、修篁为岁寒友"之载。

以出土实物为辅、图像和文字并重的宋代竹器。在宋代的竹器实物中，发现的竹器实物较少，主要有福建邵武黄涣墓、江苏金坛周瑀墓等出土的青丝竹篦扇实物，而且有一件保存十分完整，是宋代竹器实物的重要代表。绘画中记载的宋竹器很丰富，也很有代表性，绘画竹器展现了宋代竹器的主体面貌，代表性的有《清明上河图》中近20种100多件各类竹器、宋代《耕种图》和《蚕织图》中的各类生产和纺织竹器、《十八学士图》《商山四皓会昌九老图》《梵像图》等中的各式竹家具、《斗茶图》《斗浆图》《茗园赌市图》《茶具图赞》等中的各类竹茶具和竹篮、《货郎图》中的各类日用竹器、《花篮图》中的各式宋代花篮、《雪渔图》中的竹渔具等，绘画中又以《清明上河图》展现得最为完整丰富。宋代的文字资料也十分丰富，和宋代绘画竹器一并成为宋代竹器的主要来源。仅《钜宋广韵》中就记载了227个代表竹器的文字，另有《全宋诗》《全宋词》《太平御览》《太平广记》《东京梦华录》《梦粱录》《武林旧事》《黄州新建小竹楼记》《梦溪忘怀录》等一系列文献记载了大量宋代竹器的情况。最主要的是以《全宋词》《太平御览》等为代表的宋代文献资料记载的各类竹器。《太平御览》以集大成的方式归纳总结了宋代之前各类竹器的发展情况。通过宋代图像和文字能详细地了解该时期竹器的发展情况。

宋代诗词中的百余种竹器描述。宋代诗词里对竹器有专门的体现和描述，具体涉及：竹几、竹案、竹书架、竹床、竹榻、竹厨、蹄筌、摇篮、巾箱、箱、筐、筥、衣篝、衣筊、竹枕、竹根枕、竹菜篮、竹箸、马头竹篮、竹笼、鸟笼、竹筐、篝、薰篝、簸、扬簸、筛、竹轿、竹扉、竹亭、竹瓦、竹房、竹屋、竹楼、竹阁、竹斋、竹庵、竹榭、竹棚、竹橼、竹坞、竹篱、竹门、竹牖（竹窗）、竹扉、竹梯、高竹叉、竹桥、竹筏、竹炉、竹杖、方竹杖、筇竹杖、簦、笠、竹夫人（竹奴）、竹符、竹簟、竹帘、竹舆、竹马、竹皮冠、灯笼、篝灯、竹帚、竹笙、竹簪、篦、竹匕、筇篱、竹筧、竹筌、竹筍、渔篝、渔罾、鱼罩、答筒（渔具）、水笼、竹衫、笛、笙、竽、箫、篪、竹笈等80余种。

其他文献记载了扫帚、竹帚、筅帚、鸡笼担、凉床、竹椅、鸡笼、虫蚁笼、竹笊篱、蒸笼、粪箕、甑箪、红帘、斑竹帘、酒络、酒笼、筲箕、背笼等至少10余种竹器。如宋代孟元老《东京梦华录》中记载，"买花者以马头竹篮铺排，歌叫之声，清奇可听……"。宋代吴自牧《梦粱录》中明确记载了相关竹器的情况："其巷陌街市，常有使漆修旧人……扫帚、竹帚、筅帚、鸡笼担……家生动事如桌、凳、凉床……竹椅……鸡笼、虫蚁笼、竹笊篱、蒸笼、粪箕、甑簟、红帘、斑竹帘、酒络、酒笼、筲箕……。"宋朝朱辅的《溪蛮丛笑》："负物不以肩，用木为半枷之状，钳其项，以布带或皮系之额上，名背笼。"

以下是较典型的描述竹器的宋代诗词。

1. 苏轼《送竹几与谢秀才》："平生长物扰天真，老去归田只此身。留我同行木上座，赠君无语竹夫人。但随秋扇年年在，莫斗琼枝夜夜新。堪笑荒唐玉川子，暮年家口若为亲。"

2. 杨万里《竹床》："已制青奴一壁寒，更支绿玉两头安。谁言诗老眠云榻，不是渔郎钓月竿。醉梦那知蕉叶雨，小舟亲过蓼花滩。蹶然惊起天将晓，窗下书灯耿复残。"

3. 李曾伯《轿中假寐》："孤枕欠晓梦，短舆偿午眠。篮摇小儿卧，龛定老僧禅。"

4. 朱翌《竹枕》诗："方床洗湘斑，夏簟织蕲笛。谁与同卧起，青奴甚相得。"

5. 陆游《初夏昼眠》："书横竹架上，冠堕素屏前。"

6. 释绍昙《丹霞见庞居士灵照敛手而立图赞》有诗句："放下菜篮，深深敛袂。"

7. 王庭珪《题郭秀才钓亭》："他年欲访沙头路，会自携竿扣竹扉。"

8. 李廌《竹亭诗》："绕冈修竹小亭深，风干云梢照碧浔。安得茂林带左右，只应萧爽似山阴。"

9. 乐雷发《访伯父幽居》："仆语梅花里，僧经竹案傍。"

10. 赵汝燧《访山中友》："竹厨贮书罗四五，土壁黏碑分左右。"

11. 姜夔《念奴娇·谢人惠竹榻》："楚山修竹，自娟娟、不受人间袢暑。我醉欲眠伊伴我，一枕凉生如许。象齿为材，花藤作面，终是无真趣。梅风吹溽，此君直恁清苦。须信下榻殷勤，翛然成梦，梦与秋相遇。翠袖佳人来共看，漠漠风烟千亩。蕉叶窗纱，荷花池馆，别有留人处。此时归去，为君听尽秋雨。"

12. 李洪《纪行杂诗·其四》："好在鸟笼山霭里，眼生诗句易诗成。"

13. 叶绍翁《田家三咏》："黄犊归来莎草阔，绿桑采尽竹梯闲。"

14. 宋代张尧同《嘉禾百咏·竹桥》："腰枕政亭北，横斜古渡头。风吹双泪落,恨逐水东流。"

15.艾性夫《题叶氏分绿亭》:"烦君净拭湘竹床,著我横眠听秋雨。"

16.艾性夫《竹杖》:"一枝九节称身长,扶得衰翁气力强。色点湘妃红泪雨,骨凝王屋紫藤霜。"

17.白玉蟾《别李仁甫》:"三杯碧液涨瓷盏,一缕青烟缠竹炉。"

18.白玉蟾《赠城西谢知堂》:"笮篱里面一条路,透入青霄云外去。"

19.蔡襄《送柯秘书三子归泉应诏》:"闽州太守无伎术,乞持符竹还故乡。"

20.曹勋《持节和王枢密三首》:"行李喜陪金虎节,移文应闷竹皮冠。"

21.曹勋《浙西刈禾以高竹叉在水田中望之如群驼》:"浙西纯种晚秋禾,更得明年雨不多。且刈且歌丰岁甚,平洋弥望列明驼。"

22.晁说之《二十六弟寄和江子我竹夫人诗一首爱其巧思戏作二首·其一》:"莫愁妩媚主人卢,纤质交竿巧得模。绿粉敢争红粉丽,鱼轩休比鹤轩疏。女英漫对湘君泣,子政徒青天禄书。夹膝得名何不韵,秋来卧病竟何如。"

23.陈棣《晨起趋府》:"舆竹依青盖,灯笼闪绛纱。"

24.陈傅良《忆筇杖》:"岷峨山下筇竹杖,危者使安衰可壮。"

25.陈鉴之《题陈景说诗稿后·其二》:"和之以君诗,竹牖寒灯下。"

26.陈宓《秋夜四鼓玩月·其二》:"琅玕衣袂竹方床,热恼肝脾顿得凉。"

27.陈普《姚国秀十咏·竹坞》:"竹静尘不染,坞深人不到。欲海不可航,聊须从吾好。"

28.陈师道《次韵夏日江村》:"卷帘通燕子,织竹护鸡孙。"

29.陈造《房陵十首·其四》:"竹屋高低正复斜,蔚蓝影里著人家。"

30.陈造《竹米行》:"薪之篱之且蓬簃,筹笤箱筐觚篮笈。"

31.戴复古《郡圃寒食》:"明日徐翁坟上约,欲求竹帚恐无缘。"

32.董嗣杲《甲戌八月初九夜武康山中洪水骤发越十日漕司檄往检涝》:"飘尸不可计,可者布竹筏。"

33.董嗣杲《雪江讲堂》:"湖光长日侵比座,竹箨多时积鹤笼。"

34.范成大《方竹杖》:"竹君个个面团团,此士刚方独凛然。外貌中心俱壁立,任从痴子削教圆。"

35.范成大《复自姑苏过宛陵至邓步出陆》:"浆家馈食槿为藩,酒市停骖竹庀门。"

36. 范成大《谢龚养正送蕲竹杖》："一声霜晓谩吹愁，八尺风漪不耐秋。上座独超三昧地，诺惺庵里证般舟。"

37. 方回《初夏》："草綌纻衫并竹扇，石榴罂粟又戎葵。"

38. 方回《淡竹岭农家》："纸材槌稚竹。泉笕穴枯杉。"

39. 方回《送李伯英》："鹤田鹤田真神仙，读万卷书忘蹄筌。"

40. 冯时行《谢杜合州送酒》："呼儿擎出随藤杖，洗盏开尝坐竹根。"

41. 高翥《竹楼》："老竹平分当建瓴，小楼从此擅高名。"

42. 葛起文《咏竹阁》："岁寒编竹阁，蜗缩度穷年。"

43. 韩维《和太祝端居有怀叔恬秘书》："沈埋文俗间，有类鱼落筍。"

44. 胡寅《和毛生瑞香》："薰篝蒙紫锦，香过每轻披。"

45. 黄庚《斑竹夫人》："汗青书墨沁肌凉，李卫曾携近竹床。眼孔盈盈看熟客，泪痕点点泣秋房。湘纹冷淡宜湘簟，玉体玲珑称玉郎。秦虢流封无梦到，傍人空以睡为乡。"

46. 黄庭坚《失紫竹柱杖颂》："袁门西关失却柱杖，木平万载县里拾得。"

47. 黄庭坚《红蕉洞独宿》："衣笐妆台蛛结网，可怜无以永今朝。"

48. 姜夔《贺张肖翁参政》："明朝起为苍生贺，旋著藤冠紫竹簪。"

49. 林之奇《送葛都官南归》："罾竿夹岸长若桅，水笼畜鱼鲜且肥。"

50. 刘某《句》："度暑田夫作竹衫。"

竹文化："可使食无肉，不可居无竹。无肉令人瘦，无竹令人俗。"苏轼《於潜僧绿筠轩》："可使食无肉，不可居无竹。无肉令人瘦，无竹令人俗。人瘦尚可肥，俗士不可医。旁人笑此言，似高还似痴。若对此君仍大嚼，世间那有扬州鹤。"

竹文化为士人所创造，而其对士人气度的影响也不可小觑。尤其是在宋朝，理学得到空前发展，"修身正心"的理念逐渐形成社会思潮，人们更加注重个人内在的气节与操守，而竹子所体现的精神价值与之不谋而合，竹文化由此达到顶峰。苏轼作为北宋文坛领袖，他对竹子的喜爱可谓集前人之大成，不仅写下了不下百首咏竹之诗，还发展了画竹方法。他以水墨画竹，深墨为叶面，淡墨为叶背，拓展了竹画的意境。在他看来，肉虽美味，但是俗不可耐，不如清竹傲然挺立之文雅。这里的肉可以看作是高官厚禄，而竹子则可被视为高洁的精神品格。

8.元代竹器谱系表

具体见表2-10。

以出土实物为辅、图文为主的元代竹器。就元代竹器而言,目前发现的竹器实物较少,出土的竹器主要有元代汪世显墓出土的竹编直檐大帽等。绘画中记录的元代竹器主要有竹家具和生产竹器,具有代表性的是《扶醉图》《竹榻憩睡图》中的竹床等元代竹家具,元代《耕织图》中的各式生产竹器。但最为主要的是以《竹谱详录》《王祯农书》等为代表的元代文献资料记载的各类竹器。通过文献更能详细地了解该时期竹器的发展情况。

一部《竹谱详录》,一部《王祯农书》,一百余种竹器。元代李衎《竹谱详录》中翔实记录了元代的各类竹种以及竹种的利用情况,一共在104处描述了约53种竹器,并对部分竹器做了详细的说明(表2-11)。元代《王祯农书》则图文并茂地绘制描述了49种不同的农用竹器,留下了珍贵的图像资料。两部典籍合计记载竹器百余种。

表2-10 元代竹器谱系表

元代竹器谱系代表	出现的竹器品种	竹器类别	出现形式	同期竹文化
1.《王祯农书》中的各式竹器农具49种❶,❷ 2.《扶醉图》《竹榻憩睡图》中的竹床 3.《欧波亭图》中的双层竹桌 4.元代壁画《罗汉图》、绘画《梦蝶图》等中的竹家具 5.元代《耕织图》中的各式生产竹器 6.《大明宫图》中的大型竹制帆篷龙舟 7.《山溪水磨图》中的竹车篷、大型竹筐等 8.《仕女图》《渔篮观音图》等中的日用竹器 9.《消夏图》中的长柄竹扇 10.《竹林大士出山图》《杨竹西小像》《罗汉图》《神仙图》中的竹拐杖 11.《龙池竞渡图卷》中的竹鸟笼 12.《应真像》中的竹杖 13.李衎《竹谱详录》中的105种竹器 14.陶宗仪《辍耕录》中的雕刻竹鸟笼 15.元代汪世显墓出土的竹编直檐大帽等竹器❸,❹	竹床、竹椅、竹桌、竹几等各类竹家具,竹筐、竹篮、竹盒、竹斗笠、竹扇、竹伞、竹杖等各类日用竹器,竹筌、竹簸箕、竹筛、竹笋、竹笼等各类生产竹器,竹笈、都篮、竹柜、竹则、竹夹、竹火炉等各类竹茶具,各式竹花篮、竹鸟笼、竹罾、竹鱼篓、竹筌、竹笯篱等各式竹渔具,大型竹编船帆等	日用竹器、竹家具、生产竹器、竹渔具、竹乐器、军用竹器、文化竹器、交通竹器、竹茶具、竹雕、竹服饰、竹建筑等	图像资料、文献记载、出土实物	李衎《竹谱详录》"(竹)可比于全德君子"

---

❶ 王毓瑚.王祯农书[M].北京:农业出版社,1981.
❷ [元]王祯.王祯农书[M].杭州:浙江人民美术出版社,2015.
❸ 甘肃省博物馆,漳县文化馆.甘肃漳县元代汪世显家族墓葬简报之一[J].文物,1982(2):1-12.
❹ 漳县文化馆.甘肃漳县元代汪世显家族墓葬简报之二[J].文物,1982(2):13-21.

表2-11 《竹谱详录》中的竹器统计表

序号	竹器名称	产地	用竹品种	竹材特点
1	船篙	处处有之	篁竹	"坚而促节,体圆而质劲"
2	船缆/百丈	淇州之绵竹县,永州,全州	绵竹	"节稀圆正,有长三尺六寸者,道家渔鼓,为此有声……作篾甚良,又为栟篾之最,旅客往往贩至江上,作船系统,收束绞缚,极筋韧"
3	船缆/百丈	蜀中	弓竹	"舟师取之为百丈"
4	船缆/百丈	"出海南道州泷中峭壁上"	丹竹	"舟人劈为百丈纤"
5	竹索	云南长滂	孟滩竹	"其节长三尺,柔细可为索,人亦取其皮为麻。见唐樊绰《云南志》"
6	船篷	"出广右、安南"	葱笋竹	"其半即常竹,江船篷箔多用之"
7	竹筏	兴化路濑溪	石竹	"土人伐之,浮海以货江浙"
8	竹亭	"出西蜀,今处处有之"	对青竹	"昔蜀主孟昶作对青竹亭于蜀（919—965）"
9	棚栈	江南苏、湖	台竹	"其性至坚硬,俗呼钢铁头竹……作棚栈最佳,若作篾条脆不堪用,可为弓材"
10	屋椽	浙东山间	硬壳竹	"坚硬不堪劈篾"
11	屋椽	安南山中	陀苞竹	"节高而密……中屋椽,杂用亦可"
12	屋椽	温、处、建宁诸郡	篊竹	长节而薄,可作屋椽
13	椽	"浙右诸郡,嘉禾境内尤多"	莽竹	"竹虽硬,肉薄,作篾不成,屈折即断。大者可作椽,小者可作药栏、衣竿而已"
14	椽柱	广州山中	白眼竹	"大者径三二寸,节密且高,干圆而瘦,中作椽柱,性脆不可作篾"
15	椽柱	湘（今湖南湘西）、全（今广西全州）	籚竹	"其大与浮竹等,节密而厚,坚壮可作屋椽柱"
16	屋柱	安南	由衙竹	"《南方草木状》曰,由梧竹,吏民家种之,长三四丈,围一尺八九寸,作屋柱。出交趾。按此或即由衙竹也"
17	屋柱	—	簽竹	"最坚,大可为屋柱"
18	屋柱	安南	乌计竹	"节差短,质坚而脆,大者以充屋材,止可为柱,老者亦生刺"
19	屋梁柱	桂、广之间	沙麻竹	"大者围六七寸,甚坚厚,可作屋梁柱,亦可为弓材"
20	柱	广西、安南,邕州昆仑关中尤多	簩竹	"大者可为柱,小者亦堪杂用"
21	簟	处处有之	篁竹	"不潮汗卤"
22	簟	宾州迁江县山中,湖湘间亦有之	嫣竹	"劈篾织簟极细滑,不减藤簟,土人亦甚贵重。细篾亦可织笠"
23	簟箔	出蕲州	毛斑竹	"土人织为簟箔或笛管"
24	竹枕	"生温州,瑞安、平阳俱有之"	簜竹	"大者径二三寸,节长肉薄,劈篾最良。土人细缕之,编织箱筐,柔韧,尤宜作枕,一如番藤也"

续表

序号	竹器名称	产地	用竹品种	竹材特点
25	竹床椅	处处有之	斑竹	"今越又以斑竹作床椅及他器用,颇雅,士大夫多喜爱之"
26	竹胡床	云南	实心竹	"《记》云,实心竹,斑驳殊好,可为器用。土人取以为枪杆、胡床……"
27	箱箧	"生温州、瑞安、平阳俱有之"	篁竹	"大者径二三寸,节长肉薄,劈篾最良。土人细缕之,编织箱箧,柔韧,尤宜作枕,一如番藤也"
28	帘	湖州山中	朱帘竹	"与常竹不异,但枝叶细长垂下,摇摇如垂帘之状。又节间颇长,条析之,柔韧不折,尤宜织帘,故名"
29	辇竿	婺州	长筒苦竹	"一节有数尺者"
30	幡竿	襄州卧龙山诸葛孔明祠中	𥰡竹	"长百尺,只梢上有叶,土人多取作幡竿、承落"
31	拄杖	"江、浙、闽、广俱有之"	净瓶竹	"有腹宛如一瓶……其质极坚,人取为拄杖"
32	拄杖	杭州西湖灵隐山	鹤膝竹	"节密而内实,略如天坛藤,间有突起如鹤膝,人亦取为拄杖"
33	拄杖	"两浙、江、广俱有之"	人面竹	"去地上一二节,皆左右邪正两节相对,中间突起长圆,宛如人面……人多采以为拄杖"
34	拄杖	西蜀峨嵋山	菩萨竹	"周侍郎端朝《峨嵋山行记》云,菩萨行者亦常竹,以缀藓故,节有一靥似佛面,取而炙熨之以为杖"
35	拄杖	西蜀	节(筇)竹	"《广志》云,出广南邛都县,近地一两节多屈折如狗脚状,节极大,而茎细瘦,高节实中,状若人刻,俗谓之扶老竹"
36	杖	"出琼管黎母山"	高节竹	"大而节阔丈余,节又高也。《汉·张骞传》注,'瓒曰:邛山名此竹高节,可作杖'"
37	拄杖	江浙、两淮	紫竹	"用之伞柄、拄杖甚佳。亦有制箫笛者。根亦紫色,节节匀停,于马箠尤宜……越上人家紫方竹拄杖尤奇特"
38	杖	七闽山,漳州尤多	穿竹	"大者为伞柄、为杖,小者为扇柄绝佳"
39	杖	信州贵溪	苔竹	"《寰宇记》云,信州……苔痕点晕,状如琢玉,干直可为杖"
40	枪杆	—	又塞苦竹	"竹长实劲韧"
41	枪杆	出广西,两江、安南亦有之	簩竹	"枝叶细小,其质坚厚,堪为弓材及枪杆"
42	枪杆	云南	实心竹	"《记》云,实心竹,斑驳殊好,可为器用。土人取以为枪杆、胡床……"
43	标枪	冕国	冕竹	"一节长二三尺……天性圆直,不待矫揉,生枝处亦不凹窳。斑花紫褐色,叠韵重重,中又有白晕。彼人取为标枪,劲挺无比。小者中为拄杖……予亲见之"
44	矛戟杆	闽、越山中	芦竹	"今作箫篪之类,声最清亮。又堪为矛戟之杆,又堪为笔管"

续表

序号	竹器名称	产地	用竹品种	竹材特点
45	马箠	—	实竹	"枝叶节茎出处一如净瓶竹，但无腹项，心不空虚，枝叶差少。今人好断取作马箠，干甚坚韧"
46	马箠	江浙、两淮	紫竹	"用之伞柄、拄杖甚佳。亦有制箫笛者。根亦紫色，节节匀停，于马箠尤宜"
47	马箠	江东、西，两广、安南俱有之	白竹	"边根甚长，节又白密，作马箠尤韧"
48	策	汉阳山谷之间	箛箖竹	"旧任土贡为辂马之策。戴凯之《竹谱》曰，箛箖诞节，内实外泽，作贡汉阳，以供辂策"
49	箭	浙、闽、两广皆有之	箭竹	"每节长二三尺……皆细小而劲实，通干无节，可作箭用，故名"
50	弩箭	湘潭山中	油䓍竹	"坚厚端直，宜作弩箭"
51	投壶箭	—	蘅尤竹	"劲而薄，可以为博矢，即今之投壶箭也"（晋戴凯之《竹谱》有记载）
52	弓	江南苏、湖	台竹	"其性至坚硬，俗呼钢铁头竹……作棚栈最佳，若作篾条则脆不堪用，可为弓材"
53	弓	"昔人自外国移植于广州猊山"	婆娑罗竹	"其大围三四尺，至坚，里人取以为弓"
54	弹弓	温州诸县俱有之	木簜竹	"极高大，有三寸一尺围者，肉厚，土人取为弹弓，最妙"
55	笔管	河内，卫辉，孟津	甜竹	"叶类淡竹，亦繁密"
56	笔管	广右山	笔管竹	"节长圆正"
57	笔管	闽、越山中	芦竹	"今作箫篪之类，声最清亮。又堪为矛戟之杆，又堪为笔管"
58	扫帚	河内，卫辉，孟津	甜竹	"叶类淡竹，亦繁密"
59	寻火筒	广右山	笔管竹	"节长圆正。作火炮者取为焊火之筒"
60	渔鼓	淇州之绵竹县，永州，全州	绵竹	"节稀圆正，有长三尺六寸者，道家鱼鼓，惟此有声……作篾甚良，又为栉篾之最，旅客往往贩至江上，作船系缆，收束绞缚，极筋韧"
61	针筒	南岳下诸州山溪间，郴州尤多	合欢竹	"竹皮或斑点纹。彼中僧人断取作针筒"
62	伞柄	七闽山中	潇湘竹	"圆而长，节大者为伞柄，小者为箫笛之材"
63	伞柄	江浙、两淮	紫竹	"用之伞柄、拄杖甚佳。亦有制箫笛者。根亦紫色，节节匀停，于马箠尤宜"
64	伞柄	七闽山，漳州尤多	穿竹	"大者为伞柄、为杖，小者为扇柄绝佳"
65	箫笛	七闽山中	潇湘竹	"圆而长，节大者可为伞柄，小者为箫笛之材"
66	箫笛	江浙、两淮	紫竹	"用之伞柄、拄杖甚佳。亦有制箫笛者。根亦紫色，节节匀停，于马箠尤宜"
67	箫笛	安南乍陵山中	陀婴竹	"比苦竹差薄，可开作箫笛"
68	箫	江宁县慈姥山	箫管竹	—
69	箫	岑华山	蔓竹	"（东晋）王子年《拾遗记》云，岑华山在西海之西，有蔓竹可为箫管，吹若凤鸣"

续表

序号	竹器名称	产地	用竹品种	竹材特点
70	长笛	江、淮间	簧竹	"比慈竹差稀疏，节颇长，枝叶少，可作笙簧，故名。大者亦可开作长笛"
71	笛	生永州祁阳山中	广竹	"茎类苦竹，叶类茎竹，梢细长，每节长二尺许。作笛材甚佳，亦可破篾织箪，篾尤快利"
72	笛	罗田县山中	笛竹	"《蕲春地志》云，'笛竹……用以为箪'按谢灵运《山居赋》注云，'昆山之竹任为笛……'"
73	笛	出蕲州	毛斑竹	"土人织为箪箔或笛管"
74	笙簧	江、淮间	簧竹	"比慈竹差稀疏，节颇长，枝叶少，可作笙簧，故名。大者亦可开作长笛"
75	笙	会稽卧龙山	笙竹	"云乐部中取此竹作笙为最贵，今无之"
76	簴	扬州东垂诸郡及江、浙间	芦箬竹	"大同簧竹，可以为簴"
77	箫篪	闽、越山中	芦竹	"今作箫篪之类，声最清亮。又堪为矛戟之杆，又堪为笔管"
78	匏琴	西域	舍利王斑竹	"《六帖》云，昔西域舍利王献乐，有大小匏琴，皆以胝文斑竹为之，而取声于匏以合律"
79	角	江西吉、赣	胡孙竹	"与常竹同，但节稍平，中无隔碍，儿童戏取作角，吹之呜呜有声，空通故也"
80	图画	浙东庆元山中	四季竹	"叶长细而柔媚，甚宜图画"
81	篱笆	七闽山中	筋竹	"作篾柔韧，杂用亦佳"
82	篱笆	安南	由衙竹/篱竹	"竹与笋俱有刺，可种为笆篱，故名"
83	篱笆城墙	出广右，两江、安南尤多	笏竹	"大者二尺围，肉至厚，几于实中，人破为弓材……《岭表录异》云，……邕州旧以刺竹为墙，蛮蜑来侵，竟不能入。又如新州旧无城，绍兴间黄济来为守，以笏竹环植之，号竹城"
84	篱	浙东沿海山中处处有之	筼簹竹	"浙东人家多取为篱，匀整可爱，七闽山中尤多"
85	笠	两广、两江	篁竹	"节长可作细篾织笠"
86	笠	"宾州迁江县山中，湖湘间亦有之"	嫣竹	"劈篾织箪极细滑，不减藤箪，土人亦甚贵重。细篾亦可织笠"
87	笠	"生宾象山中及浙东诸郡"	篁竹	"作篾最韧，且色白，人取织笠"
88	竹鼎	番禺	簋竹	"《番禺志》，'南海煎盐，以簋竹编为鼎，韧而耐久，他竹莫敌'"
89	器皿	漳州山中	长枝竹	"……丝之可为器皿"
90	竹筒饭	生湘、全山中	浮竹	"大者围约五六寸，一节约长五尺许，圆厚而虚软，土人断取，净淘米装入，以木塞之，加于火上以蒸，米熟为饭，甚香美"
91	茶篼	江、浙及闽、广，处处有之	箬竹	"江西人专用其叶为茶篼，云不生邪气，以此为贵"
92	箱笼	衡阳山中	莳竹	"节平而又匀长，皮肤滑净，劈篾为椽，编箱织笼无不宜"
93	量器	广南	镛竹	"绝大，内空节，可容二升，交、广人持此以量出纳"

续表

序号	竹器名称	产地	用竹品种	竹材特点
94	竹屦	"广西两江，安南亦有之"	篊篃竹	"……锤破，少肉多筋。细如麻枲，可索绳织屦"
95	竹布鞋	"出连州，抱腹山为多"	白鹿竹	"土人待出笋后，陨箨放梢乃采之，以灰煮水浸作竹布鞋，或捶一节作帚，谓之竹拂"
96	竹拂	"出连州，抱腹山为多"	白鹿竹	"土人待出笋后，陨箨放梢乃采之，以灰煮水浸作竹布鞋，或捶一节作帚，谓之竹拂"
97	卓筒	"出筰都，今黎州是也"	筰竹	"其高参天，常起岚雾。邛筰人穴山数十丈，用此竹去节，牝牡相衔为井，谓之卓筒。牝者为笕，牡者名筴，以取咸泉煮盐"
98	钓竿	生郁林等处山中	寸金竹	"枝叶一如淡竹，但节节匀密，相去二寸许，从根至梢，圆正冲直，作钓竿、黏竿最妙"
99	扇柄	江西	翁孙竹	"正紫色，一茎下节复生三五竿，芄芄而起，比中茎差细，土人取以为扇柄"
100	扇柄	七闽山，漳州尤多	穿竹	"大者为伞柄、为杖，小者为扇柄绝佳"
101	竹扇	—	青竹	"《东宫旧事》云，皇太子初拜，供青竹、单（簟）竹扇各有差"
102	竹刀	"出广州，交趾、九真皆有之"	石麻竹	"其劲利，他竹莫及，人削为刀，切象皮如截芋"
103	竹刀	生浯溪山中	大竹	"但成竹时，竿变焦黄色，性刚利，可削作刀子用"
104	射筒	南方	射筒竹	"南方此竹，其直如绳，以法去节，令中通，长二丈余，箭则以轻竹削成，几三尺，以鸟翎缠绕其上，欲以受气，人猛吹之，则著物最易。吴地之筒竹差劣也"

竹文化："全德君子"。李衎《竹谱详录卷三·竹品谱一》："竹之为物，非草非木，不乱不杂。虽出处不同，盖皆一致。散生者，有长幼之序。丛生者，有父子之亲。密而不繁，疏而不陋，冲虚简静，妙粹灵通，其可比于全德君子矣。"李衎将竹视为"全德君子"，将尊竹之情融入画中，赋予竹以生命，追求一种象征人物品德高洁的内在美。李衎画竹高超的技艺在当时倍受人推崇，他曾经奉诏画宫殿、寺院壁画。

元代文人咏竹诗文也很多。大多人通过诗文表达无为、追求平淡、自然的心态，与竹文化中所蕴涵的淡泊、坚贞的精神内涵相契合。

9.明代竹器谱系表

具体见表2-12。

《天工开物》中的25种142个竹器。《天工开物》[1]全书有123幅插图，描绘了130多项生产技术和工具的名称、形状或工序。在这123幅插图中，作者宋应星详细地记录了明代时期大量的竹器以及使用场景。根据对《天工开物》绘图的统计，涉及的竹品种和数量具体见表2-13。

---

[1]《天工开物》目前留存的版本较多，主要有涂本（明刊初刻本）、杨本（坊刻本，以涂本为底本而翻刻的第二版）、菅本（最早在中国以外刊行的版本）、陶本（20世纪以来中国刊行的第一个《天工开物》新版本，在整个版本史上属于第四版）。本书采用的版本有两种，一本是国内的图像影印本，即陶本；另一本是日本早稻田大学馆藏的版本，即菅本。

表2-12 明代竹器谱系表

明代竹器谱系代表	出现的竹器品种	竹器类别	出现形式	同期竹文化
1.《天工开物》中的25种142个竹器 2.《便民图纂》中的生产竹器 3.仇英《清明上河图》中各类日用竹器 4.《钟馗夜游图》《杏园雅集图》《竹院品古图》《西园雅集图卷》《人物故事图册·竹院品古图》《二十四孝图册》《明人人物册》《饮中八仙图卷》《歌舞图轴》《玉簪记》《钱应晋像轴》《赵庚像》《陆文定人物画册》等中的各式明代竹家具 5.《货郎图》《明宪宗元宵行乐图卷》《明人春景货郎图》《斜倚薰笼图轴》《羲之笼鹅图》等中的日用竹器 6.《访道图》《秤书图》《流民图》中的竹篮等日用竹器 7.《渔乐图卷》《渔乐图画册》中的各式竹渔具 8.明鲁王墓出土的竹编宽沿纱帽、竹编九旒冕、竹编乌纱帽、竹编九缝皮弁等（山东博物馆） 9.明代竹丝编朱漆描金龙纹八棱形果盒、竹编黑漆彩绘人物纹长方形委角果盒等（安徽博物院） 10.故宫博物院馆藏各类明代竹器 11.明清贡席——舒席 12.明代"三朱"竹雕 13.《字汇》竹部文字672字 14.《三才图会》记录的各类竹器 15.《鲁班经》《新编对相四言》《新镌图像郑氏女孝经句解》《新镌增补全像评林古今列女传》《唐诗画谱》《西厢记真本图册》《人物草虫图》《仙佛奇踪》中绘制的各类竹器 16.《水浒传》《西游记》《金瓶梅》等明代小说中记载的各类竹器 17.《燕几图》《蝶几图》《匡几图》《长物志》《遵生八笺》等中的各类竹家具	竹床、竹椅、竹桌、竹几、竹凳等各类竹家具，竹筐、竹篮、竹盒、竹斗笠、竹扇、竹伞、竹杖等各类日用竹器，竹筷、竹簸箕、竹筛、竹笋、竹笼等各类生产竹器，竹笼、都篮、竹柜、竹则、竹夹、竹火炉等各类竹茶具，各式竹花篮、竹鸟笼、竹罾、竹鱼篓、竹筌、竹筊篱等各式竹渔具，大型竹编船帆等，竹编宽沿纱帽、竹编九旒冕、竹编乌纱帽、竹编九缝皮弁等竹编帽饰，竹货架、竹轿椅等，各式竹雕	日用竹器、竹家具、生产竹器、竹渔具、竹乐器、军用竹器、文化竹器、交通竹器、竹茶具、竹雕、竹服饰、竹建筑等	出土实物、图像资料、文献记载	"岁寒三友""四君子"

表2-13 《天工开物》中竹器统计

序号	名称	数量	序号	名称	数量
1	竹筒水车	2	14	竹椅	1
2	竹席	19	15	箕	12
3	桔槔	1	16	竹屋	2
4	竹制货包	2	17	无孔筛	2
5	竹箸	4	18	木竹	2
6	排气管	1	19	各式竹筐	54
7	背篓	2	20	船篷	2
8	连枷	2	21	竹篮	4
9	船顶篷	4	22	弧矢	1
10	竹鞭	1	23	斗笠	7
11	护栏与篱笆	6	24	马嘴筺	3
12	水枧	1	25	竹筛	5
13	马驮货架	4			
合计					142

竹文化： **"岁寒三友" "梅兰竹菊四君子"。** 岁寒三友指的松、竹、梅。松、竹在寒冬季节枝叶不凋，梅花则迎寒开放，所以称"岁寒三友"。它们被认为有骨气，值得仿效为友。其雏形出现于宋代林景熙《霁山集·五云梅舍记》："即其居累土为山，种梅百本，与乔松、修篁为岁寒友。"到明代正式有"岁寒三友"之说。《孤本元明杂剧〈渔樵闲话〉第四折》："到深秋之后，百花皆谢，惟有松、竹、梅花，岁寒三友。"

明代黄凤池辑有画谱《梅竹兰菊四谱》。他在画谱小引中说："文房清供，独取梅竹兰菊四君者无他，则以其幽芳逸致，偏能涤人之秽肠而澄莹其神骨。"梅、兰、竹、菊被称为"四君子"，成为中国人借物喻志的象征。四君子各有其特色。其品质分别是傲、幽、澹、逸。其文化寓意为：梅，深披傲雪，高洁志士；兰，深谷幽香，世上贤达；竹，清雅澹泊，谦谦君子；菊，凌霜飘逸，世外隐士。

10.清代竹器谱系表

具体见表2-14。

表2-14　清代竹器谱系表

清代竹器谱系代表	出现的竹器品种	竹器类别	出现形式	同期竹文化
1.《御制耕织图》《姑苏繁华图》中的生产竹器 2.《河工器具图说》中的河工竹器❶ 3.清代江浙民间工艺竹篮❷ 4.清代宫廷竹家具与江南民间竹家具 5.清代宫廷竹黄、竹丝、竹胎编、竹雕等竹工艺品 6.《康熙大字典》竹部文字990字 7.《清内务府活计档》中的清代故宫各类竹器及陈设 8.《吴友如画宝》《甄妃晨妆图立轴》《燕寝怡情》中的各类竹家具、日用竹器 9.《胤禛美人图》《雍正十二月圆明园行乐图》中的宫廷竹家具 10.《皇朝礼器图式》中的各类竹器物 11.清代三任（任薰、任熊、任颐）绘画中的竹家具 12.《太平繁华·八图屏》中的日用竹器 13.《中国清代外销画》中各式竹家具、日用竹器 14.《闲情偶寄》《清稗类钞》《红楼梦》等著作中的竹家具、竹器物等	新增工艺竹篮、竹黄工艺品、竹丝工艺品、竹胎编、竹雕等竹工艺品	日用竹器、竹家具、生产器具、竹渔具、竹乐器、军用器具、文化竹器、交通竹器、竹茶具、竹雕、竹服饰、竹建筑等	出土实物、图像资料、文献记载	郑燮（板桥）"非唯我爱竹石，即竹石亦爱我也"❸

---

❶ [清]完颜麟庆.河工器具图说（外一种）[M].杭州：浙江人民美术出版社，2015.
❷ [德]劳佛尔.中国篮子[M].叶胜男，郑晨，译.杭州：西泠印社出版社，2014.
❸ 清郑燮《竹石》一文中评庭院中竹子的造园意境为"十笏茅斋，一方天井，修竹数竿，石笋数尺，其地无多，其费亦无多也。而风中雨中有声，日中月中有影，诗中酒中有情，闲中闷中有伴，非唯我爱竹石，即竹石亦爱我也。"

以实物、绘画图像及文献记载并重的清代竹器。清代竹器实物较多，主要以故宫现存竹器实物为主，也有大量的民间收藏的竹器。宫廷收藏的竹器则以宫廷竹黄、竹丝、竹胎编和竹雕等竹工艺品为主。绘画记录的清代竹器主要在《吴友如画宝》《中国清代外销画》《御制耕织图》《胤禛美人图》《雍正十二月圆明园行乐图》《燕寝怡情》等民间和宫廷绘画中体现，充分展现了清代不同阶层使用的竹器形象和情况，竹器图像资料数量众多。另外，通过清代各类文献、故宫档案等不同的文字资料，也能查阅到非常详细的清代竹器的情况。因此，清代竹器不论是实物资料，还是图像资料、文字资料，都是比较丰富的，三种样本来源并重。

故宫里的竹器。查阅清代故宫相关陈设档案，有明确记载的竹器至少有360余件，具体如表2-15所示。

表2-15　故宫竹器统计表

序号	竹器名称	数量
1	竹扇	191
2	竹家具	77
3	文房竹器	31
4	竹根雕	23
5	竹如意	19
6	笸箩	6
7	箔	5
8	圆笼	2
9	文竹嵌白玉	3
10	竹式都盛盘	1
11	文竹嵌玉金带	2
12	竹根炉	1
13	竹律管	1
14	大竹帘	2
15	斑竹篱笆透空隔断墙	1
16	汉玉双鹊镶嵌紫竹柱杖	1
17	青汉玉鸠镶竹柱杖	1
合计		367

其中竹扇和竹家具的数量最多，特别是各类竹扇数量众多，记载的有竹股扇、竹边股扇、棕竹股扇、棕竹边股扇、斑竹边股扇、斑竹边棕竹股扇、漆边棕竹股扇、斑竹股扇、竹边棕竹股扇、竹边斑竹股扇、彩漆鞘竹股扇、雕紫竹竹式折扇、嵌螺钿棕竹股折扇、文竹边股扇、文竹宫扇、竹丝宫扇、竹根如意柄紫檀木座扇子17种不同的类型。

竹家具在清代宫廷竹器中也有重要的体现，主要记载的竹家具种类有竹椅、竹机、竹格、竹桌、竹案、竹几、竹宝座、竹屏风以及各类竹盒。其数量如表2-16所示。

表2-16 故宫竹家具统计表

序号	竹器名称	数量
1	攒竹椅子	8
2	南漆面斑竹机子	2
3	紫竹嵌文竹方机子	2
4	竹式格	2
5	竹丝格	2
6	紫檀木竹式格	2
7	棕竹格	1
8	棕竹玻璃随墙格	2
9	漆面湘妃竹小桌	1
10	紫檀木嵌文竹条案	2
11	紫檀木嵌湘妃竹条案	2
12	紫檀木嵌竹丝梅瓣香几	2
13	紫檀木竹式香几	2
14	紫檀木嵌竹丝玻璃冰纹梅花宝座	1
15	紫檀木嵌竹丝玻璃冰纹梅花单屏风	1
16	紫檀木边画心嵌竹插屏	2
17	各类竹盒	43
	合计	77

竹文化：郑板桥竹子的傲骨与人格。郑板桥笔下的竹子是一种人格的写真。可以说，其每张作品都是情感的寄托、骨气的象征和情感的表达。郑板桥的《竹石》："咬定青山不放松，立根原在破岩中。千磨万击还坚劲，任尔东西南北风。"一首《竹石》，写出竹子的坚韧和倔强，也写出自己的情操。郑板桥自身生命力的张扬就是通过画竹、写诗、醉归和亲近自然表现出来的，在他生命力自由张扬中流露的则是与其胸襟、意志、修养、人格相结合的一种具有真正伦理价值的品质。

中国历代谱系的构建是建立在历代翔实的竹器资料基础上的。通过竹器谱系的构建，可以了解中国7000年传统竹器发展的起源、发展和衰退全过程，同时也能观察到同步发展的中国竹文化，以及中国传统竹文化与竹器发展的相辅相成。

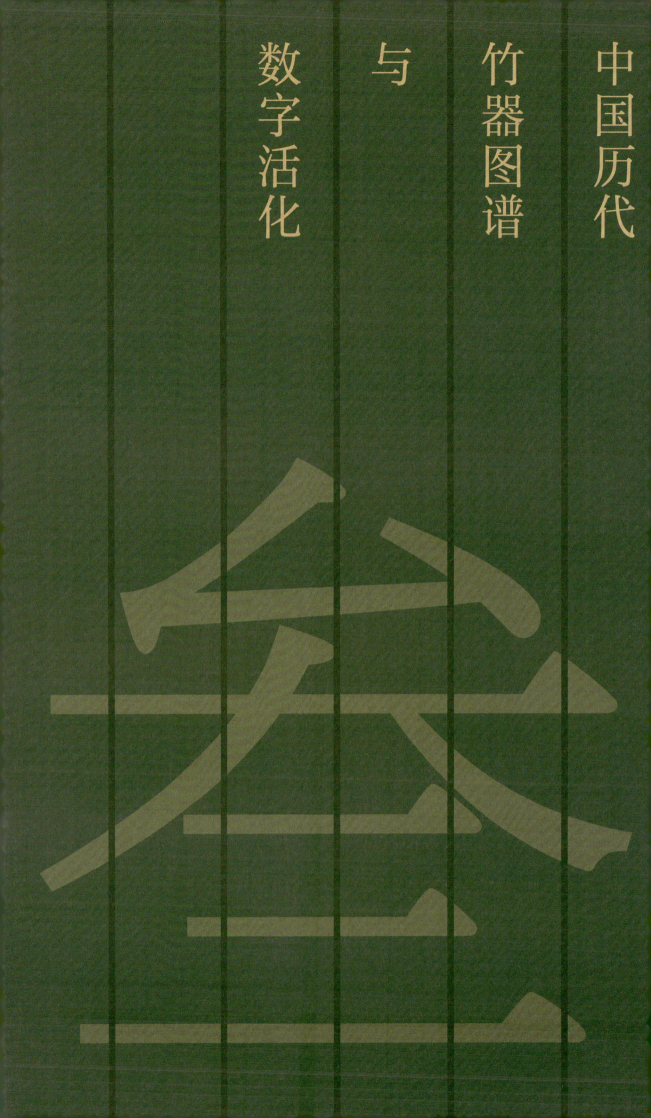

中国历代竹器图谱与数字活化

叁

第三章 历代竹器谱系研究的样本来源及特点

第一节 竹器样本的三大来源
第二节 竹器谱系的断代缺失
第三节 竹器实物的易腐化性
第四节 图像资料的不完整与失真
第五节 竹器文献的不足与难解

第一节
竹器样本的
三大来源

在竹器历史和竹器图谱的研究中，研究样本的来源是极其重要的，研究样本的真实、客观、准确、清楚是竹器历史及图谱研究的基础，没有翔实、丰富又准确无误的研究样本，竹器历史研究就无从下手。但竹器研究又不同于其他材质器物如金属、陶瓷等的研究，作为有机物的竹材易腐朽，不易保存，给研究竹器本身带来了很大的困难，竹器的实物样本也极其难得。

文物是指具体的物质遗存，它的基本特征是：第一，必须是由人类创造的，或者是与人类活动有关的；第二，必须是已经成为历史的，不可能再重新创造的。各个国家对文物的称谓并不一致，其所指涵义和范围也不尽相同，因而迄今尚未形成一个对文物共同确认的统一定义。

1. 出土实物

从统计的数据来看，从史前时期到秦汉时期这一阶段，竹器研究的主要来源是出土的实物，如史前时期的浙江钱山漾遗址，商周时期的采矿遗址、渔业遗址、王公贵族墓，秦代云梦睡虎地遗址、汉代马王堆墓等都极具代表性。出土的大量竹器，经过粗略统计至少有1200件（表3-1）。

当然，明清以来的出土文物中，也有较多的竹器，部分王公贵族墓出土的竹制品十分精致，制作工艺复杂。如明鲁王墓出土的九旒冕、竹编宽檐帽等就制作得非常精致，清代故宫收藏的各式竹制工艺品更是达到了竹制品的巅峰，采用了大量新的竹材加工工艺如竹黄工艺、嵌竹丝工艺、竹旋切工艺、竹雕工艺等。这些都是研究竹器的重要样本和实物佐证。

2. 文献典籍

文献典籍在中国历代竹器的研究中，同样是必须可少的样本源。纵观各个历史时期，自文字出现以后，有关竹器记录的各类历史文献典籍层出不穷，既有系统记录，也有零星记录，还有专门的"竹谱"系列，从南朝到宋元明清，均有人撰写《竹谱》，后世中又以元代李衎《竹谱详录》最有代表性，是系统展现了元代竹种、竹材利用、竹文化的典籍。

文献典籍作为中国传统竹器研究的主要来源之一，是竹器的种类、使用方式、文化等研究的主要样本。特别是关于竹器的命名、种类分辨、使用方式及相应的器物文化内涵等，均需要通过文献典籍的记载才能推断出来。

表3-1 出土竹器实物数量统计表

时间阶段	代表遗址及竹器	出土竹器数量
史前	● 湖南高庙遗址出土竹篾垫子 ● 陕西半坡遗址出土带竹席纹的陶片 ● 浙江钱山漾遗址出土200余件竹器 ● 浙江毗山遗址出土大型竹围堰	200+
商代	● 江西铜绿山古铜矿遗址出土采矿竹器：竹篓、竹筐、竹席、竹绳等 ● 江西神墩商代遗址出土圆竹筐	30+
西周	● 湖北大冶铜绿山古铜矿遗址出土大量采矿用生产竹器 ● 河南信阳孙砦遗址出土大量渔业用生产竹器	100+
东周	● 九店东周墓出土日用竹器 ● 贵溪崖墓出土纺织竹器 ● 曾侯乙墓出土竹乐器 ● 楚墓中出土彩绘竹礼器 ● 东周出土竹木制肩舆和床 ● 都江堰水利工程中的防洪竹笼	400+（另有竹简2000+）
秦汉	● 云梦睡虎地秦墓出土竹简、竹算筹、竹筒、竹笔、竹笥等 ● 里耶秦代竹简36000多枚 ● 汉马王堆墓出土彩绘龙纹勺、竹筒、竹熏罩、竹律、长柄竹扇、竹篓等 ● 扬州汉墓出土竹雕件、竹片饰 ● 汉居延遗址出土竹笛与竹尺 ● 汉乐浪郡出土彩绘竹箧	400+（另有竹简42000+）
合计	出土竹器实物约1200件，竹简44000枚以上	

总体上，文献典籍中单独关注竹器物及其文化的比较少，一般是在记录整体社会生活、农业生产的过程中对竹器的记录。所以需要整理才能显现出中国历代文献典籍里记载的竹器及其发展脉络。不同历史时期的代表性文献典籍详见表3-2。

表 3-2　代表性竹器相关文献典籍

时间阶段	代表性文献典籍	数量或特征
商	● 甲骨文竹器文字	12 种
周	● 《诗经》	竹器相关的最早文字记录，零星记录
周	● 《尔雅》	竹器相关的最早字典，零星记载
周	● 金文竹器文字	27 种（含"竹"字）
秦汉	● 《说文解字》	竹部文字 151 个，其中代表竹器的 115 个
魏晋南北朝	● 戴凯之《竹谱》	最早的竹谱
魏晋南北朝	● 《玉篇》	267 种竹器文字
魏晋南北朝	● 《乐府诗集》	汉魏至唐的竹器诗句
隋唐五代	● 陆羽《茶经》	20 余种竹茶具
隋唐五代	● 《全唐诗》	记录各类竹器近 100 种
宋代	● 《钜宋广韵》	227 个竹器文字
宋代	● 《全宋诗》	记录各类竹器近 100 种
宋代	● 《太平御览》（竹部、器物部）、《太平广记》、《东京梦华录》、《梦梁录》、《武林旧事》、《黄州新建小竹楼记》等	部分记录
宋代	● 蔡襄《茶录》、赵佶《大观茶论》等	零星竹茶器等
宋代	● 李诫《营造法式》	竹建筑构件
元代	● 《王祯农书》	49 种竹农具
元代	● 李衎《竹谱详录》	104 处 53 种竹器
明代	● 《天工开物》	25 种 142 个竹器
明代	● 《字汇》	竹部文字 672 个
明代	● 《三才图会》	图文并茂地记录竹器
明代	● 《长物志》以及《金瓶梅》等明代小说	竹家具、竹日用器物等
清代	● 《康熙大字典》	竹部文字 990 个
清代	● 《清内务府活计档》	清代故宫各类竹器及陈设
清代	● 李渔《闲情偶寄》、徐珂《清稗类钞》以及《红楼梦》等清代小说	竹家具、竹器物等

3.绘画图像

图像资料历来也是研究器物的重要来源,特别是图像资料能够弥补文献典籍资料只能叙述的缺陷,可直观地表现出竹器物的造型、结构甚至加工工艺,通过一定的几何算法和数学推演还能够大体推算出竹器的尺寸。自晋顾恺之《女史箴图》以来的一千多年的传统纸本绘画翔实地记录了历代竹器物的基本形象。如唐代卢楞伽《六尊者像》绘制出最早的高足竹椅的清晰形象;北宋张择端《清明上河图》忠实地绘制了19种近百个竹器图像,让后世能一睹宋代竹器的风貌,《斗茶图》清晰地绘制了宋代各类精致竹编竹篮;从宋以来的历代《耕织图》中,我们能完整地了解到宋元明清各代的生产用和纺织用竹器的情况;宋元时期的各式《花篮图》《货郎图》《雅集图》等描绘了大量的竹制花篮、竹制日用品、竹制文化用品等;元代《王祯农书》完整地展示了元代各类农具49种,对研究元代竹制农具具有重要的意义;明代《三才图会》《便民图纂》《天工开物》等绘制了各类竹器百余张,明代各类绘画中描绘了竹家具、竹器物等;清代《御制耕织图》《胤禛美人图》《姑苏繁华图》等对竹制日用品、竹家具等均有精准的描绘。这些绘画资料对研究历代竹制器具有重要的史料价值。

自新旧石器时期至汉的各类岩画、陶画、壁画、画像石、画像砖等虽然也是图形图像资料,但对竹器研究来说相对粗糙,部分细节不够清晰,但也为研究提供了重要样本和基础。如从汉代画像石能清晰地看到汉代竹制捕鱼工具、竹制乐器和竹器斗笠等生活竹器,对研究汉代竹器的发展也具有重要的物证价值。

第二节
竹器谱系的断代缺失

在中国竹器谱系构建的过程中,由于不同时期遗留的竹器资料不一致,导致竹器谱系的连续性不能保证。对应竹器研究的三大来源样本,不论是出土和遗留的竹器实物资料,历史文献典籍的记载,还是绘画图像资料,都不能做到整个谱系的连续贯通。

1. 出土竹器实物的断档情况

出土竹器实物,每个历史阶段的数量情况都不一样,历史年代越近的,遗存的竹器实物就越多,明清时期的遗存应该是最多的,史前时期出土的竹器是随机的、零星的,在以千年计的时间跨度上仍是寥寥无几。由于竹胎漆器的保护作用,出土的竹器实物资料在周代和秦汉达到一定数量,但自魏晋之后直到宋元时期,能发现的竹器实物资料基本断档。到明清时期遗存的竹器实物才逐步增加。各个历史时期出土竹器实物的断档情况见表3-3。

表3-3　出土竹器实物的断档情况

史前	商	西周	东周	秦汉	魏晋南北朝	隋唐五代	宋	元	明	清

注:颜色越浅,断档程度越高,下表同。

2. 文献典籍的断档情况

文献典籍对竹器的记载也不能保证每个时期都能连续。一是文献典籍的出现是在文字出现之后,特别是先秦时期的文献典籍涉及竹器的太少,基本无法从中看到先秦时期竹器的发展情况。即使是先秦典籍中涉及竹器记载的如《诗经》《尔雅》等,也基本上是春秋战国时期居多,不能涵盖到商和西周时期,至于夏朝更是因为缺少文字记载而无法知晓情况。二是即使是在文字出现后,真正能够系统、翔实地记载竹器和竹文化的典籍文献很少,相对系统的是各个历史时期的字典或词典,如汉代的《说文解字》、南朝梁的《玉篇》、宋代《钜宋广韵》和《类篇》、明代《字汇》、清代《康熙字典》等,但作为系统性的字典也存在时间段的断档,如先秦、魏晋、隋唐、元代等就不能完整记录。历代《竹谱》是研究该时期竹器与竹文化的系统性典籍文献,如南朝宋戴凯之《竹谱》、元代李衎《竹谱详录》等。至于在其他典籍、文集、诗歌等中出现的竹器记载也都是零星的,缺乏系统性。各个历史时期文献典籍的断档情况见表3-4。

表3-4　竹器相关文献典籍的断档情况

史前	商	西周	东周	秦汉	魏晋南北朝	隋唐五代	宋	元	明	清

3.绘画图像的断档情况

绘画图像资料也存在断档情况。一是我国真正意义上的纸上绘画是从东晋顾恺之《女史箴图》《洛神赋》等开始,至隋唐逐步丰富起来的。早期的绘画资料相对缺乏,自晋至隋唐时期的绘画资料也相对较少,弥足珍贵(也正因为如此,敦煌壁画才会成为各领域研究这一时期社会政治、经济、文化等的主要图像来源)。宋元明清以来的绘画图像资料才逐渐丰富起来。这也跟中国传统绘画的纸质材料的保存时间有一定的关系。二是虽然史前到秦汉时期保留的各类岩画、陶画、壁画、画像石、画像砖等绘画资料较丰富,但存在题材局限、绘制不清、细节难以辨认等情况,给竹器的图像研究造成了一定的困难,能辨认出有竹器的主要集中在汉代的画像石和画像砖中。各个历史时期绘画图像的断档情况见表3-5。

表 3-5　竹器相关绘画图像的断档情况

史前	商	西周	东周	秦汉	魏晋南北朝	隋唐五代	宋	元	明	清
				▨		▨	▓	▓	▓	▓

中国竹器研究的三大样本均存在一定的历史断档问题，但综合来看，三大样本总体上是可连续的。不同时期断档的样本源不完全一样，竹器实物的样本断档主要在魏晋南北朝至宋元，其他时期均能发现一定数量的样本（表3-6）；典籍样本主要是先秦时期的断档；图像样本断档也集中在先秦时期，同时魏晋南北朝时期也基本断档。可见，中国竹器研究的断档主要在先秦和魏晋南北朝时期。先秦时期的断档集中在春秋时期之前至史前时期。作为中国竹器的起源和滥觞阶段，这一阶段的断档对竹器图谱的构建没有产生重大的影响，各个时期还有出土的竹器实物作为支撑。但作为承上启下的魏晋南北朝时期竹器样本的断档对中国竹器图谱的构建造成了很大的困难。

表 3-6　历代各类竹器样本的断档情况

样本源	史前	商	西周	东周	秦汉	魏晋南北朝	隋唐五代	宋	元	明	清
实物	▨	▨	▨	▓	▓				▨	▨	▓
典籍			▨	▓	▓	▓	▓	▓		▓	▓
图像					▨		▨	▓	▓	▓	▓

第三节
竹器实物的
易腐化性

1. 竹材易脱水腐化

"竹编物一共出土两百多件。但由于埋在潜水面以下的黏湿泥土中，清理异常困难，能够取出的只占总数的四分之一，刚出土时多数色泽尚新，但一经与空气接触，就很快变为黑色。"❶ 考古出土的竹器，因为距今时间太长，多数都已经完全炭化，融入土层。即使是发掘出时还是青色或黄色，但一旦接触空气则很快也会变黑炭化。因此，出土竹器的保存是一个十分困难的技术问题，出土的竹器一般都以炭化的形式和泥土层融为一体，极难保存。以至于目前留存的相关出土竹器实物极少，大部分以照片或图片的形式存在。

"从理化性质上看，竹简的质地是竹纤维组成，与木纤维一样，出土时竹纤维中的一切空隙均充满了水分，绝对含水率一般都在100%以上，成为饱水竹简。由于地下水的影响，竹质内部可溶性物质基本上被溶去，竹纤维质地疏软，加上吸饱了水分后重量增加，使得有些竹简出土时似泡过水的面条一样，依靠自身的强度是无法起取的。"❷ 对于出土竹简的保护建议是："出土竹简应尽快进行清理、绘图及照相，以使取得最直接、最清楚的照片资料。如果考古工地条件不具备的话，应将竹简尽快送往室内由专业人员处理。"❸ 实际上，所有的出土竹器都存在有机物难以保存和保持原始形态的问题。

浙江省博物馆现有一件新石器时期的竹编实物。该竹编器物纵25cm，沿宽13.5cm，是一件常规大小的箩筐残件，经过现代工艺特殊处理，保存下了该竹器出土时的形态，但也不免和泥土等融为一体（图3-1）。

---

❶ 浙江省文物管理委员会.吴兴钱山漾遗址第一、第二次发掘报告[J].考古学报，1960（2）：73-91.

❷ 李玲.江陵地区战国楚墓出土文物的现场保护——漆木器竹简及纺织品保护[J].考古与文物，2000（6）：72-79.

❸ 同上。

图 3-1
经过处理后的新石器时期竹编实物（浙江省博物馆藏）

2. 竹胎漆器保存不易

使用竹器为胎的漆器虽然有漆的保护，能够延长保存的时间，但也经不起长年累月的风化、氧化和潮湿环境的腐蚀等，也会出现损毁情况。能够保留下来的竹胎漆器虽然比普通竹器多，但也数量较少，极其珍贵。

曾侯乙墓出土的几件竹制彩绘乐器竹篪、竹排箫、竹笙等，距今已有2400多年的时间，尽管出土后采取了保护措施，但目前湖北省博物馆展出的实物也已经褪去彩绘，乐器萎缩变形。如图3-2所示的竹排箫，如果没有当时测绘的造型图纸，很难看得出该竹排箫原始的造型和装饰。

3. 彩绘装饰难保留

漆器上的彩绘所用的原料有多种，即漆绘、油绘和胶绘等。因为漆与油不溶于水，所以采用漆与油髹饰的彩绘，在出土时的起取、清洗、包装等过程中一般均不易受损，而胶绘则不同。由于春秋战国时期人们所用的胶均是水溶性的，如《周礼·考工记》中记述的鹿胶、牛胶、马胶等，对于用这一类胶绘的花纹，考古工作者常称之为"粉彩"。受地下水及潮湿环境的影响，出土时彩绘已有不同程度的缺损，如用手抚摸或与其他物品接触，这些胶质的彩绘十分容易被擦去或抹掉。

即使出土时保留得较好的彩绘装饰，随着时间的推移，也会发生变化。如图3-3所示的湖北荆门包山2号墓出土的彩绘凤鸟双联杯就很典型，左图是1988年该杯刚出土不久拍摄的实物照片，右图是2006年拍摄的实物照片，杯身的彩绘配色出现褪色、少色的情况，金色彩绘装饰已经不见，彩绘装饰纹样的细节部分也褪色不可见，从而使该竹杯在不同时期判若两件器物。

图 3-2
曾侯乙墓彩绘竹排箫的褪色与变形

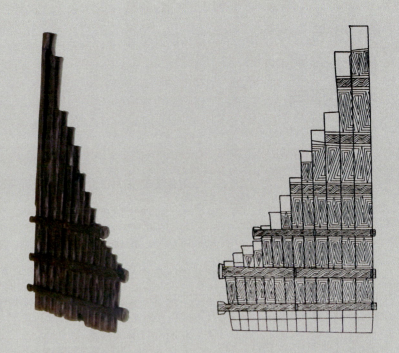

图 3-3
不同时期拍摄的彩绘凤鸟双联杯
（左1988年，右2006年）

第三章
历代竹器谱系研究的样本来源及特点

73

第四节
图像资料的
不完整与
失真

图像资料作为研究中国历代竹谱的三大样本源之一，除有断代的问题外，作为图像资料也有一些自身的不足，主要有图像资料本身残缺、图像绘制不完整、图像比例失真等问题。实际上古画的保存和修复一直是中国传统绘画研究的重要课题。"一件古旧书画作品由于保护不慎，出现残破、虫蛀、断裂、水迹等现象，就须重新揭裱、恢复其原貌。"❶上述问题均影响到对历代竹器的复原。

1. 图像资料的不完整性

一是损坏残缺。因为保存介质的损坏或污损，如介质遭受水泡、风化、虫蛀、脱水、外力损伤等，绘制的画面会被破坏，使得图像资料保存不全。一旦画面有缺损就会导致相应的资料无法被全面看到。如唐李勣墓壁画中的排箫因墙皮脱落，就已经残缺不全。类似的情况在壁画中发生得较多（图3-4）。

二是绘制不完整。即使保存介质完好，绘画图像保存完整，但也存在图像中绘制的相关竹器物因视角、空间关系等问题，在画中没有被完整地绘制的情况。这一类情况在绘画资料中占有很大比例，因为竹器往往不是画家描绘的主要对象，都是以画面主题的辅助物或背景出现，因此竹器的完整性不是绘画中主要考虑的因素。如宋《斗浆图》中绘制了不同竹编和装饰的各类竹篮，但没有一个完整的竹篮出现，都是被遮挡一部分或大部分，虽然很精美，但图像不完整，无法欣赏到竹篮的全部面貌。即使是大型竹家具也不能幸免，如元《竹榻憩睡图》中对竹床的描绘，因围屏的遮挡，只能看到竹床的大部分，而不能看到全部（图3-5～图3-7）。

三是绘制抽象、简略、无细节。图像中绘制的竹器因风格粗犷、太小、褪色等原因而没有细节，或不清晰。如魏晋时期壁画中常见采用简洁抽象的画法，观者能判断出场景和器物，通过后世相关的资料可推断出器物

---

❶ 杨志新. 古画揭裱及修复技术[J]. 文物修复与研究，2003（1）：275.

的类型，但绘画中基本只有主要特征，完全看不出细节。图3-8所示的酒泉魏晋十六国墓壁画中就绘制了采桑篮，在后世的《耕织图》中可以看到采桑篮一般采用竹制或柳制，因此从这样的壁画中可以判断，在魏晋时期采桑篮已经常见，不论是竹编还是柳编，都能证明该时期编织采桑篮的使用。

图3-4
唐李勣墓壁画中的排箫和笛子❶

图3-5
元《竹榻憩睡图》中的竹床

---

❶ 昭陵博物馆.昭陵唐墓壁画[M].北京：文物出版社，2006：147.

图 3-6
宋《斗浆图》中被遮挡的各类竹篮(黑龙江省博物馆藏)

图 3-7
清代佚名肖像册中被画中人遮挡的竹椅

图 3-8
酒泉魏晋十六国墓壁画中的采桑篮

同样在壁画中还存在因年代久远而褪色、脱色导致竹器物没有细节,甚至看不清结构,只能看到大体轮廓、使用场景等,这也是壁画类图像资料的主要问题。如图3-9所示的敦煌六一窟中的《耕获图》,能够看到耕种收获的场景,以及人们使用的扬掀、簸箕、斗笠等器物,但只能看到轮廓线,细节基本看不出来了。同样,二〇二窟中的《梵摩波提回宫》中的肩舆,也是全部脱色,只能看到结构和大体轮廓,细节部分无法辨认(图3-10)。

四是画面展示有局限。传统的中国绘画主要是以写意为主,即使绘制的竹器是完整呈现的,也会因为画面是平面的(平面的图像资料本身就只能展现竹器的一个面),而不能完整展示竹器的不同方位。只有同一画面中出现多个同样竹器的时候才有可能完整展现一个竹器。

图 3-9
唐代敦煌六一窟《耕获图》中褪色不清的各类竹器

图 3-10
敦煌二〇二窟《梵摩波提回宫》中的肩舆

2.传统绘画中器物的失真

"谢赫六法"是品评中国古代美术作品的标准和重要美学原则。"六法"最早出自南齐谢赫的著作《画品》中。唐代美术理论家张彦远《历代名画记》记述:"昔谢赫云,画有六法,一曰气韵生动,二曰骨法用笔,三曰应物象形,四曰随类赋彩,五曰经营位置,六曰传移摹写。"六法论提出了一个初步完备的绘画理论体系框架——从表现对象的内在精神、表达画家对客体的情感和评价,到用笔刻画对象的外形、结构和色彩,以及构图和摹写作品等,总之从创作到流传各个方面,都被概括进去了。自六法论被提出后,中国古代绘画进入了理论自觉的时期。后代画家始终把"六法"作为衡量绘画成败高下的标准。宋代美术史家郭若虚说:"六法精论,万古不移。"(《图画见闻志》)从南朝到现代,"六法"被运用着、充实着、发展着,从而成为中国古代美术理论最具稳定性、最有涵括力的原则之一。

"气韵生动"或"气韵,生动是也",是指作品和作品中刻画的形象具有一种生动的气度韵致,显得富有生命力。气韵,原是魏晋品藻人物的用

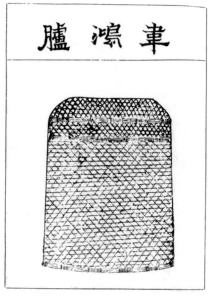

图 3-11
南宋审安老人《茶具图》中绘制的竹制茶具

词,如"风气韵度""风韵遒迈"等,指的是人物从姿态、表情中显示出的精神气质、情味和韵致。在谢赫时代,气韵作为品评标准和创作标准,主要是看作品对客体的风度韵致描绘再现得如何,而后渐渐涵容更多主体表现的因素,气韵就指的是作为主客体融一的形象形式的总的内在特质了。

一是重写意,轻写实。

"写意"的本意,即主体找某种方式表达心意。从这一意义上讲,中国艺术自古就是写意的艺术,是创作者通过外界媒质表达主体观念的艺术❶。中国传统艺术和文化中对"写意"有深刻的内在追求,因而也导致在传统绘画中"传神"要大于"写实",任何艺术作品首先考虑的是心意表达、意境传达,至于是否写实就不那么重要,甚至于传统艺术表现中认为太过于写实的东西没有艺术价值。

在中国历代绘制有竹器的绘画资料中,很多竹器绘制写实性不强,象征性更大,从而也导致竹器相关绘画资料有所失真。这种情况越是在绘画的早期越容易出现。如图3-11所示,南宋审安老人《茶具图》中绘制的各类茶具就是表意的手法,能够表达情况就行,而不求表达的精准性。这种情况自宋代开始,至明清逐步改善,此时相对写实的绘画也更多一些,但仍存在因重写意而轻写实导致的图像失真问题。

二是尺度与比例失调。

在传统绘画图像资料的失真问题中,尺度和比例失调的情况也是十分

---

❶ 常欣.写意论[D].西安:西安美术学院,2010.

图3-12
唐卢楞伽《六尊者像》中高僧和侍从的尺度失真

图3-13
清任薰《人物》中比人高的竹制座椅（天津艺术博物馆藏）

常见的。因为传统绘画中重写意和等级观念，即使是同样的元素，重要的人物或事物会比不重要的人物、事物大，如主人要比仆人在尺度上大很多。尺度上的大小不一在历代的绘画中一直都存在，如唐卢楞伽的《六尊者像》、五代的《韩熙载夜宴图》、宋元明清的皇家画像等均是如此。同一画面中大小不一的尺度也会导致画面中竹器的尺度失真，给竹器尺度的测算带来困难（图3-12、图3-13）。

　　同尺度失真同时存在的还有透视和比例上的失真。中国传统绘画有自己独特的形式法则，构图不受时间、空间的限制，也不受焦点透视的束缚，画面空白的运用独具特色。多采用散点透视法（即可移动的远近法），使得视野宽广辽阔，构图灵活自由，画中的物象可以随意列置，冲破了时间与空间的局限。绘画中的空间常见的有全景式空间、分段式空间和分层式空间等。画面中不同的空间组成，加上三点透视的绘制方法，导致同一画面中的器物就会出现透视失真和比例失真问题。最为严重的是，某一个竹器物会因为画法问题出现比例失真。如《吴友如画宝》中绘制了大量的室内场景，即是在清代末期，西方绘画方法已经传播到中华大地的时候，传统手法绘制的器物仍会出现比例失真、透视失真的情况（图3-14）。另

图3-14
清《吴友如画宝》中绘制的比例失真的竹榻

图 3-15
清代外销画中的黑白线描竹凳和竹几

外还会出现单一方向的尺寸失真问题,如绘制的图像中,竹器物的同尺度构件,应该使用尺度一样的竹材,但画面中横向的尺度和纵向的尺度却不一致(图3-15)。

三是色彩缺失。

在传统遗存的绘画图像资料中,早期的如汉代的画像石、画像砖等很难有色彩,魏晋以后的绘画虽然有色彩,但存在保存困难、褪色脱色现象,还有一类绘画是以线描形式出现的,也没有绘制色彩,这使得一部分图像资料无法显示竹器的色彩。如唐代《萧翼赚兰亭图》是单色显示的,竹制茶桌的色彩基本看不出来。同时,一部分古籍中绘制的图像资料基本上都是黑白线描,如元代《王祯农书》、明代《天工开物》《三才图会》、清代《河工器具图说》《吴友如画宝》等都是以黑白线稿绘制各类竹器的(图3-16、图3-17)。

色彩缺失造成的最大困难是人们不能准确、系统地了解传统竹器的装饰及色彩搭配,不过参照不同时期彩绘竹器、彩色图像资料和其他装饰偏好等进行研究,可以基本推测出该时期竹器的装饰与色彩搭配等情况。

图 3-16
唐《萧翼赚兰亭图》中绘制的竹制茶桌

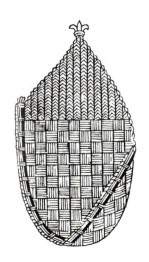 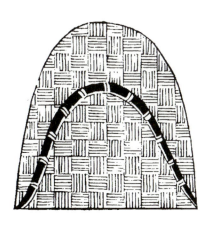 

图 3-17
元《王祯农书》中绘制的各类竹制农具

第三章
历代竹器谱系研究的样本来源及特点

第五节
竹器文献的
不足与难解

1. 典籍记载表达简洁带来的困难

在历代记载竹器的有关典籍中，历史越早的，文字记载得越简略，在字义的理解或竹器的描绘上就难以完整、形象地说明。

根据相关研究，古代汉语具有以下几个特点。一是古汉语词汇中单音词占优势。古汉语词汇特别是先秦到三国两晋时期的书面语言词汇，单音词占大多数。古代汉语往往是一个字就表达了一个词语甚至一句话的意思。二是单音词向双音词发展。秦汉时期，单音词占绝对优势，到了隋唐宋元时期双音词开始盛行。三是一词多义的现象极为普遍。古代单音词居多，音节有限而词义无穷。词汇和词义不断发展导致一词多义的现象出现。

"用字甚少"和"一词多义"在古代汉语中十分普遍，从而导致典籍中与竹器相关的文献抽象，难以系统完整地描述相关竹器的特点。如南朝梁《玉篇》中与"米、饭、肉、酒、谷、黍"等有关的竹器共有25个，其中包括《说文解字》中相关竹器15个。《玉篇》新增相关竹器文字10个。解读典籍中的释义部分可见，一般对竹器的功能有基本描述，但具体的造型特征、尺度大小、材料使用等都少有描述。如《说文解字》《玉篇》《钜宋广韵》中均提到的"籔"，释义为"漉米籔也"，通过释义知道，"籔"是用来淘米的竹器，但具体的造型、尺寸大小、装饰等则无从了解。"䉛"释义为"饭筥也。受五升。秦谓筥曰䉛。"这样的释义则比"籔"要进一步详细，至少说明了功能、容量（也就是尺度），以及秦时的称谓。但总体上，这几个典籍在竹器的释义上用词非常简洁（表3-7）。

当然，在古代典籍的记载中，也有图文并茂，描述得非常详细的竹器。如元代《王祯农书》中对相关竹制农具的描述，在文字上尽量详细，同时采取图文并茂的方式表现竹器，从而能让人很快了解元代竹制农具的特点。如"（覆壳）一名鹤翅，一名背篷，篾竹编如龟壳，衷以箬箬，覆

表 3-7 《玉篇》等文献中与"饮食"等有关的竹器释文

序号	字形	释文	《说文解字》	《玉篇》	《钜宋广韵》
1	籔	漉米籔也	√	√	√
2	籢	炊籔也	√	√	√
3	算	蔽也。所以蔽甑底	√	√	√
4	箱	饭筥也。受五升。秦谓筥曰箱	√	√	√
5	筲	陈留谓饭帚曰筲。一曰，饭器容五升。一曰，宋、魏谓箸筒为筲	√	√	√
6	筥	筲也	√	√	√
7	笥	饭及衣之器也	√	√	√
8	箸	饭攲也	√	√	√
9	簠	黍稷方器也	√	√	√
10	簋	黍稷圆器也	√	√	√
11	筜	篅也	√	√	√
12	篅	以判竹圆以盛谷也	√	√	√
13	簝	宗庙盛肉竹器也	√	√	√
14	箕	簸也。从竹；甘，象形；下其丌也。凡箕之属皆从箕	√	√	√
15	簸	扬米去糠也	√	√	√
16	筲	饭帚也		√	√
17	箷	盛饭器也		√	√
18	䈰	盛饭器也		√	
19	箵	同"籢"		√	
20	篓	同"籢"		√	
21	筟	渌米具		√	√
22	筌	关也，山谷遮兽也。又饭器也		√	
23	筯	匙筯与箸同		√	√
24	篘	酒笼		√	√
25	篗	破篗为圆		√	√

于人背，绳系肩下，耘薅之际，以御畏日，兼做雨具。下有卷口，可通风气。又分雨溜适当盛暑，田夫得此，以免曝烈之苦，亦一壶千金之比也"❶，并配图。经过对比，配图和近现代留存的覆壳造型、结构几乎一致（图3-18）。

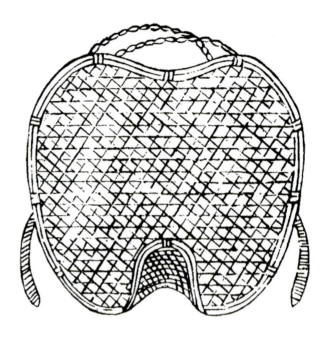

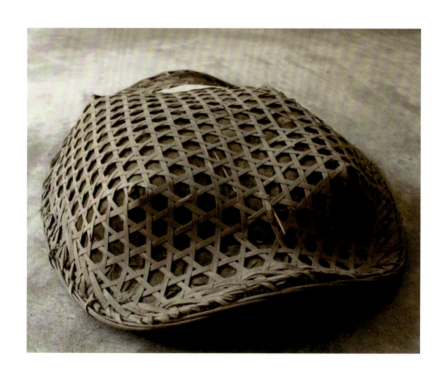

图3-18
《王祯农书》中覆壳与近代覆壳实物

---

❶ 王祯.王祯农书[M].杭州：浙江人民美术出版社，2015：357.

2.详细表达中的词义解读困难

在古代典籍中,偶见详细的说明和表达。在详细的表达中,常会出现一些中国古代使用的单字、词汇,代表特定的含义,在字义的解读上会存在一定的难度。

如唐陆羽《茶经》对唐代茶具的说明中,采用了较多的文字描述不同的茶具,共计十余种。对漉水囊、具列、都篮等的描述如下:

漉水囊:"漉水囊若常用者,其格以生铜铸之,以备水湿,无有苔秽腥涩。意以熟铜苔秽、铁腥涩也。林栖谷隐者或用之竹木,木与竹非持久涉远之具,故用之生铜。其囊织青竹以卷之,裁碧缣以缝之,细翠钿以缀之,又作绿油囊以贮之,圆径五寸,柄一寸五分。"

具列:"具列或作床,或作架,或纯木纯竹而制之,或木或竹,黄黑可扃而漆者,长三尺,阔二尺,高六寸,具列者悉敛诸器物,悉以陈列也。"

都篮:"都篮以悉设诸器而名之。以竹篾内作三角方眼,外以双篾阔者经之,以单篾纤者缚之,递压双经作方眼,使玲珑。高一尺五寸,底阔一尺,高二寸,长二尺四寸,阔二尺。"

"裁碧缣以缝之,细翠钿以缀之"的描述需要对唐代的"缣""钿"等有一定的了解才能更好地解读;"黄黑可扃而漆者"需要对唐代的漆绘工艺等有一定的了解才能更好地解读;"以竹篾内作三角方眼,外以双篾阔者经之,以单篾纤者缚之,递压双经作方眼,使玲珑"这样的描述需要对竹编工艺有很好的了解才能更好地解读。

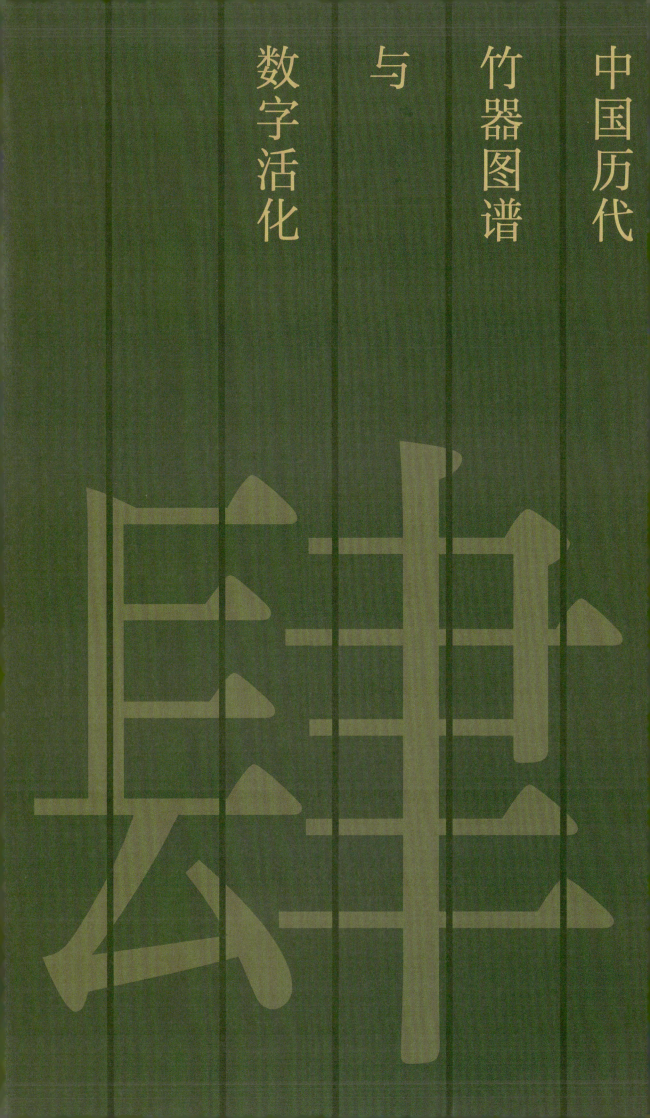

中国历代竹器图谱与数字活化

肆

2000BC
浙江毗山遗址大型竹围堰

第五章
史前竹器图谱及数字复原

第二节
尖山湾遗址出土竹簸箕的数字复原

1. 浙江尖山湾遗址概况

尖山湾遗址新石器时代晚期的村落遗址，位于浙江省诸暨市陈宅镇沙塔村南侧的山湾坡地。2000年曾进行小范围试掘，2005年浙江省文物考古研究所对之进行抢救性发掘。文化层厚2～4m，分6个文化层，第一、二层为近现代堆积；第三层为宋代堆积层；第四、五、六层是遗址的主体堆积，形成于新石器时代晚期，平均厚度约1.5m。出土较完整器皿100多件。

出土的竹器主要在第五、六文化层。在第五文化层，黏软的多层次的青灰、灰黑色泥土层，发掘区中部有一个锅底形的大坑。出土有木桨，短柄木耜形器、陀螺、棒槌形器等木器，和竹篮、筐之类的编织物，以及器表带铅光的黑皮陶器。第六文化层，青灰色沙土和淤泥混杂堆积层，向中部倾斜，出土木质遗物、竹编织物。

尖山湾出土的竹编器物，展示了在4000—5000年前后，绍兴一带的先民已经掌握十字编和人字编的不同竹编方法。虽然没有看到更多的实物，但是可以推断，此时的先民不但使用竹编器物，圆竹的使用也一定非常常见。显示出竹制品不断丰富的过程。

第四章 中国竹器谱系构建的数字活化路径

第一节 竹器数字化复原技术路径
第二节 竹器的实物复原模式
第三节 竹器的图像复原模式
第四节 竹器的文字复原模式

第一节
竹器数字化复原技术路径

1. 竹器数字化复原技术路径分析

根据历代竹器的实际情况，对历代各类竹器谱系的数字化复原与构建至少需要开展"统计整理、特征分析、数字活化"三个阶段的工作，才能更好地复原、建立相对完整的竹器谱系。具体的竹器数字化复原技术路径如图4-1所示，是一个分阶段且系统的工作过程。

第一阶段是原始材料的收集整理，主要是从历代竹器的三大来源资料开展，即绘画图像资料、考古实物资料和文献资料，通过多种渠道，尽可能多地系统化收集、整理各历史时期的竹器。

第二阶段是基于历代相关竹器资料的前期整理，对历代竹器的形态特征展开分析，主要是从竹器的造型、尺度、色彩、材质肌理、结构工艺、文化内涵、审美特征等方面展开深入细致的研究。通过造型特征分析、造型补全研究和形态比例分析与校证等系统研究，掌握历代竹器的基本造型特征；通过对历代竹器尺寸、造型几何关系和人体工学的研究，系统了解

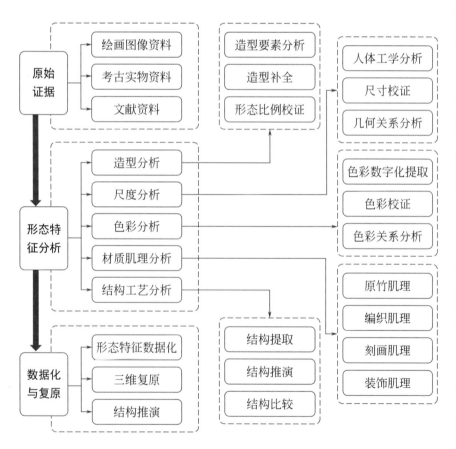

图4-1
竹器数字化复原技术路径图

历代竹器的尺度特征；通过对历代竹器色彩的校证与提取、色彩的数字化转换和色彩关系的分析，系统掌握历代竹器的色彩特征；通过对历代竹器的材料肌理、编织肌理、刻画肌理和装饰肌理的研究，系统掌握历代竹器的肌理特征；通过对传统竹器结构的提取、推演和比较，系统掌握历代竹器的结构工艺。

第三阶段，也是构建历代竹器谱系最重要的阶段，就是在前面两个阶段的基础上，一方面采用形态特征数据化、三维数字复原和结构推演等手段，对历代缺失的竹器进行补缺，让一部分缺失的传统竹器能重现；另一方面对历代竹器进行数字化构建，通过数字化手段，研究推断出历代竹器的主要尺寸、几何关系、比例关系、体积与重量数据、结构关系、人体工学数据、使用方式特点等，得出可以借鉴参考的数据化特征，让传统竹器能够借助现代数字技术保存、传承与利用。

与竹器的数字化复原相平行的是对历代竹器的文化内涵和审美价值观念的研究，对历代竹器物设计文化的研究，这有助于更好地研究分析中国竹器的设计思想和审美观念的变化、传承，也能为传统竹器在新的历史条件下更好地创新发展提供良好的基础和借鉴。

2.缺失竹器三种数字化重构模式

历代竹器因其材料特性而无法长期保存，历史越是久远的，保存的可能性越小，出土发掘越早的，留存的可能性越小，以至于浙江钱山漾遗址等史前时期的遗址、河南孙砦遗址等商周遗址出土的竹器均未能保存下来，留下了大段的研究空白。所幸的是在一些遗址的发掘中，竹器出土时被拍照保存，即使是黑白照片也有效地保留了遗址中出土竹器的形制和基本特点，因而可以通过现代数字技术进行重构和复原。

针对历代竹器三大来源情况的不同，历代竹器的缺失也有三种不同情况，因而缺失竹器的数字化重构也可以有三种不同的模式：

第一种是针对出土而未能保存，但有照片资料或考古发掘报告等文字资料的竹器，进行综合复原，可以称之为"实物复原模式"；

第二种是没有实物，只是以绘画等图像形式留存下来的竹器，而且绘制不全或因损坏而不全。这一类因为有图像画面和其他元素作为参照物，还可以根据各类参照物进行推理复原，可以称之为"图像复原模式"；

第三种就是既没有实物资料，也没有图像资料，仅有文字记载和描述的竹器，这一类竹器复原构建的难度很大，需要多方考证和验证，才能开展数字复原工作，可以称之为"文字复原模式"。

第二节
竹器的实物复原模式

竹器的实物复原模式主要应用于汉代及以前的出土竹器。这一类出土竹器由于历史久远而残缺不全。

1. 出土竹器实物的选择

出土竹器实物的选择，需要有一定的标准。这个标准基于竹器实物，包括其基本造型特征的可观测性和考古发掘报告中关键尺寸相关数据的记录。如果没有关键尺寸的相关数据或造型的主体特征无法辨认，那么对这样的出土竹器实物也很难进行复原。因此，在出土竹器实物的选择中，首先要选择那些一是有基本的主体特征，二要有基本的尺寸特征的竹器，有了这二合一的基础才能够开展后期的竹器复原与推算。

如20世纪50年代，在河南信阳发现的孙砦遗址出土了很多竹制渔具。因孙砦遗址挖掘的时间为1959年前后，受当时摄影技术的限制，拍摄的图片清晰度有限。此类出土竹器的数量为24个，数量很大。器型也不尽相同，有扁圆形、长方形和圆形等。查阅孙砦遗址相关考古发掘报告及相关资料后，发现孙砦遗址出土的竹器因为技术问题没有保存下来，同样也是因为技术问题，拍摄的照片不是很清晰，很难辨认出竹器的造型特征，给竹器的复原工作带来很大的困难（图4-2）。

图4-2
密纬疏经十字纹竹篓（篮）

2.出土竹器基础数据的收集与分析

好在考古人员在拍摄照片后,很细心地绘制了现场出土竹器残件的平面图和竹编样式,并且记录了竹器残件的详细尺寸,这为这批竹器实物的复原提供了宝贵的材料和参考。如图4-3所示的长形竹篓(篮),竹器整体呈长方形,口大底小,两边及底,周边凸起成脊,中间成凹形,底近长方形。竹篓(篮)高17cm,口部长35cm、宽12cm,底部长16cm、宽6cm。

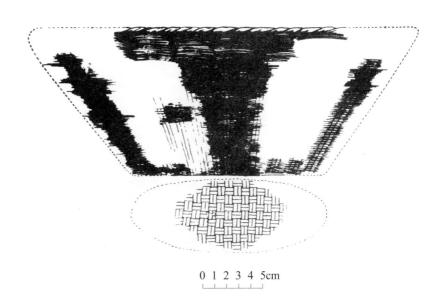

图4-3
长形竹篓(篮)

如图4-4所示的圆形竹篓（篮），残高20cm、直径34cm，底部竹编呈圆形。根据河南省文物研究所绘制的图稿，可以看出竹篓（篮）呈腰大收口的造型。

经过对相关考古资料的统计和分析，可以得到孙砦遗址出土竹器的基本数据。虽然在考古发掘报告中，每一个竹器的基本数据不见得完整，或者仅剩下个别的可观测的特征数据，但结合某一遗址中所有出土竹器的情况，仍能够进行系统的、综合的分析和整合，达到对相关出土竹器基础数据的一个总体的掌握，为后期的竹器复原提供有力的支撑（表4-1）。

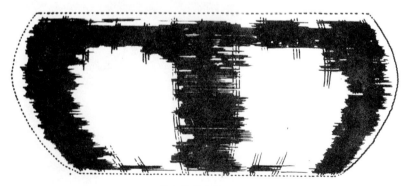

图4-4
圆形竹篓（篮）

表 4-1 信阳孙砦遗址出土的西周竹器统计表

序号	名称		数量	性状特点
1	竹篓（篮）	扁圆形	3	口长17cm、20cm、50cm不等
		长方形	2	高17cm、口长35cm；残高13.5cm、口宽8.5cm
		圆形	2	残长29cm；残高20cm、径34cm
		残存底部	4	和常见的竹篮底相似，大小8.5～27cm不等
		其他	13	—
2	竹鱼罩	梯形	1	单经多纬长方孔，梯形格孔，上口颇小，直径13cm，下口宽大，直径101cm，高120cm
		若簸箕状	2	残长29cm、宽46cm；残高70cm
		圆锥形	1	上端作尖状，单经二纬或三纬编织成梯形孔纹网格。残长5.3cm，宽3.9cm
		近三角形	1	单经双纬，长方形孔较大。残长49cm，最宽处33cm
		其他	2	—
3	单经单纬十字纹竹器		8	竹黄编织，器型不明，功能不详
4	六角形网眼竹器		7	出土均是碎片，器型大小不一。残长59cm，宽20cm；六角形网眼长、宽约4～4.5cm
5	单经单纬人字形竹器		7	编织方法与今竹席一样，出土样本与当地储粮用的席圈相似，也有样本似圆形筐类器
6	多经多纬人字形竹器		4	器型较小，以圆形、圆筒状为主，底径10cm、14cm、20cm不等，残高最大75cm，最小4.5cm，功能不详
7	密经少（无）纬纹竹器		4	器型不明，功能不详
8	竹圈		5	环形器座，粗细1cm、直径10.5～28cm不等
9	簸箕		1	残长23cm、柄长13cm、柄径3cm，前端最宽处约10cm
10	圆筒状竹器		1	形体较小，器型不明，直径8层面
11	其他		12	—
	合计		79	—

3.造型补齐分析推演

通过这样的实物基础和数据基础,可以从相关竹编的造型可能性、竹器的基本形制、竹编编法等开展推演。首先是根据现有基础,开展器物各视图平面特征的复原工作、竹编残缺部分的复原推理。如图4-5所示,根据孙砦遗址长形竹器残件的特点,复原其完整面貌。

根据相关考古发掘报告等基础材料,会得到竹器在出土时的基本情况,或者说竹器残件的基本情况,部分发掘报告标有比例尺,能够让人很准确地知道该竹器或残件出土时的尺寸数据。通过相关的尺寸比例和主要特征数据,可以推算出该竹器整体的长宽高三维尺度以及相关的细部尺度。通过对竹器常见的造型特征、结构特征和数据特征的系统分析,可以一步一步地推导出该竹器的总体形制和数据特征,从而为该竹器的造型补齐奠定基础。

图4-5
长形竹篓(篮)的造型补齐分析

接着根据基本尺寸推算出竹器的三维形态，通过三维软件绘制出竹器的实体模型。实体模型的尺寸严格按照竹器的基准尺寸来推算，在保证竹器尺寸精准的同时，还可以推算出竹器细节的尺寸，如竹编的粗细、筐口用竹的大小等，另外通过精确的三维模型，还可以推算出竹器的容积、容量等数据。

4. 竹器数字化复原与推演

在推算出竹器的三维实体模型后，还可以根据竹器的造型基准，开展竹器造型演变可能性的推测，如对该竹器实现残件复原后，还可以推演出该竹器底盘是正圆形时的器物造型式样。最终形成翔实的、具有基本数据特征的数字化孙砦遗址竹器（图4-6）。

复原后的孙砦遗址竹器能更清晰地反映出西周时期竹器的形态特点、器物形制、基本数据等，既能直观地反映孙砦遗址的竹器，还能掌握孙砦遗址竹器的主要特征数据，便于进行数字化保存和利用（图4-7）。

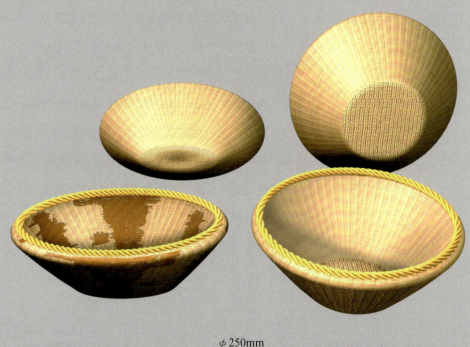

图4-6
信阳孙砦遗址长形和正圆形竹篓复原与推演

φ250mm

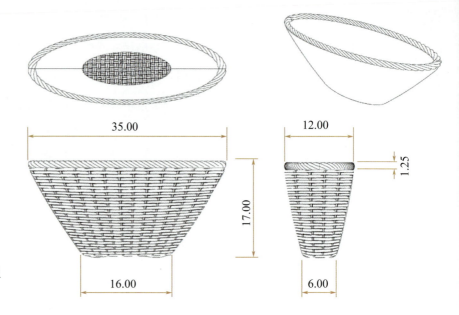

图 4-7
长形竹器的三视图与主要尺寸图（单位：cm）

5. 实物竹器的复原路径

通过前面的分析，可以得到一个实物竹器复原的基本技术路径。这可以使用"五步法"来界定。

第一步先找到适合进行复原的出土实物样本，开展样本的真实性验证（图4-8）。

第二步是对一个实物竹器样本进行基本形态判断，造型基本特征分析，基础数据收集和分析。

第三步是基于前期的判断，形成完整的出土竹器的形态特征总体数据，这个数据将为后期的数字化复原提供基础。

第四步是造型补齐与分析推演。在实物竹器的复原路径中，根据出土实物竹器的主要特征和核心数据来推算和补齐竹器的造型是整个复原路径中最为关键的环节，因为实物竹器往往存在变形和残缺的情况。不论是变形还是残缺，都是需要对出土的实物竹器进行造型补齐和复原推演，只有完整地、准确地做好实物竹器的造型补齐，才能够更好地开展第五步的工作。

第五步是开展竹器数字化复原与推演，反过来又可以得到竹器的整体数据并进行验证，从而得出竹器的三视图等。

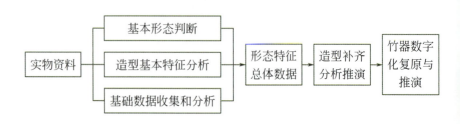

图 4-8
实物竹器的复原路径

第三节
竹器的图像复原模式

图像复原是依据遗存的图像资料，开展竹器的复原。对于传统竹器的图像研究，不同于现代西方艺术研究中的"图像学"研究方法，更像是一种基于传统绘画或壁画等图像资料的数据分析，根据基本数据推导出竹器的形象，特别是基本造型特征，进而引入适合的参照系推导出竹器的尺寸、比例关系、几何关系等数据。有了相对准确的尺寸数据后，竹器的复原工作就可以进行了。可以参照实物复原模式开展，因为有竹器图像资料的比对，竹器的复原难度要小一点，复原后的成像也有更好的参照。

1. 参照系的选择与误差控制

因中国传统绘画强调写意，对写实的要求没有那么严格，导致传统绘画中会有比例失调的情况。不过即使在这种情况下，也可以从传统绘画的图像中找到可以可参照的对象，作为推导竹器尺寸的参照物。常见的参照物有人物、动物、家具、乐器、书本和毛笔，较大型的还有房屋、船只、树木等，均可以作为参照系，进行竹器尺寸的推演。如图4-9所示的元代

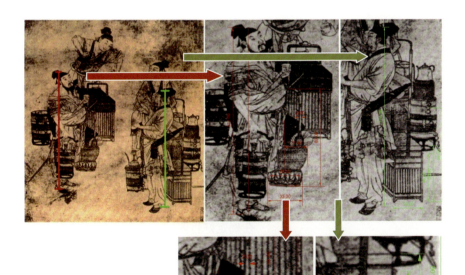

图4-9
元代赵孟頫《斗茶图》
中竹篮尺寸分析图
（单位：cm）

赵孟頫《斗茶图》中只有人物和竹器，以及部分陶瓷茶具。这种情况下可以选择人物作为竹器的尺寸参照系。根据成年男子的身高推算出竹器的总高度和总宽度，从而能够推导出更多的竹器尺寸数据。一般情况下，使用较大尺寸的参照系能够保证更准确的竹器尺寸。

如男子身高 $H_{男}$=170cm，则推算出两个竹篮高度 $H_{篮}$=89cm；

如 $H_{男}$=165cm，则 $H_{篮}$=86.4cm；

如 $H_{男}$=175cm，则 $H_{篮}$=91.6cm；

±2.6/89×100%≈±2.9%。

则竹竿的直径在2cm的情况下，按2.9%的误差率计算，误差不会超过0.058cm。这样的误差，在传统竹器的生产中是常有的，也是可以接受的。可以看出，参照系尺寸越大，尺寸核算产生的误差则越小。如果将竹器尺寸误差控制在5%以内，则尺寸误差也可以忽略不计。

2.竹器尺寸的确定

一旦参照系选择好后，竹器的长、宽、高等主要尺寸就基本能确定。在确定竹器的大致尺寸后需要有一个验证反馈的环节，以保证推算出的尺寸和常见的同类竹器尺寸一致，而不脱离常识性的竹器尺寸。一旦有悖于常规尺寸，则需要通过不同的参照系反复测算、验证竹器的尺寸是否准确。

竹器的三维尺寸一旦确定，再通过三个维度的尺寸推算竹器各构件的尺寸则相对容易，按照图像上的比例进行测算即可。同样，得出具体的竹器部件尺寸后，也需要进行常识性的验证。如一个竹椅的腿部竹竿直径大于10cm或小于4cm，都是需要进一步验证的，因为这样的尺寸超出了常规竹椅的用竹直径，或者太小的竹竿直径根本无法支撑起竹椅。

3.竹器结构和工艺的确定

在确定好竹器的主要尺寸和细部尺寸后，就需要对竹器的基本结构和工艺进行推演，如赵孟頫《斗茶图》中的竹篮，一个是圆形的篮体，一个是方形的篮体，均采用很高的提梁结构。圆形竹篮主体下有类似于明式家具中"托泥"的结构，采用小圆形竹篾围合而成。方形竹篮则明显带有"盖"。这样就意味着这个带盖的方形竹篮可以打开，里面有内部容纳结构，像盒子一样。虽然不能通过画面直接了解到竹篮的工艺结构情况，但通过对该时期竹制品加工工艺的了解和对画面呈现的基本情况的分析，可以基本推断出竹器的工艺与结构情况。

4.数字化复原及结构推演展示

通过上述一系列数据和造型结构特征的分析，已经具备实现三维数字复原的条件，进而可以开展三维数字复原工作，让二维的竹器图像转化为三维的、带有数据特征的实体竹器。在复原过程中，还可以推算出诸如连接方式、"托泥"上竹篾圈的数量、圈口捆绑线的数列分布和装饰效果等（图4-10）。

图4-10
元代赵孟頫《斗茶图》中竹篮复原图

图 4-11
元代赵孟頫《斗茶图》中竹篮结构推演

三维数字复原后的竹器，可以按照部件进行结构的连接、开合推演。如方形竹篮的篮盖可以打开，根据该时期常见的竹篮工艺和结构处理，可以推测出其内部结构，从而获得较完整的竹篮数据（图4-11）。

如图4-12所示，基于三维复原的实现，相应的竹器尺寸图、部件的基本数据特征等可以完全推算出来，得到准确的三视图等图纸，以及竹篮的体积、容量等数据。根据相关软件的测算，赵孟頫《斗茶图》中的提梁圆竹篮总高92cm，竹篮最大直径42cm，口径29.8cm，其体积：

$$V_{圆竹篮}=23766.9995 cm^3 \approx 23.8L$$

根据 $\rho_{竹炭}=0.8 \sim 1.32 g/cm^3$，$\rho_{木炭}=1.3 \sim 1.4 g/cm^3$，可以测算出承装的竹炭或木炭的重量：

$$m_{竹炭}=0.8 \sim 1.32 g/cm^3 \times 23767.0 cm^3 = 19013.6 \sim 31372.44 g \approx 19 \sim 31 kg$$
$$m_{木炭}=1.3 \sim 1.4 g/cm^3 \times 23767.0 cm^3 = 30897.1 \sim 33273.8 g \approx 31 \sim 33 kg$$

根据测算的结果，可以看出这样的竹篮是一个容量较大、盛重较大的竹篮，即使考虑竹篮的承载量达到80%，使用的是竹炭，竹篮最终的载重也在16～24kg。显然，一次斗茶不需要携带这么多的竹炭，因此这样的一个竹篮应该起类似于"都篮"的作用，承装了斗茶用的茶具、茶叶等除煮茶火炉、水壶之外的其他器物。这样的一个竹篮是斗茶的百宝箱。

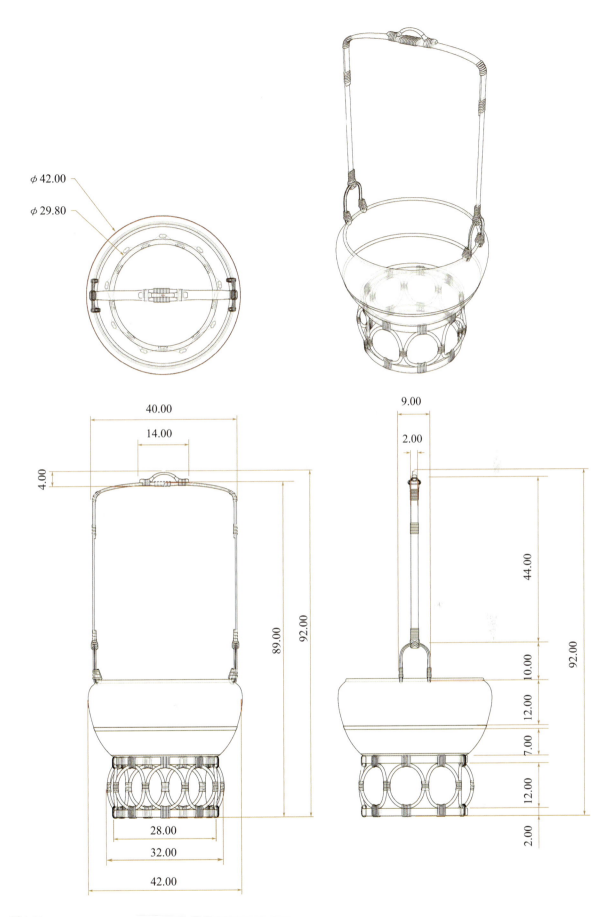

图 4-12
元代赵孟頫《斗茶图》中提梁圆竹篮三视图（单位：cm）

5. 图像竹器的复原路径

图像竹器的复原路径同样可采用五步法。首先是选择能够复原、符合复原前期基础要求的图像资料，在证实该图像资料来源的真实性以后，开展第二步工作，分析其造型的基本特征，校正基础数据。

在图像竹器的复原路径中，数据的校正十分重要。图像数据的校正不同于实物竹器数据的校正。对于实物竹器，在考古发掘的现场就能够直观地观测到实物竹器的造型特征、基本尺寸等相关的核心数据。但在图像竹器的复原中，首先需要根据画面中的整体情况进行图像造型特征的变形校正。这一校正环节，既需要做竹器中各个部件之间尺寸关系的校正，也需要利用不同的参照系来反复测算和校正竹器的整体尺寸。

在基础数据校正测算的基础上，开展形态特征总体数据分析，在分析数据的基础上完成造型补齐的分析推演。经过前面四个阶段，最终利用现代软件开展竹器的数字化复原。复原过程能实现最终数据的精确化，可以利用软件开展竹器体积、重量、结构特征、使用功能等方面的推演（图4-13）。

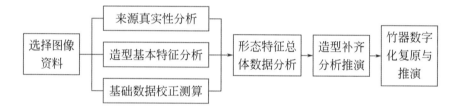

图4-13
图像竹器的复原路径

第四节
竹器的文字复原模式

文字资料记载的竹器，相对于竹器实物和竹器图像，更加抽象，增加了这一类竹器复原的难度。

1. 文献资料的选择

这一类竹器大部分由于文字描述得不详尽，无法构建起复原竹器的基本条件，因而也只能放弃。如《说文解字》记载的115种竹器，因为年代久远，记载文字极少，不具备复原的条件，同样南朝梁《玉篇》中记载的260余种竹器，大部分也是因为记载文字极少，不能复原。但在不同的历史时期，仍然有一部分文字记载的竹器，可以通过各种佐证材料，进行推测性的复原。

如唐陆羽《茶经》（图4-14）中记载：

"芘莉，一曰籝子，一曰篣筤。以二小竹长三尺，躯二尺五寸，柄五寸，以篾织方眼，如圃人土罗，阔二尺，以列茶也。"

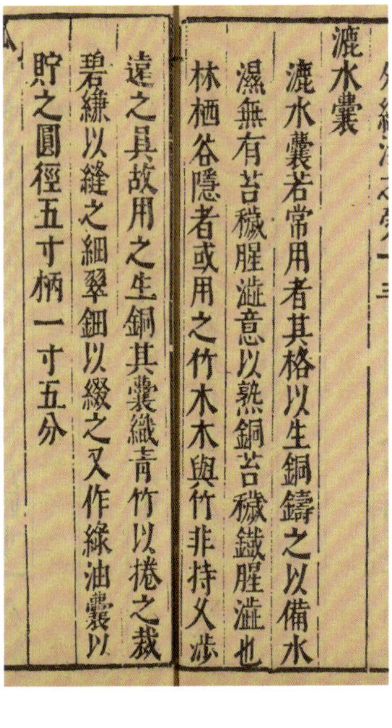

"漉水囊，漉水囊若常用者，其格以生铜铸之，以备水湿，无有苔秽腥涩。意以熟铜苔秽、铁腥涩也。林栖谷隐者或用之竹木，木与竹非持久

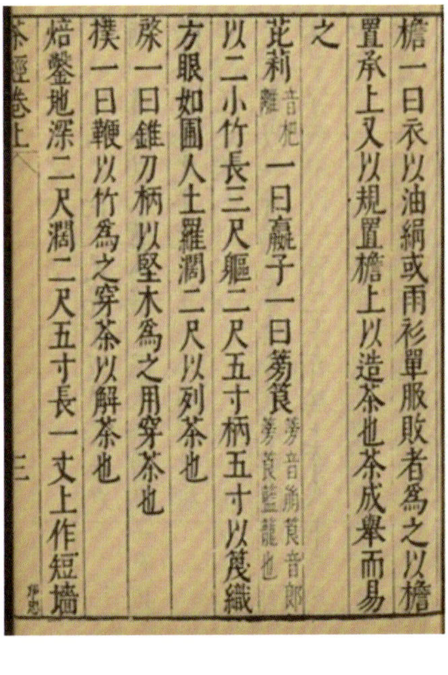

图4-14
《茶经》中关于芘莉和漉水囊的描述

涉远之具，故用之生铜。其囊织青竹以卷之，裁碧缣以缝之，纽翠钿以缀之，又作绿油囊以贮之，圆径五寸，柄一寸五分。"

2.竹器基本特征和尺寸的确定

在以文字为记载的竹器的基本特征描述，特别是竹器相关尺寸的描述中，不同文献记载的情况不一样，主要有以下几类：

第一类是精确描述。对竹器的尺寸有精确的描述，是以传统的长度单位尺和寸来进行描述的，如唐代陆羽《茶经》中对于相关的竹器就是以几尺几寸来说明的。这一种描述记载清晰准确，为后期竹器的复原提供了准确的数据资料。

第二类是关联描述。没有具体地描述竹器的尺寸，但给出了竹器的容量、面积等参数，如在元代《王祯农书》中，对于元代竹"筥"的记录，就用了"容五升"这样一种描述，再加上"口方形"的描述，通过五升的容量以及书中的相关造型特征描述，就可以推算该竹器的基本尺寸数据。由此可见通过容量来反推也是一个办法。

第三类参照描述。没有明确的尺寸和尺度的描述，但是有一个形容，如对于有些竹器，形容其"大面盘""一人长"。以竹器整体的体量和人或常见事物的比例作为参照物，也能大略推导出竹器的基本特征。

由此竹器尺寸的确定，基本上在文字描述中有三个主要的方面。但中国传统计量单位中的长度单位在不同历史时期的尺度是不一样的。中国传统的长度单位是"分""寸""尺""丈"等。以尺为例，在不同历史时期"尺"的长度不一致，历代"尺"的长度如表4-2所示。

表4-2 不同历史时期"尺"的长度

时期	一尺的长度	时期	一尺的长度
商代	16.95cm[1]	北魏	30.9cm
周代	23.1cm	隋	29.6cm
秦	约23.1cm	唐	30.7cm
汉	约21.35～23.75cm	宋元	31.68cm
三国	24.2cm	明清	32cm
南朝	约25.8cm		

---

[1] 按这一尺度，人高约一丈左右，故有"丈夫"之称。

《茶经》中记载得比较详细，主要尺寸也罗列了出来，这为竹器的复原提供了更好的基础。如"芘莉"的尺寸数据十分明确，竹编的形式也给出了——"篾织方眼"，功能也给出了——"以列茶也"。

首先是尺寸的测算与确定。

唐代《茶经》中记载"芘莉"的尺寸换算成现代长度单位应该是：

$$L_{芘莉}=3×30.7cm=92.1cm$$

其中$L_{芘莉柄}=0.5×30.7cm=15.35cm$，$L_{芘莉器身}=2.5×30.7cm=76.75cm$

$$W_{芘莉}=2×30.7cm=61.4cm$$

原文中有"小竹"的描述，因此可以推测出"芘莉"所使用的竹子直径应该较小。结合总长和宽的尺寸，该"小竹"直径应该在1～2cm更为妥当，既方便饮茶时移动，也符合江南小竹的特点。

由"篾织方眼"可以推导出竹编采用的是传统的"十字编"，或是"十字编"的变形，如"双十字编""菱形编"等，但由于编孔不定，会有编孔的"疏密"之分。

3.数字化复原与推演

分析基础数据后，尝试对"芘莉"进行复原。但"方孔"疏密不确定，可以有一定的变化余地，不过总体上"芘莉"的造型特征可以被推算出（图4-15）。

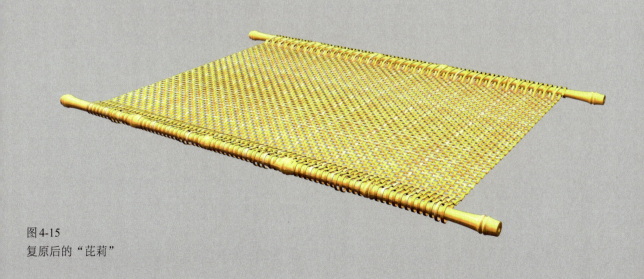

图4-15
复原后的"芘莉"

图 4-16
复原后的"漉水囊"

同样,"漉水囊"也可以使用这个路径开展推演,在字里行间找到其造型特征的基础数据,并展开复原。"囊织青竹以卷之,裁碧缣以缝之,纽翠钿以缀之,又作绿油囊以贮之,圆径五寸,柄一寸五分",可以得到"漉水囊"的主体特征,且"囊"是使用青竹编织而成,拿"缣"布缝合,并且使用"翠钿"做点缀装饰。其最大口径尺寸:

$$\phi_{漉水囊最大口径} = 0.5 \times 30.7 \text{cm} = 15.35 \text{cm}$$

因唐代10寸为一尺,从而可以推算出"漉水囊"柄长:

$$L_{柄} = 0.15 \times 30.7 \text{cm} = 4.605 \text{cm}$$

结合主要尺寸和造型主要特征,可以大概推算出"漉水囊"的三维特征,从而可以实现"漉水囊"的数字化复原。当然,对"漉水囊"的复原带有一定的猜测性,至于"碧缣"的"碧"色到底是怎样的"绿色",存在不确定性,"翠钿"的"翠"色也同样存在一定的变化。不过总体而言,可以大体推导出"漉水囊"的基本特征,实现数字化复原(图4-16)。

在对竹器进行主要造型特征和主体主要数据特征的分析确认后,得到了相应竹器的三维实体模型,从而可以开展效果图的制作,再结合相应的"螺钿"工艺和"布艺"缝补工艺,可以得到一个完整的呈现。在数字化复原的基础上,可以反推出竹器的相关细节尺寸,完成三视图的制作,同时也能够通过软件测算出竹器的容量和容积,进而对竹器的整体情况有一个具体的掌握(图4-17)。"漉水囊"体积如下:

$$V_{漉水囊} = 522.11535 \text{cm}^3$$

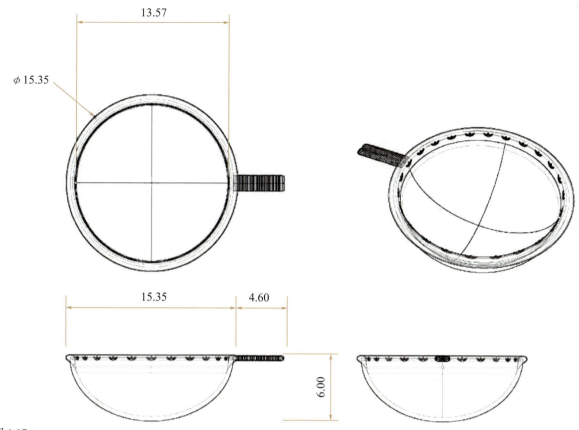

图 4-17
"漉水囊"的三视图及主要尺寸数据(单位:cm)

4. 文献竹器的复原路径

如图 4-18 所示,文献竹器的复原路径同实物竹器的复原、图像竹器的复原基本一致,也可以分为五个阶段,从对文献资料真实性的验证,文献资料所记载的造型基本特征的分析和基础数据的分析转化,到形态特征总体数据的获得,进而到第四阶段造型补齐的分析推演,基本上都是和前面两种路径类似。但对于文献资料来说,更重要的是早期对于文献资料中所描述的造型基本特征及主要的关键数据的描述,如果这类数据缺失,那后期的工作就无法开展。

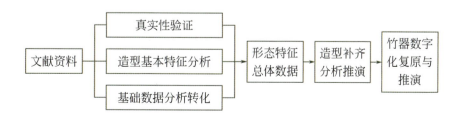

图 4-18
文献竹器的复原路径

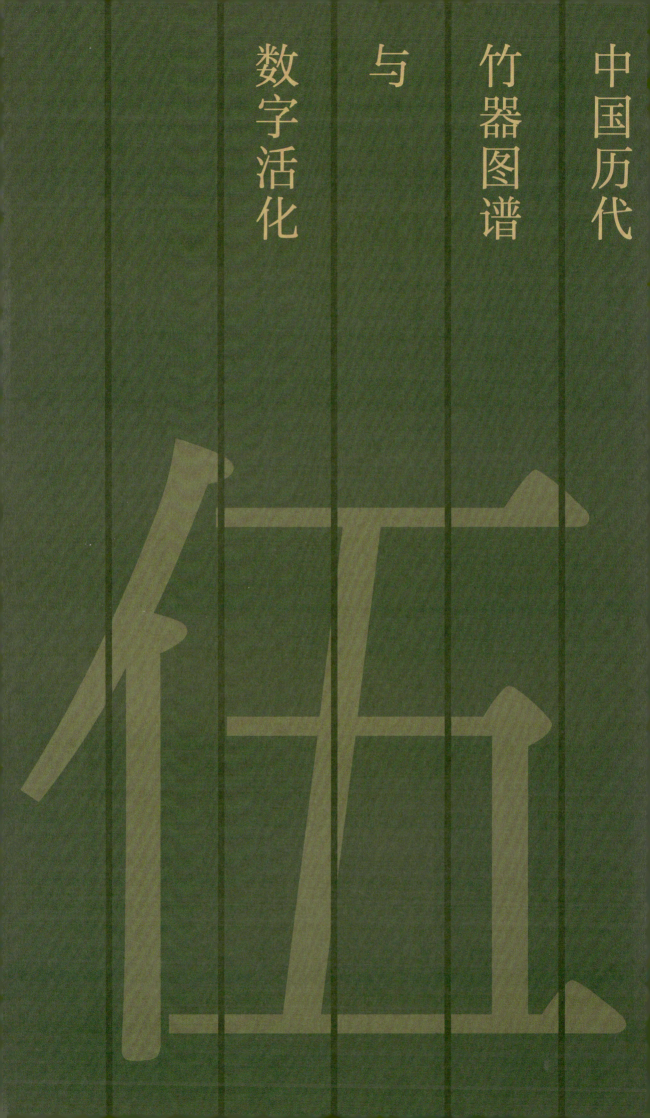

中国历代竹器图谱与数字活化

伍

第五章 史前竹器图谱及数字复原

第一节 史前竹器图谱

第二节 尖山湾遗址出土竹簸箕的数字复原

第一节
史前竹器图谱

5000BC
湖南高庙遗址出土的竹篾垫子
（位于人体骨架下，呈经纬状分布，中间有规则排列的方孔，方孔边长约0.8cm）

5000BC
浙江田螺山遗址出土的竹席和竹竿

4000BC
陕西半坡遗址出土的带竹席纹的陶片

3000BC
浙江钱山漾遗址出土的200余件竹器

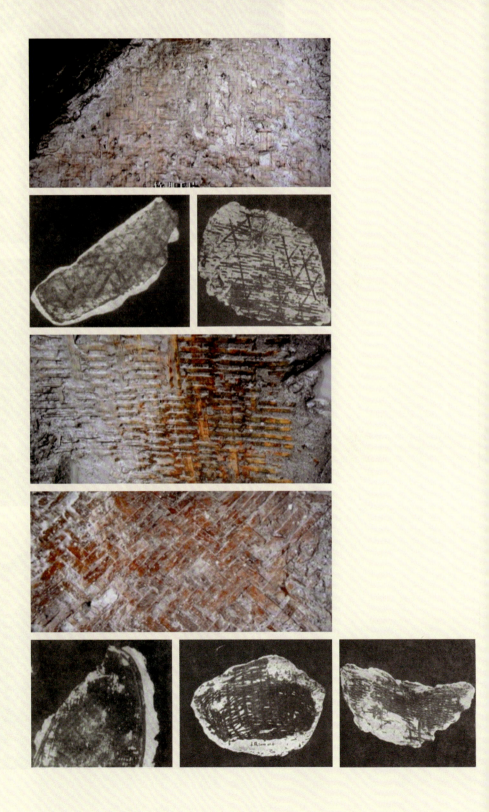

第五章
史前竹器图谱及数字复原

3000BC
浙江尖山湾遗址出土的竹篓、竹筐、竹簸箕及竹编残件

5.尖山湾遗址竹簸箕复原与效果

基于造型分析,复原尖山湾遗址的竹簸箕整体效果及细节如图5-9、图5-10所示。

图5-9
竹簸箕复原图

φ350mm

图5-10
竹簸箕复原后细节

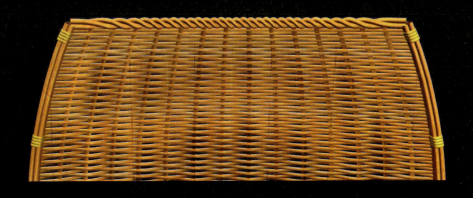

中国历代竹器图谱与数字活化

陆

第六章 商代竹器图谱及数字复原

第一节 商代典型竹器图谱

第二节 神墩商代遗址大圆竹筐的数字复原

第三节 大冶铜绿山古铜矿遗址商代竹器的数字复原

第一节
商代典型竹器图谱

1600BC—1046BC
江西铜岭铜矿遗址出土的商代竹篓

湖北大冶铜绿山古铜矿遗址出土的商代竹器

江西神墩遗址出土的商代圆竹筐

第六章
商代竹器图谱及数字复原

第二节
神墩商代遗址
大圆竹筐的
数字复原

1. 江西神墩遗址及商代大圆竹筐

神墩遗址坐落在九江新合乡境内。江西省文物工作队于1984年和1985年秋冬季节,组织了两次抢救性发掘,揭露面积共计900m²,出土各种文化遗物和可复原器物400余件。两次发掘资料显示,神墩遗址包含有新石器时代晚期和青铜时代商、周等时期的地层堆积和文化遗物。在江西九江的神墩商代遗址中出土了圆竹筐1个,在圆竹筐下面垫有竹席。"圆竹筐残片五块,竹筐上部保存较好,出土时围圈清晰。竹席有宽、细两种残片……上覆盖两层竹席,细席在下,粗席在上,竹席上再置比井底略小的圆竹筐,筐内压石块。该井出土的高袋足分裆鬲和85J₂出的鬲造型有所不同,它的裆部离足跟较高,分裆处稍瘪,这应是商末周初的作风。碳-14测定,年代为距今(3120±80)年。"❶经过考古人员的复原,该圆竹筐的形态得以留存。圆竹筐无耳,采用挖坑后架木棍、竹席等放置,显然是有意为之,从而可以看出这一圆竹筐更像是祭祀或放置物品用的生活器具,而不是生产用的。

2. 神墩遗址大圆竹筐造型特征分析

(1) 竹筐的尺寸分析

根据考古发掘报告的记录,"井口东西径3.30米,南北径3.50米,井深7.95米",可以测算出该竹筐的主要尺寸,根据相关软件测得的数据分析得出(图6-1、图6-2)如下数据。

$$\phi_{竹筐最大直径}=140cm,\ \phi_{竹筐底直径}=90cm$$
$$H_{筐口竹条}=5cm,\ H_{竹筐}=36cm,\ L_{竹席边长}=160cm$$

根据考古报告公布的资料,竹筐呈半球形造型,无论是从直径还是高度等数据看,都是商代乃至后代出土竹器中尺寸最大的一个。从俯视角度看,竹筐由中心呈放射形向外扩展,使用了28根较宽的竹条作为骨架,但是不是"菊底编"尚不确定,因为出土时已经有所腐烂损坏,但对于如此大型的竹编而言,28根竹条叠加一般都需要采用"菊底编"或"轮口编"等形式(图6-3)。

---

❶ 李家和,刘诗中,曹柯平. 江西九江神墩遗址发掘简报[J]. 江汉考古,1987(4):12-31,98.

图6-1
竹筐俯视图尺寸分析
（单位：cm）

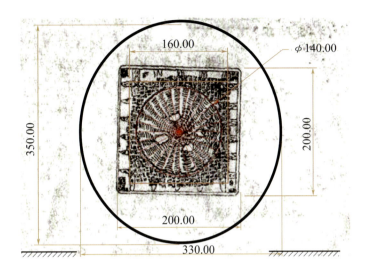

图6-2
竹筐正视图尺寸分析
（单位：cm）

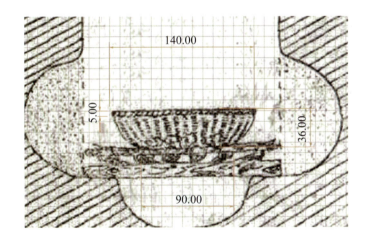

图6-3
菊底编和轮口编

第六章
商代竹器图谱及数字复原

（2）竹筐的功能分析

另外，经过对现有竹筐体积的测算，$V_{竹筐}$=452.40dm³=452.40L。

如果使用竹筐盛装粮食作物如麦子、水稻等，结合商代粮食作物的情况，则承重情况分别如下：

$$452.40dm^3/1000 \times 710kg/m^3 ❶ =321.204kg$$
$$452.40dm^3/1000 \times 561kg/m^3 ❷ \approx 253.796kg$$

如果使用这种大竹筐来盛装麦子、稻谷等农作物，则显然重量很大，搬运很不方便。同时从大竹筐整体高度360mm看，这样的高度显然是盛装容器的高度，不是晾晒竹器的高度，一般的晾晒簸箕都采用平底，高度都不会超过100mm。由此，可以推断出该大竹筐是用来做固定盛装的容器或礼器，或保护水井的过滤器。如果是用来盛装物品，则应该是轻质的物品。棉花的密度是300kg/m³，如果该大竹筐用来盛装棉花，则重量也十分可观：

$$452.40dm^3/1000 \times 300kg/m^3 =135.72kg$$

3.神墩遗址大圆竹筐复原与效果

有了以上基本尺寸数据，该竹器的复原基本数据齐备，可以开展复原。图6-4是复原展示的直径为1410mm的大竹筐，其右下角对比的竹筐则是信阳孙砦西周遗址出土的正常大小的竹筐，直径为250mm。通过对比可以感受到这个商代大竹筐的尺度。

目前在复原的竹筐中没有增加更多的骨架结构，但根据竹筐的尺度，筐底应该需要有一定的宽竹条加强结构，一般是井字形结构。

---

❶ 小麦容重与小麦的等级有关。一级小麦容重为790kg/m³，二级小麦容重为770～789kg/m³，三级小麦容重为750～769kg/m³，四级小麦容重为730～749kg/m³，五级小麦容重为710～729kg/m³，等级之外的小麦容重不超过710kg/m³。

❷ 我国粮食部门将容重作为评价粮食质量的一个重要参数。Mohsenin N.N.给出了含水率在8.6%～9.2%之间稻谷的容重为561～591kg/m³。南京农业大学选用江苏省新洋农场武育粳3号为试验样品，经测定，在9.7%～23.2%的含水率范围内，随着含水率的增加，稻谷的容重逐渐增大，由550.2kg/m³增加到595.2kg/m³，变化幅度8.18%。

图 6-4
竹筐复原效果图

250mm

1410mm

第三节
大冶铜绿山古铜矿遗址商代竹器的数字复原

1. 湖北大冶铜绿山古铜矿遗址概况

　　湖北大冶铜绿山古铜矿遗址位于大冶市城区西南约4km的金湖街道办。该遗址是一座从商代晚期一直延续到汉代开采和冶炼的古铜矿遗址，遗址年代约为公元前12世纪—公元1世纪，总面积约8平方公里，地表积存了约40万吨古代炼铜渣，是一处规模庞大、保存完好、埋藏丰富、延续时间长的古代矿冶基地。遗址内清理出各种采矿井巷数百条，其中生产、生活用具上千件，还有多种形式的炼铜炉，并发现有春秋时期的炼铜炉8座。出土的生产器具包含了大量的竹篓（筐）、竹筅篮、提梁挂篓、竹梯、竹火签等竹器，包括我国最早的竹器生产器物。这些出土的竹器跨越的时间段很长，既有商代的竹器，也有西周时期、春秋战国时期、西汉时期的竹器。

　　根据相关资料，在铜绿山Ⅶ号矿体2号点商代晚期至西周早期采矿遗址中，"30、32、37、38、46、71号竖井和1号平巷均采用了圆木棍夹竹席护壁。在21、10号平巷用成排的竹竿支护。6、11、16、25、43号竖井和2、15、11号平巷出土竹篓各1件，31、36号竖井出土竹篓各2件，3、10号平巷出土5件竹篓，加上填土层所出竹篓共计24件。井巷出土有零散的竹火签"。❶

---

❶ 潘艺，杨一. 试述竹材在古代采矿中的作用[J]. 江汉考古，2002，85（4）：80-86.

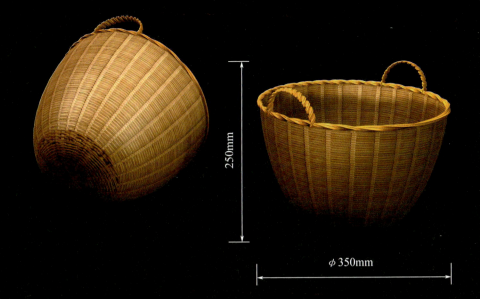

图6-9
锅形筻篮复原效果图

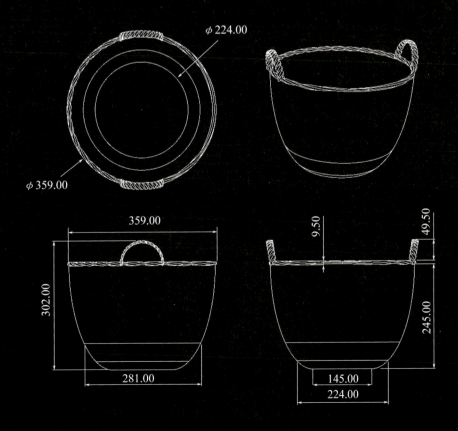

图6-10
锅形筻篮三视图
（单位：mm）

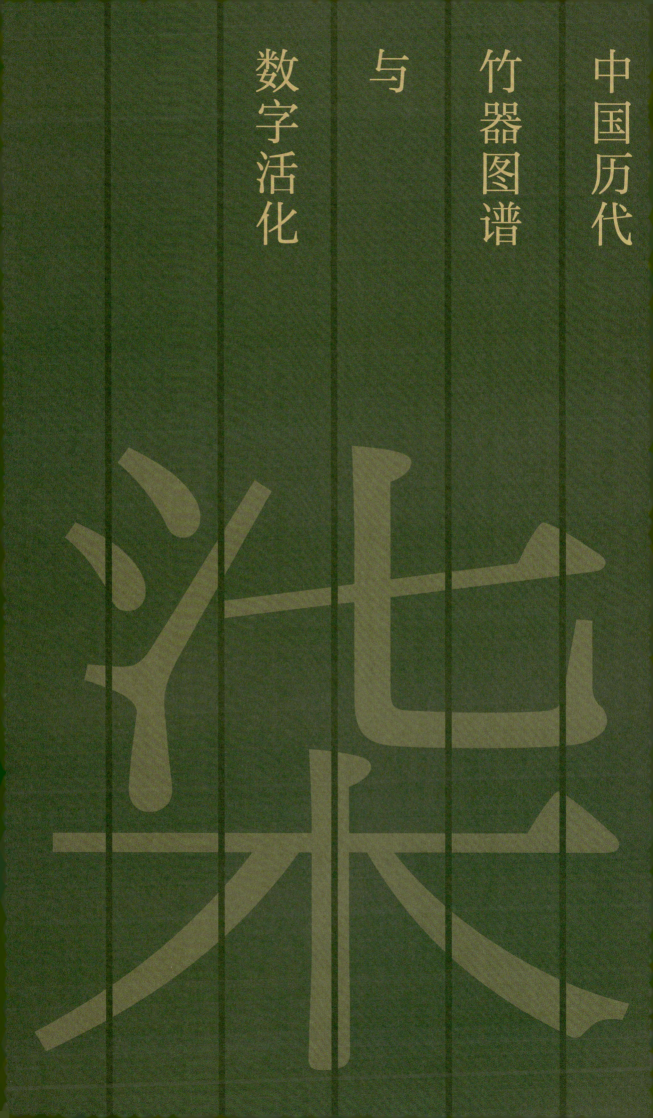

中国历代竹器图谱与数字活化

第七章 周代竹器图谱及数字复原

第一节 周代典型竹器图谱
第二节 西周孙砦遗址竹渔具的数字复原
第三节 东周大型竹木床的数字复原
第四节 东周各类竹筒的数字复原
第五节 东周竹卮的数字复原
第六节 曾侯乙墓竹乐器的数字复原
第七节 江陵马山1号墓竹枕的数字复原

第一节
周代典型竹器图谱

1046BC—256BC
江西瑞昌铜岭铜矿遗址
出土的周代竹篓

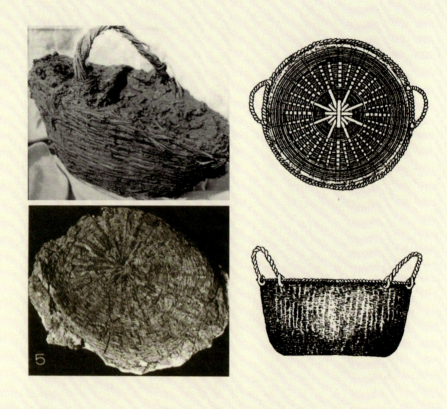

湖北大冶铜绿山古铜矿
遗址出土的周代竹器

138　　中国历代竹器图谱
　　　　与数字活化

第七章
周代竹器图谱及数字复原

孙砦遗址出土的西周渔业竹器

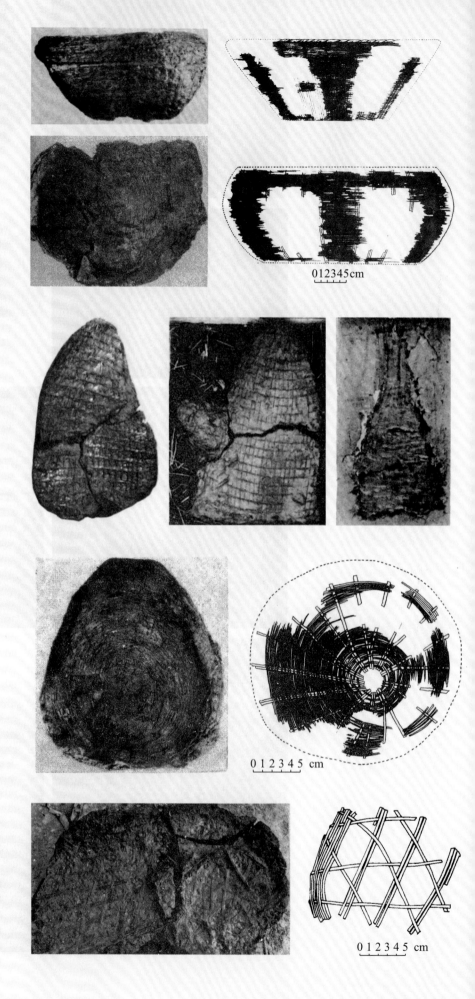

九店东周墓出土的日用竹器等

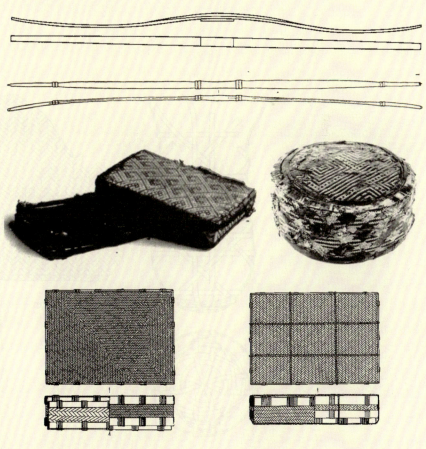

第七章
周代竹器图谱及数字复原

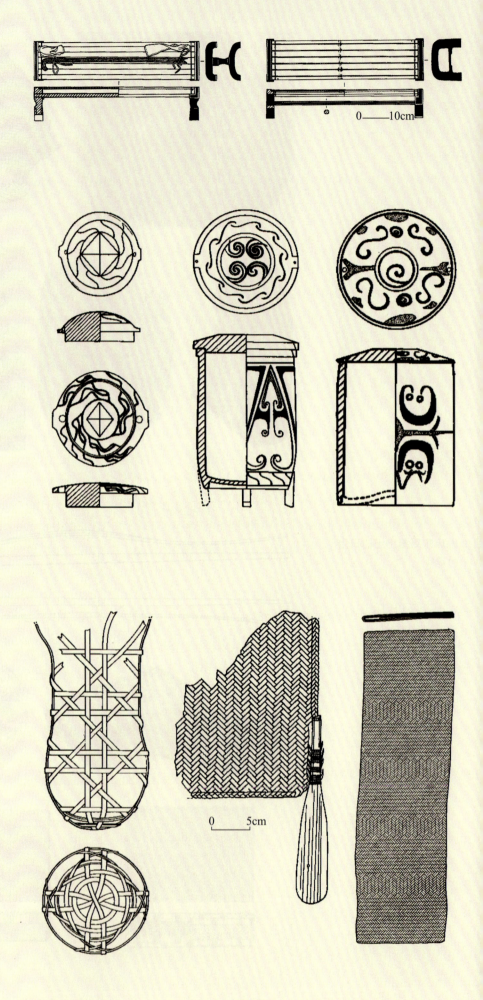

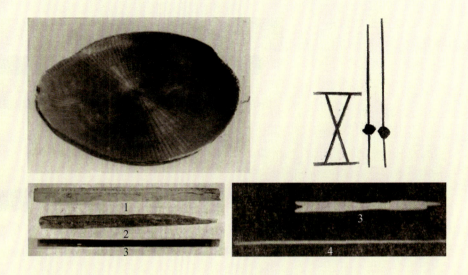

贵溪崖墓出土的纺织竹器等

固始侯古堆1号墓出土的竹木肩舆

信阳长台关1号墓出土的竹木床

第七章
周代竹器图谱及数字复原

曾侯乙墓出土的竹乐器等

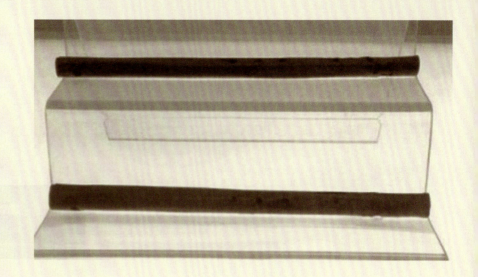

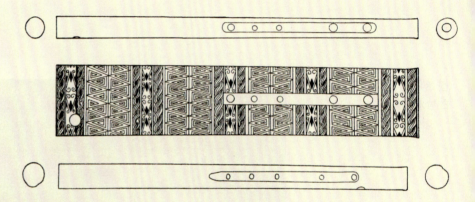

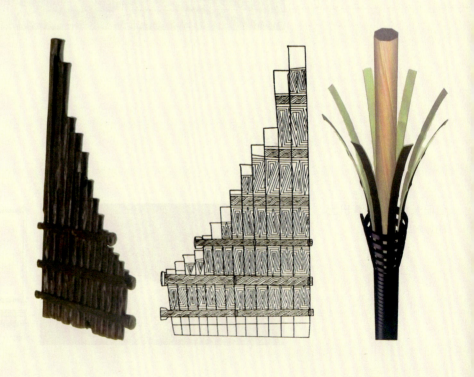

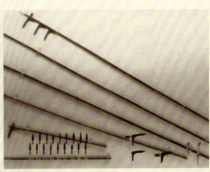

江陵马山1号楚墓出土的竹器

第七章
周代竹器图谱及数字复原

145

江陵望山1号楚墓出土
的彩绘竹席

江陵沙冢1号楚墓出土的竹器

荆门包山2号墓出土的凤鸟形双联杯、竹木折叠床等

都江堰水利工程中的防洪竹笼

第七章
周代竹器图谱及数字复原

第二节
西周孙砦遗址竹渔具的数字复原

1. 河南孙砦遗址概况

信阳位于豫南大别山的北麓，素有"豫南鱼米之乡"之称。20世纪50年代，在信阳北约20km的淮河北岸的孙砦村发现了一处遗址。孙砦遗址文化层的堆积厚度一般在1m左右，最厚处达到3m左右。该文化层包含了西周和新石器时代两个不同时期的文化层，其中以西周文化层堆积最厚，出土的文物最多。在四层的地层中，第2层被考古专家称为西周上层，第3层被称为西周下层。对孙砦遗址的发掘，发现遗址的西南部是遗迹和遗物分布最丰富的区域，通过挖掘，发现这是一处西周时期鱼苗养殖沟池遗迹，出土了许多石器、骨器和陶器。同时还出土了"罕见的用于渔捞的竹木工具"[1]。根据河南省文物研究所的统计，孙砦遗址出土的竹器共80余件。

---

[1] 河南省文物研究所.信阳孙砦遗址发掘报告[J].华夏考古，1989（2）：1-68.

2.孙砦遗址圆底竹渔具造型特征分析

根据孙砦遗址考古发掘报告,"标本坑4∶17,仅残存器底。从残存的部分看,应为一圆形竹器的底部。经纬均用篾丝。经篾在器底中央呈放射状交叉,纬篾作蜘蛛网状向上盘旋编在经上,编织到一定宽度后,将经篾竖起来,用纬篾围绕经篾一上一下编织,直到器口时,以一束篾丝加粗并以一根篾片将其缠绕于纬篾上部,经距在3cm左右,纬距约14cm"(图7-1)。

根据考古人员现场绘制的平面图及标尺,可以计算出竹器圆底的直径尺寸:

$$\phi_{竹器圆底} \approx 250mm$$

因高度不确定,因此在复原过程中,竹器的高度可根据竹器直径做多样化配置和调整。

图7-1
圆底竹渔具的底部及放射形编织

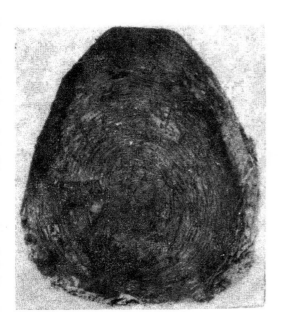

4.孙砦遗址圆形竹篓（篮）造型特征分析

孙砦遗址还出土了一些圆形竹器。如图7-3所示，圆形竹器残高20cm、直径34cm，底部竹编呈圆形。根据河南省文物研究所绘制的图稿，可以看出竹篓（篮）呈腰大收口的造型。

图7-3
圆形竹篓（篮）

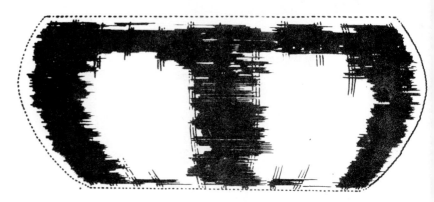

5.孙砦遗址圆形竹篓（篮）复原与效果

根据圆形竹篓（篮）的主要尺寸，可以开展复原，再根据复原的情况，展示出圆形竹篓（篮）的主要造型特征（图7-4）。

根据圆形竹篓（篮）最大直径340mm、高度200mm测算，其容积为：

$$V_{圆形竹篓（篮）}=18149200mm^3=18149.2cm^3≈18.15L$$

从而可推算出该竹篓（篮）在满载的时候，可盛装鱼的重量为：

$$m_{盛装鱼}=1.0g/cm^3×18149.2cm^3×80\%=14519.36g≈14.52kg$$

图7-4
圆形竹篓（篮）复原
效果图

第三节
东周大型竹木床的数字复原

1. 东周竹木床概况

东周时期出现了早期的家具和交通工具，特别是几案、床和舆等。在早期的器具中，除了大量的木质器具外，还出现了用竹木共同制作的大型器具。如荆门包山2号墓出土的竹木制折叠床❶，固始侯古堆一号墓出土的竹木制肩舆❷,❸，信阳长台关1号墓出土的竹木制床及竹枕❹等。这显示出在东周时期，我国传统竹器的应用领域越来越广泛。

---

❶ 吴顺青, 徐梦林, 王红星. 荆门包山号墓部分遗物的清理与复原[J]. 文物, 1988（5）: 15-24.

❷ 固始侯古堆一号墓发掘组. 固始侯古堆一号墓发掘简报[J]. 文物, 1981（1）: 1-8.

❸ 郭建邦. 试论固始侯古堆大墓陪葬坑出土的代步工具——肩舆[J]. 中原文物, 1981（4）: 40-45.

❹ 河南省文物研究所. 信阳楚墓[M]. 北京: 文物出版社, 1986: 42.

根据相应的基础尺寸，可以测算出整体竹木床的所有构件尺寸，并能绘制出准确的竹木床三视图（图7-7）。

根据对该家具的数据分析，测算出竹木床的木材框架结构部分的用材体积约为36422cm³。常见木材密度范围为0.350～0.950g/cm³，这和木材本身的品质、含水率有关。则该床架的最小重量约为12.75kg，最大重量约为34.60kg。同时，测算出竹质床栏部分的体积约为6067.52cm³。竹材基本密度在0.4～0.9g/cm³，毛竹的气干密度为0.7～0.75g/cm³，按照这一标准，则竹质床栏的重量约为4.25kg。由此，该竹木床的框架及床栏总重量在17～38.85kg之间。作为战国时期楚国的一个折叠床，应该会使用重量较轻的木材，以有利于折叠床的搬动或携带。

图7-7
包山2号墓竹木床三视图（单位：mm）

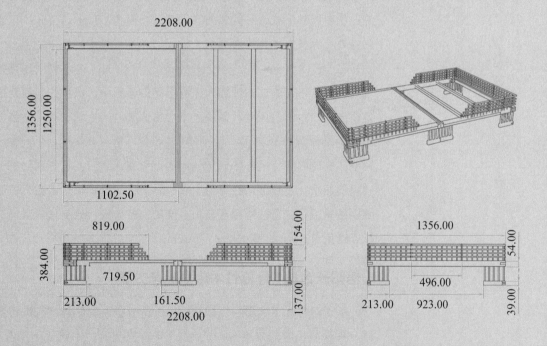

4.信阳长台关1号墓竹木床及造型特征分析

同样形式的竹木床在信阳长台关1号墓中也出土了一件。不过不同的是,信阳长台关出土的竹木床铺的竹帘不是竹竿,而是与整床长度相一致的长竹条连成的竹帘,该床应该不需要折叠,因此使用了更方便的长竹条。至于方格床栏则完全使用竹片和细竹竿制作完成,用竹材制作床栏的时候,小尺寸的部件应该更适合,因此做了改进。该竹床经过研究复原后,现藏于信阳市博物馆。

该竹木床总长225cm、宽136cm、高42.5cm,分床身、床足、床栏三部分。木床通体髹黑漆,于床身的周围绘以朱色的连云纹。床是拆散后放进墓室的。

床身是用纵三根、横六根的方木棍做成的长方框。在三根纵木的两端上面各凿有长8.3cm、深2.5cm的浅槽,以卡住两根外边横木下面的长8.3cm、深2.6cm的凹槽。三根纵木的中部又凿有8个2.7cm×3.6cm×3.6cm的浅槽,以容纳床身中部的四根横撑,并在横撑上铺有竹片。床身的四隅及前后两边的中部,设床足六只。

床足表面透雕两个相对的卷云纹。足高17cm、宽18cm、厚7cm。上端有高4cm、纵3cm、横4.6cm的长方榫,插入床身下面的銎眼中。

床栏是用竹、木条做成的方格。竹条有圆形和扁圆形两种:扁圆条用作方格的横条,断面长径0.8cm、短径0.4cm。在长径的圆形弧面上钻有径0.4cm的圆孔,用以穿进径0.4cm的圆形竖条。栏的四周安装木条。木条的形状有两种:栏边和两侧为方木条,断面为1.2cm×1.2cm;下边(紧靠床身处)为长方木条,断面为3.2cm×1.4cm。所发现的床栏中,一栏残长131cm、宽18.5cm;另一栏残长98cm、宽18.5cm。栏的两端用藤各绑一根木柱,柱的下端削成方榫插入床身上面的銎眼中。床身的前后两边的中部各留出缺口,不设床栏,以便上下。每边床栏的上隅附有铜质镶角。铜镶角的粗端断面作长方形,距顶端0.7cm处,有长0.7cm、深0.5cm的凹槽,紧临凹槽的内侧有径0.45cm的透孔,此孔贯入竹钉,钉在床栏的上隅;细端呈斜面状,用线捆绑在床栏上隅的斜面上。这样一来,由于每边床栏上隅铜镶角的子、母凹槽相互套扣,使床上各个床栏的交角紧密地结合在一起。镶角长6.6cm、宽0.9cm、厚1cm。

5.信阳长台关1号墓竹木床复原与效果

基于对竹木床造型特征和基础尺寸的分析,对该竹木床进行数字化复原,并绘制相应的效果图。长台关1号墓出土的竹木床要比包山2号墓出土的竹木床早160年左右,但在材质搭配和色彩搭配上有相似性,也就是后者的材质与色彩搭配基本继承了前者。但前者的整体装饰要比后者精致,黑色髹漆的床架上搭配了红色(朱色)的卷云纹,形成了更加精致和华美的装饰效果(图7-8、图7-9)。

图 7-8
信阳长台关 1 号墓竹木床复原效果图（1）

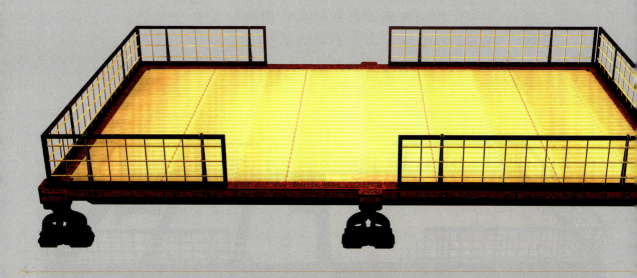

2250mm

图 7-9
信阳长台关 1 号墓竹木床复原效果图（2）

159

第四节
东周各类竹笥
的数字复原

1. 东周出土的各类竹笥

竹笥在东周时期出现，特别是在战国墓出土的较多，大部分楚墓都出土过竹笥，不仅在湖北楚地，在江西、四川等地的战国墓也出土过竹笥，因此，竹笥是战国时期非常常见和常用的竹器。一般以方形竹笥为主，圆形竹笥较少。出土的竹笥也基本上以素面竹编为主，精美程度有一定差异，但也出土了一定数量的彩绘竹笥，个别彩绘竹笥十分精美，如马山1号墓、包山2号墓、九店东周墓等出土的彩绘竹笥等，远超同时期的一般竹笥（如西汉早期马王堆1号墓出土的大量竹笥，虽然制作讲究，但是没有使用彩绘）。这也说明了彩绘工艺相对复杂，需要大量的时间投入和精细的编织手法。因此，这一部分竹笥也因体现使用者的特殊身份而可以被视为战国时期的竹制礼器。

江陵马山1号墓出土的彩绘方竹笥和圆竹笥。二者在制作上具有代表性，特别是竹笥上的矩形纹，在方形、圆形的竹笥表面游走蜿蜒，创造出精美的视觉效果。同样的手法在包山2号墓、九店东周墓出土的竹笥上都能看到。甚至在其他竹器上也有使用，如马山1号墓出土的彩绘矩纹竹扇、沙冢1号墓出土的彩绘竹席等。直线型的矩形纹样恰好可以和楚国曲回流畅的凤纹形成鲜明的对比，且又不失造型上的本质联系。同时，还有其他装饰纹样的竹笥的出土，如常见的竹器十字编、人字编等，以及简单的几何组合纹样等。但就精美程度而言，显然矩形纹的装饰纹样最为精美、复杂，更具有奢华感。

九店方竹笥。九店东周墓共出土方竹笥51件（其中彩绘方竹笥1件），分属25座墓。从墓群中出土的不同样式的竹笥可以看出，竹笥在当时的应用比较普遍，形式多样；也可以看出竹笥在当时属于较贵重的器物，装饰纹样制作得相当精美，这足以反映出制作者和使用者对竹笥的重视。从出土的实际情况来看，竹笥主要是用来盛装食物或者衣物的，是一件日用竹器。出土的彩绘竹笥制作上精细，图案编织得也十分精美。特别是其中的一个方竹笥通面采用非对称回形纹，以"T"字形为骨架重复排列而成，形成方正而又丰富的视觉效果。

九店圆竹笥。九店共出土圆竹笥3件，为带盖的竹编盒子，均表里双层，表层为彩漆篾编织，里层为素篾，彩漆为红、黑两色。盒内装有铜镜、木梳、篦、笄、竹签牌等物品，应是一种梳妆盒。圆竹笥做工精美，是体现"用"与"美"的周代竹器。图7-11所示圆竹笥出土于M712号墓，所处时间为战国晚期早段。该圆竹笥的图案设计十分讲究，体现了东周时期竹器图案设计的最高水平，竹笥采用上漆的竹篾，利用精巧的编织工艺制作而成。图案为直线型的圆面不对称切分，细密回转的折线丰富了圆竹笥的形态，在视觉上极大丰富了观感，更加符合梳妆盒的特点和审美需求。圆竹笥在周代出土的竹器中比较少见，在该时期还有湖北江陵马山1号楚墓（约340BC—278BC）、湖北荆门包山2号墓（292BC）出土过圆竹笥，均做工精美，彩绘装饰纹样设计独特。

2. 东周方竹笥造型特征分析

方竹笥1件。410：24号方竹笥，双层。盖、身壁的口沿都用2块竹片内外相夹，盖壁的上端、身壁的下端各有竹片边框1周，竹片以细篾绞锁。盖的表层和器身底以黑漆篾片为地，用红漆篾片编织矩形纹、十字纹，盖表层篾宽1mm、厚0.2mm。身壁和里层的编织相同，均由红、黑两色漆篾编成人字纹，篾宽1.5～2mm、厚0.5～1mm。编织方法同712：15号圆竹笥，通高6.8cm（图7-11）。

九店东周墓出土各类竹笥尺寸

九店东周墓出土各类竹笥51件，分属25座墓。各墓所出件数不等，最多的出10件（M294），少的1件。笥呈长方盒形，盖、身相套合。彩漆竹笥1件，素编竹笥50件。大多残破，仅12件尺寸清楚（表7-1）。

表7-1　九店东周墓出土各类方竹笥尺寸表　　　　单位：cm

墓号：器号	盖			身		
	长	宽	高	长	宽	高
51：29	23	25.8	3.6	22.5	25	5
281：18	30	20	5.1	29	19	—
287：5	26	20	5.5	24.8	18.8	—
287：6	18	24	4.2	17	23	—
287：7	23	14	4.8	21.9	12.9	—
287：8	36	33	6	34.7	31.7	—
294：9	30.8	14.2	3.6	29.4	13	4.6
294：16	30	14	4.8	28.6	12.6	—
294：18	24.2	17	4.3	23	15.8	5
296：2-1	21.8	16	5.3	20.8	14.3	5.1
451：6	36	18	6.2	34.7	16.7	—
410：24	24.6	18.9	5.2	23.2	17.7	4.6

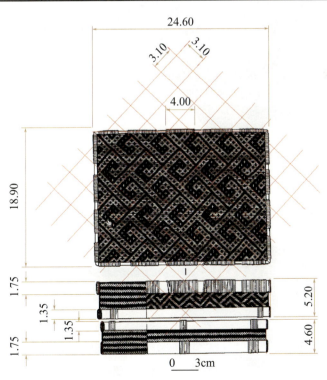

图7-11
九店方竹笥尺寸分析图
（单位：cm）

4.东周圆竹笥造型特征分析

圆竹笥3件。圆形,盖、身相扣合,均为双层,表层为彩漆篾,里层用素篾精工编织而成。712:15号圆竹笥,盖、身表层篾宽1～1.2mm、厚约0.2mm,分别涂红、黑漆,以涂黑漆的篾片为地,涂红漆的篾片编织花纹,盖面有矩形纹、十字纹,盖壁有几何纹。矩形纹的编织方法为拿三压三。十字纹的编织方法以压五拿一压三、压三拿三压三、压三拿一压五为一个循环,个别部位还采取压五拿一压五的编法。几何纹用拿三压三编法,花纹的形成在于两种不同颜色篾的排列。盖上有宽篾片编的边框4道,盖面边缘3道,口沿1道,边框用细篾绞锁。盖高6cm、径16.1cm。器身壁与盖壁的编织相同,器身底有相同的边框1周。盒里层篾宽1.8～2mm,用拿三压三法编织人字纹。竹笥内装铜镜、木梳、篦、笄各1个及竹签牌2个。通高6.8cm。410:42号圆竹笥,残,内装铜镜、丝织腰带、料珠各1件(图7-19)。

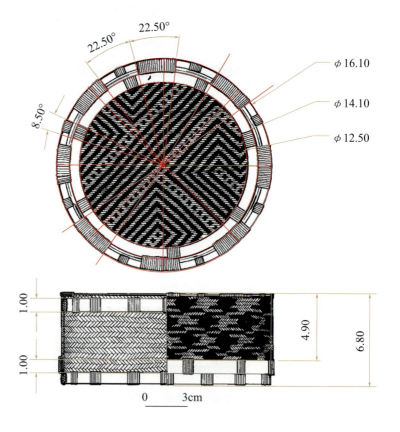

图7-19
九店圆竹笥尺寸分析图
(单位:cm)

5. 东周圆竹笥复原与效果

以下为东周圆竹笥的复原效果图（图 7-20、图 7-21）。

图 7-20
江陵九店东周墓圆竹笥 2 号
复原效果图

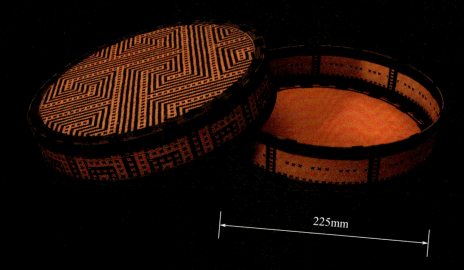

图 7-21
东周江陵马山 1 号墓圆竹笥
复原效果图

第五节
东周竹卮的
数字复原

1. 东周出土各式竹卮

　　卮（zhī）是古代的一种饮酒器具，竹卮在东周墓出土较少，目前除九店东周墓出土了12件（含残器1件）外，湖北江陵拍马山楚墓（战国中晚期）出土了3件。九店东周墓出土的竹卮采用竹筒制作卮身，竹节做底，盖为木质。竹卮外髹黑漆，内漆红色，并在黑底周身绘制红黄色纹样，如菱形纹、S形纹、U形纹、连云纹等。竹卮的造型可分为3种，Ⅰ型3件，Ⅱ型7件，Ⅲ型1件。

2. 九店东周墓竹卮造型特征分析

Ⅰ型3件。均只存盖。盖略呈椭圆形，上弧，两侧有耳，盖内有子口。607∶6号竹卮，耳内侧各有一小穿孔，孔径0.15cm。耳宽0.5cm。盖心饰菱形纹，盖周饰二方连续曲线纹，盖径4.2～4.5cm、厚1.6cm。258∶16号竹卮，盖面上弧甚缓。耳侧孔径0.35cm，耳宽0.9cm。盖面在黑漆地上用黄、红色绘菱形纹、波浪纹。盖径4.9～5.1cm、厚1.3cm。

Ⅱ型7件。盖顶平，两侧有耳，耳上有小孔。294∶40号竹卮，平口，口沿处一凸棱，三足扁方，足高1cm。器表在墨地上用红、黄色绘纹。盖面饰卷云纹、S形纹，器壁饰二方连续三角形云纹和绚纹。耳宽0.8cm、耳孔径0.1cm。通高9.8cm、口径5.7cm。268∶26-1号竹卮，仅存盖。盖椭圆形。盖面在墨地上用红、黄色绘勾连云纹。盖底刻画"｜X｜"字。盖径4.4～4.7cm、厚1.5cm。

Ⅲ型1件。盖圆形无耳，下无子口。盖侧二穿孔，器身直筒形。556∶10号竹卮，底残。器表墨地，用红、黄色绘卷云纹、S形纹、U形纹。残高6.9cm、盖径5.3cm、口径5.1cm（图7-22）。

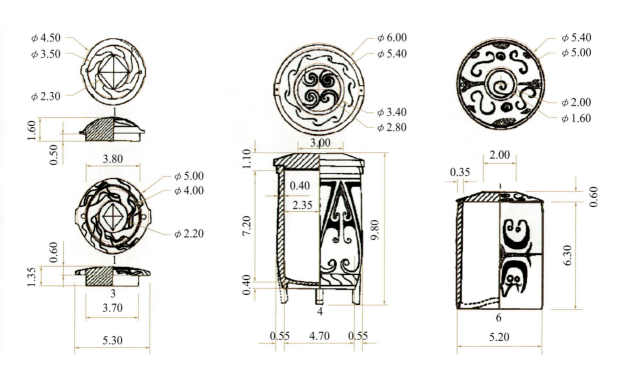

图7-22
九店东周墓出土的不同式样的竹卮❶（从左到右依次为Ⅰ型、Ⅱ型、Ⅲ型）（单位：cm）

---

❶ 湖北省文物考古研究所. 江陵九店东周墓[M]. 北京：科学出版社，1995：278.

3. 九店东周墓竹卮复原与效果

根据复原情况（图7-23），Ⅱ型和Ⅲ型竹卮因造型完整，可以测算其容积和重量。

Ⅱ型竹卮，自身竹材体积约为37.49cm³，竹盖体积为7.53cm³，合计约为45.02cm³。由于漆颜料相对较薄，其密度和竹材相差不多，因此在测算竹卮重量时可以按照竹材简化处理。从而测算出竹卮重量约为31.51g。Ⅱ型竹卮的容积为106.89cm³，其能够盛装106.89mL液体，如果是水的话，能装106g左右，如果是酒的话，则为85g左右。

Ⅲ型竹卮，自身竹材体积约为63.83cm³，竹盖体积为21.04cm³，合计为84.87cm³，进而测算出其重量约为59.41g。Ⅲ型竹卮的容积为130.36cm³，其能够盛装130.36mL液体，如果是水的话，能装130g左右，如果是酒的话，则为104g左右。

图7-23
九店东周墓各式竹卮复原效果图

ϕ62mm

第六节
曾侯乙墓竹乐器的数字复原

1. 曾侯乙墓概况

曾侯乙墓是战国时期曾侯乙（约475BC—433BC）的一座大型诸侯墓葬，位于湖北随州城西两公里的擂鼓墩东团坡上。墓中共出土礼器、乐器、漆木用具、金玉器、兵器、车马器和竹简15000余件，仅青铜器就有6239件。其中曾侯乙编钟一套65件，是迄今发现的最完整最大的一套青铜编钟。该墓出土的竹乐器和兵器部件等是目前发现的最早或较早期的相关竹器，填补了同时期竹器品种的空白。如出土的2件竹簋、2支竹排箫以及笙等实物。

另外还出土了积竹木殳。对于殳，历代典籍多有记载，可惜都比较简略。历经千载岁月，沧海桑田，后世竟然未有先秦"殳"的实物或图像传世。直到曾侯乙墓中出土的兵器中出现了自带铭文"殳"的兵器，后人才得以知道它的真面目。这是中国迄今为止唯一一次出土自铭为"殳"的兵器。曾侯乙墓出土了多件带铭文的实战与礼仪用的殳，包括锐殳7件，晋殳14件。其中3件锐殳刃部较长，顶端有锋，呈三棱矛状，并在锋后装有带尖刺的铜箍，一侧刃上铸篆书"曾侯越之用殳"。

2. 曾侯乙墓竹乐器造型特征分析

（1）篪

曾侯乙墓出土篪一对，目前在湖北省博物馆存放，但是实物表面纹饰已经退化较多，难以辨识。2件篪分别长29.3cm和30.2cm，都是用1节竹管制成，两端管口封闭，管身开有1个吹孔、1个出音孔和5个指孔。管身通体髹以黑漆，以朱、黄色绕管身描绘出彩线花纹（图7-24）。

（2）排箫

曾侯乙墓出土的排箫是我国目前发现的较早的两支竹质排箫（图3-2），距今已2400多年。排箫的形状独特，好像凤凰的一翼，都是由13根长短不同的细竹管依次排列，用三道剖开的细竹管缠缚而成，表面饰有黑底红色三角回纹的漆绘。古时的雌雄排箫常作合奏，互相衬托，有如男女声二重唱。由于时间久远，曾侯乙墓出土排箫上的纹饰也几乎退化。其纹饰色彩为在黑色器身上绘制红色水波纹和黄色三角几何纹相间的装饰纹样。

（3）笙

曾侯乙墓中出土的笙是我国较早的笙实物，其功能和造型极具代表性。彩绘装饰手法同该墓出土的其他竹乐器一样，均是在黑色器身上绘制红、黄相间的装饰纹样，而且纹样铺满器身。

图 7-24
曾侯乙墓出土的篪一对

3. 曾侯乙墓竹乐器复原与效果

如图 7-25、图 7-26 所示为在模型软件中制作的曾侯乙墓出土的竹乐器复原效果图。

图 7-25
东周曾侯乙墓竹篪复原
效果图

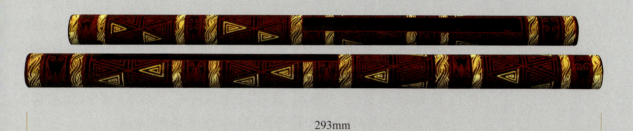

293mm

图 7-26
东周曾侯乙墓竹排箫
复原效果图

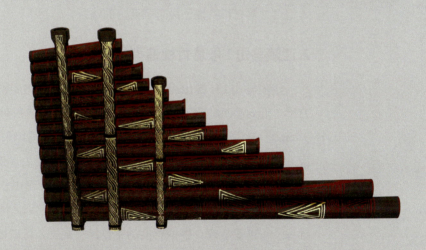

225mm

第七节
江陵马山1号墓竹枕的数字复原

1. 东周出土的竹枕

东周时期竹枕的出现，首先丰富了该时期竹器的种类，同时也拓展了竹器的日用功能。该时期出土竹枕的遗址有信阳长台关楚墓（战国早期453BC）、湖北荆门左冢楚墓（330BC—300BC）、湖北江陵马山1号楚墓（约340BC—278BC）、湖北老河口安岗2号楚墓（战国中期晚段）以及湖北荆门包山2号墓（292BC），时间基本上集中在战国时期。目前最早的竹枕出现在信阳长台关楚墓，时间约在战国早期。九店东周墓中出土竹枕3件，分别出自410号墓和13号墓，时间段为战国晚期早段。

九店东周墓出土的竹枕在造型上略有不同，但均设计、制作得十分精致。这两个枕面均由7根素面竹片组成，长度分别为57.4cm和55.6cm，枕架用木材制作，髹黑漆。竹枕是东周时期对竹材开发利用的新品类，没有使用常见竹编编织工艺制作，而是直接使用竹片制成，这显示出东周时代人们对竹材材料特性已经有了充分的认识。

2. 江陵马山1号墓竹枕造型特征分析

江陵马山1号墓出土竹枕1件。放置在头箱内8号竹笥上。枕面呈长方形，长66.5cm、宽17cm、高11.7cm，枕的两端各有一马蹄形木块（厚3.7cm），其中部和底部挖有两个凹槽。两端的马蹄形木块上部挖有两个圆孔，用两根平行的圆木套接。枕面由7根宽2.2～2.7cm、长60cm、厚0.5cm的竹片紧密排列而成，竹片嵌入两端马蹄形木块顶部内侧宽1.2cm、深0.5cm的浅槽内。出土时，枕面上残存有黄色绢，周围残存有内外两圈锦缘，可能是枕套。根据竹枕的主要尺寸数据，可以推算出其相应部件的尺寸（图7-27）。

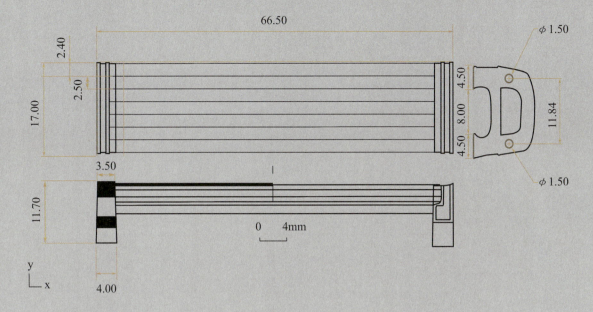

图7-27
江陵马山1号墓竹枕尺寸分析图（单位：cm）

3. 江陵马山1号墓竹枕复原与效果

如图7-28所示为用模型软件制作的江陵马山1号墓竹枕复原效果图。

图7-28
江陵马山1号墓竹枕复原效果图

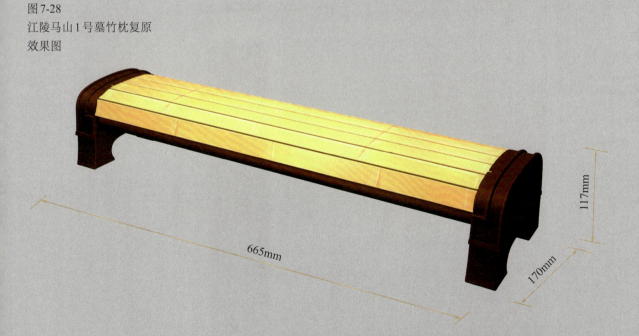

第七章
周代竹器图谱及数字复原

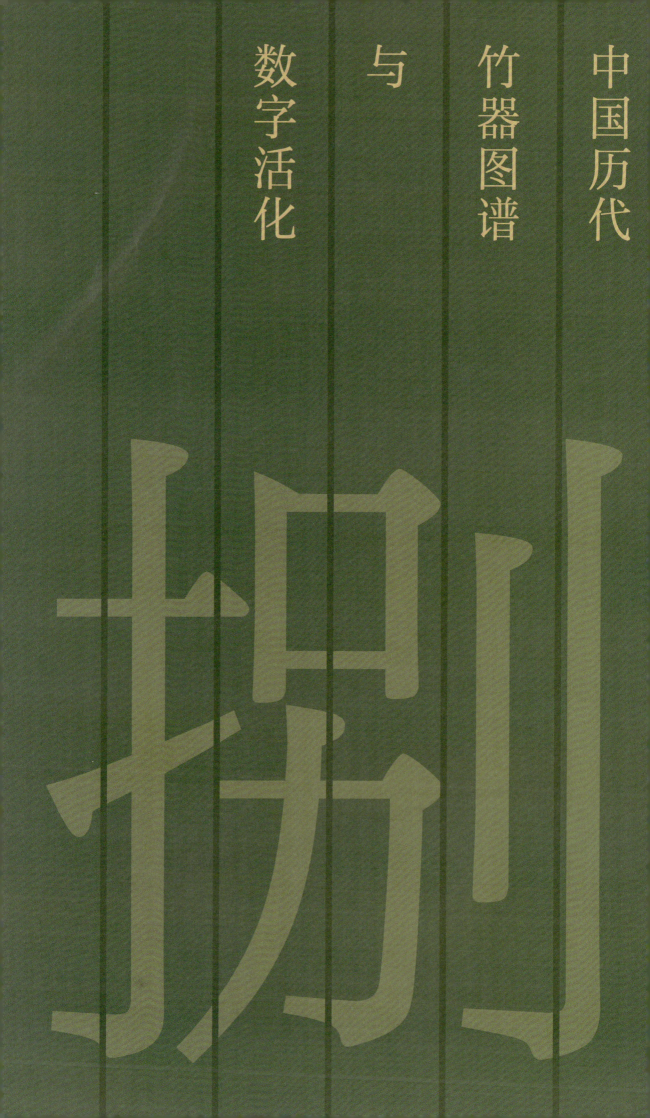

中国历代竹器图谱与数字活化

捌

第八章 秦汉竹器图谱及数字复原

第一节 秦汉典型竹器图谱
第二节 云梦睡虎地秦代竹器数字复原
第三节 马王堆汉墓长柄彩绘竹勺的数字复原
第四节 汉代竹装饰片的数字复原
第五节 汉代乐浪郡彩绘竹箧的数字复原

第一节
秦汉典型竹器图谱

221BC—220AD
湖北云梦睡虎地秦墓出土的竹器

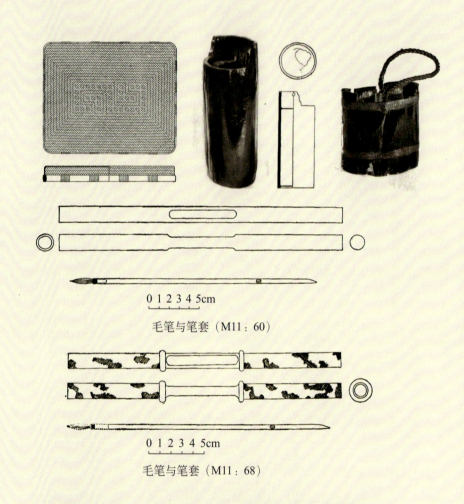

毛笔与笔套（M11：60）

毛笔与笔套（M11：68）

湖南长沙马王堆汉墓出土的竹器

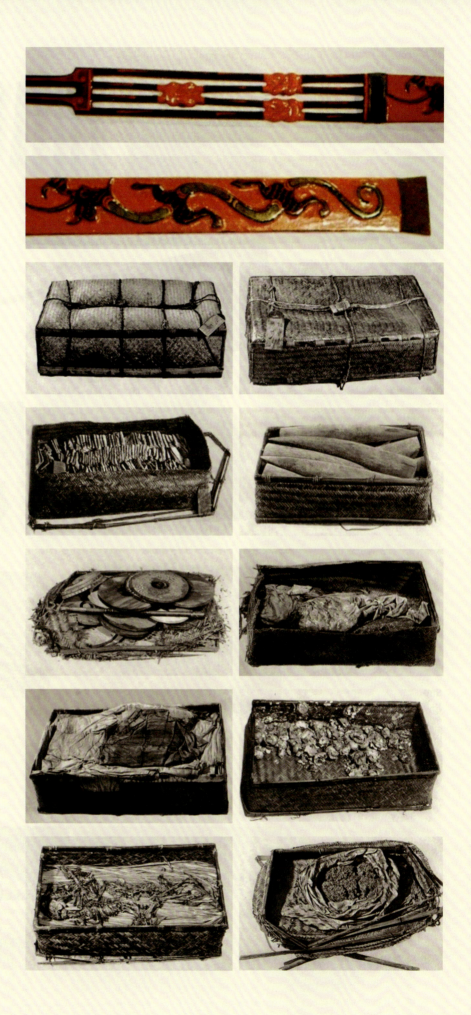

第八章
秦汉竹器图谱及数字复原

汉代居延遗址出土的竹笛与竹尺

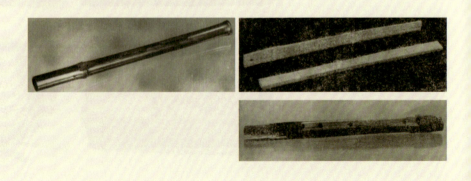

180　　中国历代竹器图谱与数字活化

湖北荆州谢家桥一号汉墓出土的竹器

湖北江陵凤凰山8号汉墓出土的竹器

湖北江陵凤凰山168号汉墓出土的竹器

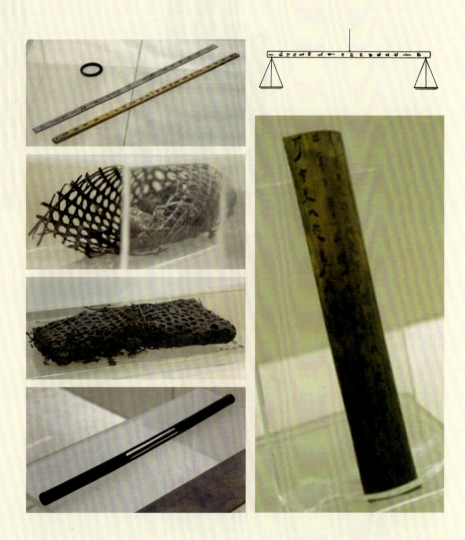

第八章
秦汉竹器图谱及数字复原

湖北云梦睡虎地M77西汉墓出土的大竹筒等

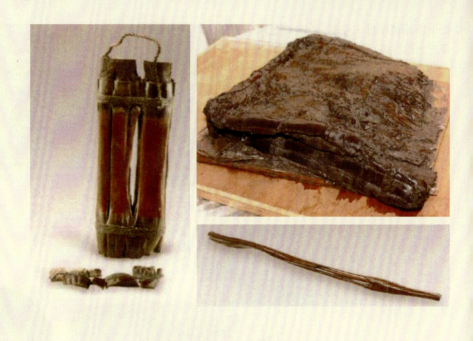

湖北随州周家寨西汉墓M8出土的彩绘竹筒等

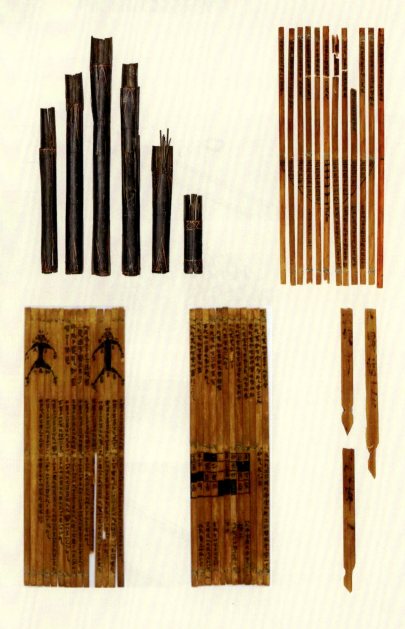

182　　中国历代竹器图谱与数字活化

江苏扬州西汉刘毋智墓出土的竹雕

东汉乐浪郡出土的彩绘竹箧

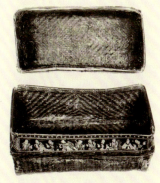

东汉画像石中的竹渔具（徐州汉画像石艺术馆）

第八章
秦汉竹器图谱及数字复原

画像石《舂米图》中的飏扇和簸箕（徐州汉画像石艺术馆）

画像石《庖厨图》中的竹扇（徐州铜山汉王镇东沿村出土）

画像石《东王公》中的竹扇（徐州汉画像石艺术馆）

徐州铜山苗山汉墓出土的画像石中的竹乐器

画像石六博庖厨中的竹提篮（江苏徐州睢宁县张圩村散存）

出土壁画中的采桑竹篮（陕西靖边县杨桥畔镇杨一村东汉墓）

第八章
秦汉竹器图谱及数字复原

第二节 云梦睡虎地秦代竹器数字复原

1. 湖北云梦睡虎地秦墓遗址概况

秦墓较少，但也有部分竹器的出土，如湖北江陵王家台和杨家山秦墓出土的竹筒、竹简、竹帘及竹算筹等竹器，湖北宜城市出土的秦代人字编竹席，陕西西安秦始皇兵马俑一号坑出土的积竹柲等竹器。湖北云梦睡虎地十二座秦墓中出土了不少竹器，是秦代竹器的代表。其中M7墓的年代明确为秦昭王51年（255BC），M3、M4、M5、M6、M8、M10墓在年代上与M7墓相近；M11墓的年代明确为秦始皇30年（217BC），M9、M12、M13、M14墓在年代上与M7墓相近。因此，云梦睡虎地秦墓的时间可以明确为秦代以及战国末期。因为同是秦墓，时间相差不大，在这里一并描述。根据相关的考古研究资料，这十二座秦墓中出土竹器的情况如表8-1所示。

据统计，睡虎地秦墓中出土的竹器共有12个品种，28件，竹简1155个，其中属于秦代的竹器有24件，竹简全部是秦代的。在出土的竹器中使用漆绘工艺的有竹筒、竹简和竹提筒等，使用黑漆、黑红漆搭配等方式，漆绘表现手法和战国时期常见的彩绘手法一致，也和后期汉马王堆的彩绘色彩搭配手法一致。

表8-1 十二座秦墓中出土竹器情况

墓号	竹器类型											
	竹筒	竹篓	竹简	竹提筒	竹串	竹笄	竹扇	竹笞	竹笔及竹笔套	竹算筹	竹简	竹木轺车模型
M3	1				1							
M6		1										
M8				1								
M9	1		1			1						1
M11	2		4			1	1	1	3		1155	1
M13	1									6		
合计	5	1	5	1	1	2	1	1	3	6	1155	2

2.云梦睡虎地秦代竹器造型特征分析

(1) 彩绘竹筒

云梦睡虎地秦墓共出土竹筒5件[1],保存得都不太好,出土时已经残缺或破损。主要采用人字编工艺编制而成,周边用竹片加固,藤条穿缠,筒内主要有食物及铜镜、铜铃等物。其中M3墓出土的竹筒采用双层篾编织,里层竹编为人字编,外层使用红、黑两色漆的篾条编织成勾连雷纹图案。

从出土竹筒的编织手法、造型式样、尺寸大小、彩绘色彩搭配、主要功能等均可发现秦代竹筒基本沿用了战国时期竹筒的形制(图8-1)。

(2) 竹筒

竹筒共出土5件,均为秦代竹器。其中M11墓出土的4件竹筒为素色,通高48cm;M9墓出土的竹筒1件,筒外涂有黑漆,通高22cm。可见,秦代出土的竹器也有上漆的习惯,这与战国时期及其后的汉代竹筒的装饰样式也存在传承关系。

竹筒开口处为一三角形孔,竹筒壁最上端有两个小孔,应是穿绳之用,说明竹筒是有提绳的,可以提着使用。

(3) 彩绘竹提筒

M8墓出土的竹提筒1件,高16cm。该提筒采用了外表面使用黑漆,内表面使用红漆的彩绘手法。近口及近底处使用细棕绳缠绕紧固,提梁为棕绳。从竹提筒使用黑红彩绘的手法看,秦代漆器工艺成熟,色彩搭配沿袭战国时期的特点。

(4) 竹笔及竹笔套

M11墓共出土竹笔及竹笔套3套[2]。笔杆及笔套均为竹制,竹笔的直径为0.35~0.4cm,长21cm左右。1支笔套中间镂空,笔套的尾部为竹节。另有1支笔套镂空的两端各加一个骨箍。竹笔套长度为24~27cm不等。竹笔及笔套在战国时期已有发现,秦代竹笔及笔套的发展则证实了该时期竹毛笔及笔套的形制仍使用战国时期的样式,竹毛笔仍细长。

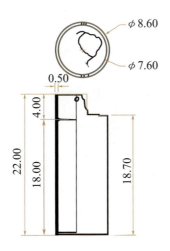

图8-1
彩绘竹筒(单位:cm)

---

[1] 《云梦睡虎地秦墓》编写组.云梦睡虎地秦墓[M].北京:文物出版社,1981:58.
[2] 《云梦睡虎地秦墓》编写组.云梦睡虎地秦墓[M].北京:文物出版社,1981:27.

3. 云梦睡虎地秦代竹器复原与效果

经测算,云梦睡虎地秦墓出土的竹筒竹材使用量为:

$$V_{竹材}=267.00857\text{cm}^3$$

竹材的密度取气干密度,约为 0.7g/cm³,则:

$$m_{竹筒}=0.7\text{g/cm}^3 \times 267.0\text{cm}^3=186.9\text{g}\approx 0.19\text{kg}$$

竹筒的盛装容量为:

$$V_{竹筒}=798.630607\text{cm}^3$$

则在盛水的情况下,可盛约 0.8kg 水,加上竹筒自身的重量,约 1kg;若是盛酒,则可盛约 0.64kg 酒,加上竹筒自身的重量,约为 0.83kg。

图 8-2
云梦睡虎地秦墓黑漆竹筒复原效果图

经测算，$V_{竹提筒}$=2370.65cm³；则竹提筒能够盛装更多的水，重量能达到2.37kg左右。这个竹提筒的使用显然和前面的竹筒有一定的区别（图8-2、图8-3）。

云梦睡虎地秦墓竹笔、竹笔套复原效果如图8-4所示。

图 8-3
云梦睡虎地秦墓彩绘竹提筒
复原效果图

图 8-4
云梦睡虎地秦墓竹笔和竹笔
套复原效果图

第八章
秦汉竹器图谱及数字复原

第三节
马王堆汉墓
长柄彩绘竹勺
的数字复原

1. 马王堆汉墓概况

马王堆汉墓位于湖南省长沙市芙蓉区东屯渡乡（今芙蓉区马王堆街道），临浏阳河，为西汉时期长沙国丞相利苍、利苍妻子辛追及其子利豨或兄弟的三座墓葬。1971年开始发掘，出土竹扇、竹笥、竹漆绘龙纹勺、竹熏罩、竹篓、竹箸、竹席、竹竽律、竹串、竹简等竹器500余件。

1号墓共出土文物千余件，与竹器有关的器具如下：竹胎漆绘龙纹勺2件；竹篓40只，竹夹1叠，长短柄竹扇各1把，大小竹熏罩各1件，竹串1件，竹筷1件，竹席2条，竽1件，竹竽律1套，竹笄1件，竹牌13件；竹简312枚。

2号墓出土文物较少，没有发现竹器。

3号墓共出土文物千余件，与竹器有关的器具如下：竹笥50个（出土时已严重腐朽，其中38件当中盛有动物遗骸、水果、谷物等，2件盛有中草药，8件盛有丝织品）；竽1件，疑似为箫的乐器2件。

2. 马王堆汉墓长柄彩绘竹勺造型特征分析

如图8-5所示，漆绘竹勺柄长53cm，斗径7.8cm，竹胎，分斗和柄两部分。斗以竹节为底，呈筒形，柄由长竹条制成，接榫处用竹钉与斗相连接。斗内髹红漆，无纹饰，外壁及底部黑漆地上，分别绘红色几何纹和柿蒂纹。柄的花纹分为三段，靠近斗的一段为一条形透雕，上有浮雕编辫纹，髹红漆；中部一段为三条形透雕，上有浮雕编辫纹三个；柄端一段为红漆地，上有浮雕龙纹，龙身绘黑漆，以红漆绘其麟爪，龙作奔腾状。马王堆汉墓出土的漆勺仅两件，且在长沙地区的战国和汉代墓葬中很少发现这种竹胎漆器，实为珍贵。

图8-5
长柄彩绘竹勺尺寸分析图
（单位：cm）

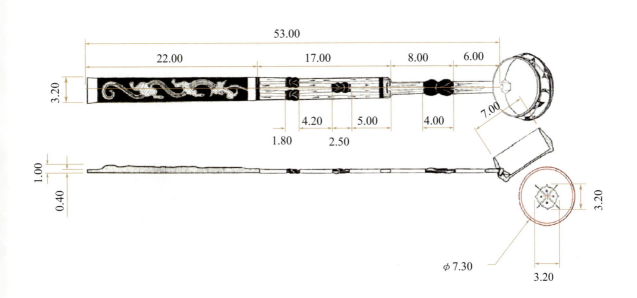

3. 马王堆汉墓长柄彩绘竹勺复原与效果

如图8-6所示,彩绘竹勺经过复原后,测算出其本身的竹材用量:

$$V_{彩绘竹勺竹材}=179.19301\text{cm}^3$$

自然漆的密度比较小,在彩绘竹勺中可以和竹材等同计算。竹材的密度取气干密度约0.7g/cm³,则:

$$m_{彩绘竹勺}=0.7\text{g/cm}^3 \times 179.19\text{cm}^3 \approx 125.43\text{g} \approx 0.125\text{kg}$$

彩绘竹勺斗的容量为:$V_{勺斗}=124.14162\text{cm}^3$,如果装满水则重量在124g左右。也就是说,该勺盛满水的情况下总重量约为0.25kg,应该说是比较轻的。

图8-6
马王堆汉墓长柄彩绘竹勺复原效果图

620mm

第四节
汉代竹装饰片的数字复原

1. 江苏扬州西汉刘毋智墓出土的竹雕与竹装饰片

刘毋智墓位于江苏省扬州市邗江区杨庙镇杨庙村。2004年扬州市文物考古研究所开始对该汉墓进行挖掘。根据对挖掘出土文物的研究,扬州市文物考古研究所认定该墓的年代为西汉早期。该墓中出土的竹器主要是竹雕和竹装饰片各1件。虽然出土的竹器只有2件,但是因为在此之前出土的竹器中还没有发现单独的竹雕件,因此显得很珍贵,是我国出土的最早的纯竹雕实物。

2. 汉代竹装饰片造型特征分析与复原

墓中出土竹装饰片1件。该装饰片呈椭圆形长竹片状,截面呈弧形。竹皮面用朱漆与青褐色漆绘饰勾连云气纹,竹背面墨绘勾连云气纹。残长11.6cm、宽2.3cm。

该竹装饰片采用绘画的手法,在竹片上绘制了装饰纹样。虽然只出土了一件装饰片,但是说明西汉早期在竹材上绘制纹样进行装饰的手法已较常见,这从汉代出土的各类漆器中可见一斑。特别是同时期的马王堆出土的彩绘竹勺更是印证了这一点。

汉代竹装饰片复原效果如图8-7所示。

图8-7
西汉扬州刘毋智墓竹装饰片复原效果图

第五节
汉代乐浪郡彩绘竹箧的数字复原

1. 汉代乐浪郡彩绘竹箧

乐浪（108BC—313AD），是西汉汉武帝于108BC平定卫氏朝鲜后在今朝鲜半岛设置的汉四郡之一。在乐浪郡出土了一件汉代彩绘竹箧，"制作工艺方面，乐浪竹箧漆器较为独特，没有采用汉代蜀郡和广汉郡两地漆器常见的镟制法（适用于圆形漆器）和斫制法（适用于平面的木胎漆器），而是竹篾编制而成"❶。

竹编制作的彩绘竹箧比较独特，不论是竹制的器型，还是在竹编器上漆绘，都是比较独特的形式，在此前的竹器中鲜有发现。该竹箧采用双层竹编制成，与东周彩绘竹笥的制作方法相似，竹箧外使用细密的十字编手法编织，竹箧内部使用人字编手法编织。竹箧下筐口使用竹片围合而成，将双层竹编夹住，竹箧盖口也使用同样的方法制作。

竹箧绘有以《商山四皓图》为主体的绘画，以及菱形几何形、圈纹、水波纹等装饰纹样。色彩搭配上沿用了汉代漆器的常用色彩——黑底红色，配以少量的黄色做点缀（图8-8）。

乐浪郡彩绘竹箧是汉代竹器的代表之一，特别是沿用汉代漆器彩绘的特色，使用竹编做漆绘的工艺，相比马王堆在竹片上的漆绘，加工工艺上又有突破。

图8-8
彩绘竹箧的装饰纹样及绘画

---

❶ 宋广林. 乐浪郡出土汉代漆绘竹箧装饰画风格辨析[J]. 装饰，2015（4）：94-95.

2.汉代乐浪郡彩绘竹箧造型特征分析

根据相关的考古记录,乐浪郡的彩绘竹箧总长为39cm。由此可以测算出彩绘竹箧其他部分的尺寸数据,具体如下:总宽度为19cm,总高度为21cm。其中箧身总高度为18cm,箧盖总高度为9cm,箧盖与盖口合上后重复部分为6cm(图8-9)。

箧身上下装饰条的高度分别为2.5cm、2cm和1.2cm,箧盖装饰条高度为2cm。经过整理后,装饰条上每个连续单位的宽度约为3cm。装饰条的平面连续纹样如图8-10所示。

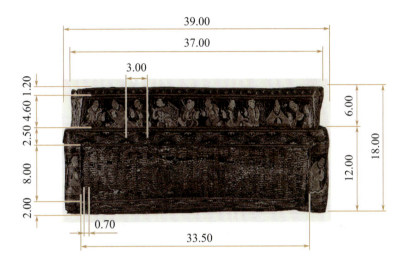

图8-9
汉代乐浪郡彩绘竹箧尺寸分析(单位:cm)

图8-10
汉代乐浪郡彩绘竹箧装饰条平面连续纹样

第八章
秦汉竹器图谱及数字复原

3. 汉代乐浪郡彩绘竹箧复原与效果

如图 8-11、图 8-12 所示，经过复原后的彩绘竹箧，可完整看到其内外结构，具体结构见该竹器的结构爆炸图。经过测算，彩绘竹箧的容量如下：

$$V_{彩绘竹箧}=11926.6711\text{cm}^3\approx11.9\text{L}$$

图 8-11
汉代乐浪郡彩绘竹箧复原效果图（1）

这样的容量可以用来盛装生活中的物品，如贵重小物件、女性的梳妆物品等，具有较好的实用性，但因为过于精致，不会用于存放一般的生活物品。

图 8-12
汉代乐浪郡彩绘竹箧复原效果图（2）

210mm

392mm

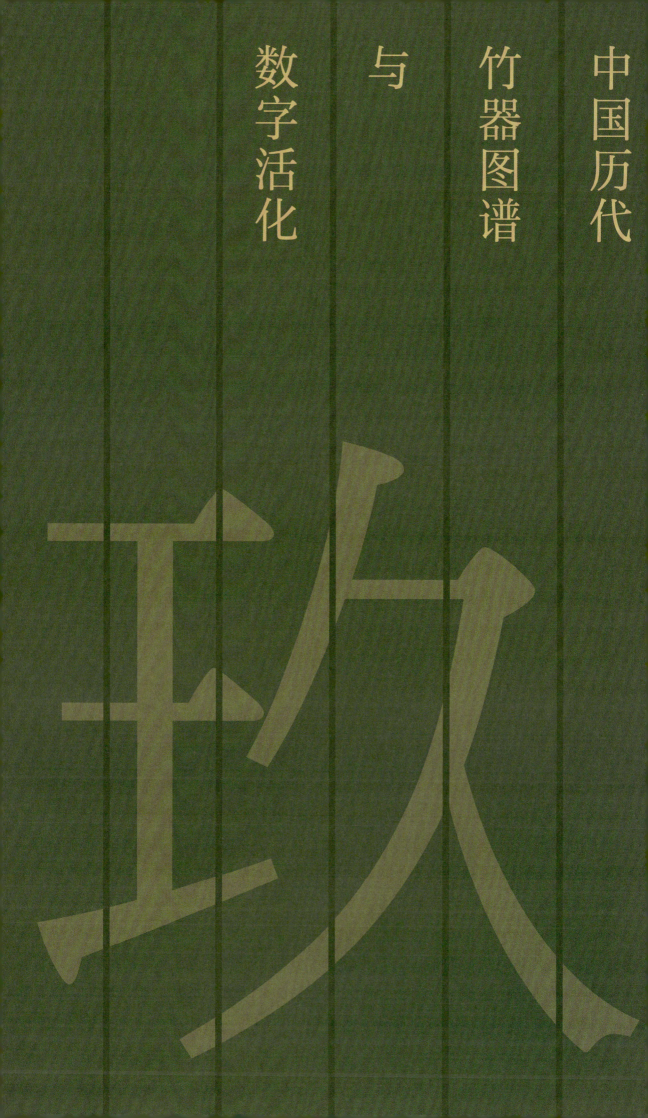

中国历代竹器图谱与数字活化

玖

第九章 魏晋南北朝竹器图谱及数字复原

第一节 魏晋南北朝典型竹器图谱
第二节 西晋竹提篮的数字复原
第三节 魏晋采桑竹篮的数字复原

第一节
魏晋南北朝典型竹器图谱

220AD—589AD

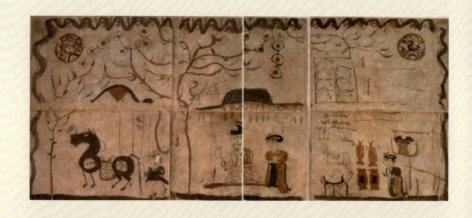

吐鲁番阿斯塔纳东晋墓出土的纸画墓主人生活图中的团扇与农具

 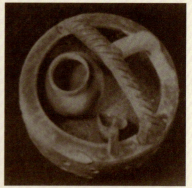

江苏溧阳孙吴凤凰元年墓中的泥塑竹提篮模型

南京西岗果牧场西晋墓中的青瓷提篮

酒泉魏晋十六国墓5、6号墓壁画中的竹器

西魏敦煌壁画中的各式竹乐器（箫、排箫、箜篌、竽、笛子等）

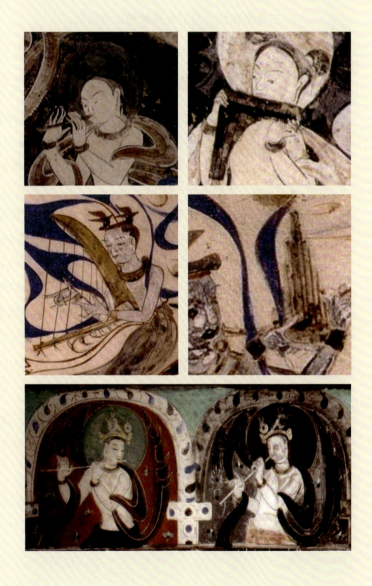

第九章
魏晋南北朝竹器图谱及数字复原

第二节
西晋竹提篮的数字复原

1. 江苏溧阳孙吴凤凰元年墓出土的西晋青瓷提篮

江苏溧阳孙吴凤凰元年墓在1962年由南京博物院发现并挖掘。在后室南壁中部清理出八件青瓷器。其中七件是放在墓底，紧靠南壁，自下而上排列，依次是仓、罐、鸡笼、灶、提篮（内有小罐和勺）。另有一件钵，斜放在墓壁的小壁龛中。

根据南京博物院的相关考古报告记载："提篮，内壁和外壁上半部涂釉，呈青灰色，外壁的下半部和底部露胎，胎呈灰红色，器身直而短，有两圈小圆孔，口部有丁字形提梁，但略偏向一侧。口径13.5cm，底径12cm，高5.5cm，提篮内有一小罐和一勺，小罐上的釉已经全部脱落，胎白色带微红，勺的全身着釉呈青褐色。"

2. 凤凰元年墓青瓷提篮造型特征分析

从相关的考古报告中，可以看出同该青瓷提篮一同出土的还有罐、鸡笼、灶等青瓷器。根据考古报告，出土的罐口径、底径均为10cm，高10.3cm；出土的鸡笼长10.5cm，宽7.5cm，高4～4.5cm；出土的灶长19cm，宽15.5cm，高13.6cm。

拿1978年江苏扬州唐城手工业作坊遗址发现的七个土灶的尺寸来对比，"（土灶）是平地挖坑而成，该类灶距地表55～70cm，椭圆形，口径最大达110cm，最小的有40cm，残高11～33cm，灶壁厚7～8cm，这与近现代的灶具的尺寸、规格基本接近"。如果按照传统的灶台高度一般为55～70cm核算，则江苏溧阳孙吴凤凰元年墓出土的灶台比例缩小幅度大约为：

$$最大，70/13.6≈5：1；最小，55/13.6≈4：1$$

不同的缩小比例测算出的灶台大小为：

最大，长95cm，宽77.5cm，高68cm

最小，长76cm，宽62cm，高54.4cm

同比，鸡笼的大小则为：

最大，长52.5cm，宽37.5cm，高20～22.5cm

最小，长42cm，宽30cm，高16～18cm

作为鸡笼，高度即使是22.5cm，也显得矮了一点，由此可以推测该西晋墓里面的青瓷模型缩放比例不是严格按照同一比例制作的。因此同一批出土的"罐"如按照等比例缩放，则达到惊人的口径、底径均为50cm，高51.5cm显然不太符合常理。可以得出一个结论：青瓷模型的尺寸都差不多大小，真实器物尺寸越大的缩小比例越大，真实器物越小的，缩小比例越小。口径为10cm的"罐"已经接近真实大小的"罐"了（图9-1、图9-2）。

根据青瓷提篮中能放置青瓷罐和青瓷勺这一组合，可以通过青瓷罐的尺寸大致反推出青瓷提篮的尺寸（图9-3）。

根据罐口不同的直径，可推算出提篮不同的尺寸数据，具体如表9-1所示。

表9-1　提篮的尺寸数据　　　　　　　　　　　　　　　　　　　　　　　　　　　　　单位：cm

序号	罐口直径	提篮直径	篮身高	提梁高	提梁直径	篮口宽度
1	10	39	14	11	4	4
2	8	31.2	11.2	8.8	3.2	3.2
3	12	46.8	16.8	13.2	4.8	4.8

因为青瓷提篮的篮身有布满一周的圆孔，可以推测这是带有编孔的竹编孔样式。根据圆孔的数量和形态，推测较大孔的六角编更为符合"圆形"孔的造型特征。

图9-1
青瓷罐

图9-2
青瓷鸡笼

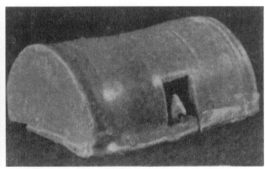

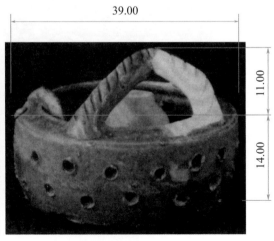

图9-3
青瓷提篮尺寸分析
（单位：cm）

3. 凤凰元年墓青瓷提篮复原与效果

根据测算，直径为39cm的提篮，其容积为：

$$V_{青瓷提篮}=16715.79 cm^3 \approx 16.7 L$$

这一尺度的提梁竹篮基本上是盛装日用品的竹篮。从出土的青瓷提篮中盛装了陶瓷罐、瓷勺等物品来看，这样的提篮应该是盛装日用餐具、饮具等器物的"送饭篮"。"T"形提梁也能适当保护提篮中的器物和饭食不会轻易掉出来。

图 9-4
江苏溧阳孙吴凤凰元年墓提篮复原效果图

按照不同的使用功能，该提篮还可以有不同的尺寸大小样式，当然提梁等结构不会同比例缩放，而会根据竹材特点和受力需要，选择恰当的提梁尺寸（图9-4）。

第三节
魏晋采桑竹篮的数字复原

1. 魏晋十六国壁画及采桑图

20世纪70年代在甘肃省嘉峪关酒泉一带,考古工作者发掘了散布在戈壁滩上的魏晋及十六国时期的墓葬内的墓室壁画。这些壁画的发掘对于研究河西地区魏晋十六国时期的社会、政治、经济均有很高的价值,同时也反映出当时的绘画艺术状况。

6号墓的9号壁画,刻画了一位提篮采桑的女子和手持弓箭护林的少年。少年有明显的鲜卑人特征。画面上,采桑女子与剑拔弩张的少年紧张对峙,生动描绘了魏晋时期河西地区男耕女织的安定生活。5号墓内13号壁画,描绘了两男子正在树下采桑,一男子提篮摘桑,面带一丝丰收喜悦;另一男子回首翘望,表情似乎扬扬得意。采桑图中,鲜卑人频繁出现,并且扮演保护蚕桑的角色,反映了当时的乡土风情。

2. 魏晋十六国壁画采桑提篮造型特征分析

5号、6号墓室壁画的几张采桑图，以壁画上提篮主人的身高作为参照系，可以推算出提篮的主要尺寸数据。6号墓中蚕桑图，持篮人正常站立，以成年男子170cm的身高作为参照尺寸，推算出其手持篮的基本尺寸，即：篮身高45cm，提梁高度37cm，篮身最大直径40cm，篮口宽或直径在3～5cm。提篮的编织孔较大，按图上的比例测算，每个孔是高26cm、宽11cm的菱形方格孔。根据该图绘制的风格，编织孔的实际大小和密度应该略有夸张和简略（图9-5）。

用同样的测算方法，得出5号墓中壁画上采桑图中的提篮总体尺寸分别是：篮身高42cm、提梁高35cm、篮身直径41cm、口沿宽或直径4cm；篮身高35cm、提梁高26cm、篮身直径28cm、口沿宽或直径3cm。也因为绘制简略，编织孔的大小和密度仅具有参考性（图9-6）。

三个采桑篮的篮底都是圆形底的，说明这样的采桑篮只能提在手中或悬挂起来，无法直接放置在地面上。这也是采桑篮比较有特色的一点。

图9-5
魏晋十六国墓葬6号墓采桑图提篮分析图（单位：cm）

图9-6
魏晋十六国墓葬5号墓采桑图提篮分析图（单位：cm）

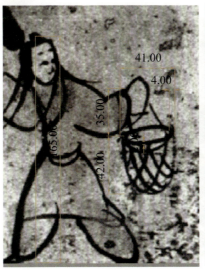 

3. 魏晋十六国壁画采桑提篮复原与效果

　　根据壁画绘制图案原样复制的效果比较粗犷，跟传统的竹编有较大的差异，使用竹编编织会有一定的难度。如果增加网孔的密度，则提篮的整体效果和使用功能会更加切合实际情况。复原的过程中，采用了三种不同密度的编织孔，其中中等密度的编织孔无论在编织工艺的难易度上，还是盛装桑叶的使用功能上，都是比较优化的选择（图9-7）。

图 9-7
魏晋十六国墓葬6号墓采桑
提篮复原效果图

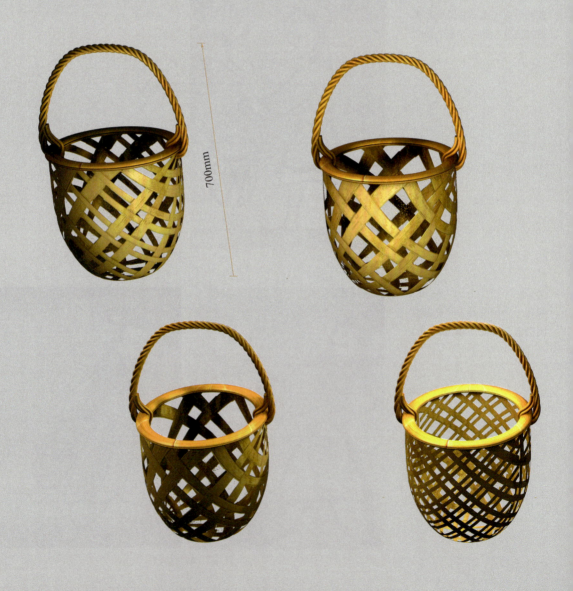

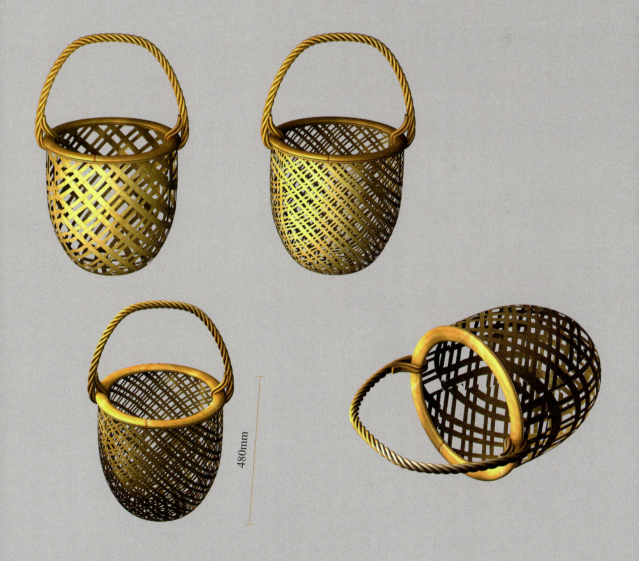

第九章
魏晋南北朝竹器图谱及数字复原

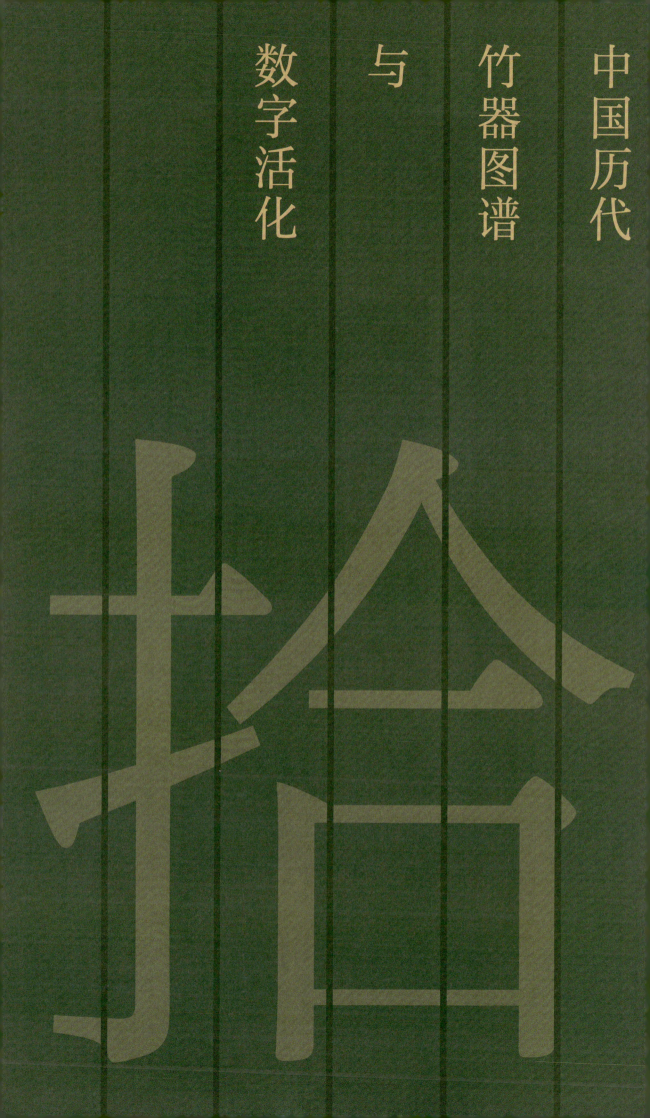

中国历代竹器图谱与数字活化

拾

第十章 隋唐五代竹器图谱及数字复原

第一节 隋唐五代典型竹器图谱
第二节 唐代高座竹椅的数字复原
第三节 唐代竹桌的数字复原
第四节 隋唐羃䍦的数字复原
第五节 唐代《茶经》中的竹茶具数字复原

第一节
隋唐五代典型
竹器图谱

589AD—960AD
唐卢楞伽《六尊者像》
中的大竹椅等

唐《萧翼赚兰亭图》中
的竹桌

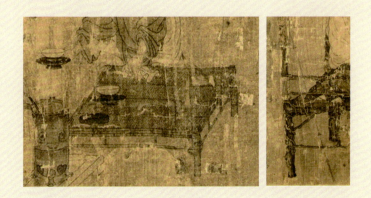

唐韦贵妃墓出土壁画中的排箫

唐李勣墓壁画中的排箫和笛子

唐燕妃墓壁画中的箜篌、洞箫、觱篥

第十章
隋唐五代竹器图谱及数字复原

唐《宫乐图》中的竹乐器

敦煌202窟《梵摩波提回宫》中的肩舆（中唐）

敦煌154窟《报恩经变之舞乐》中的竹乐器（中唐）

唐代尺八（江苏溧阳南山竹海文化博物馆）

敦煌196窟《耕种图》中的竹农具（晚唐）

敦煌12窟《婚嫁图》中的竹筐（晚唐）

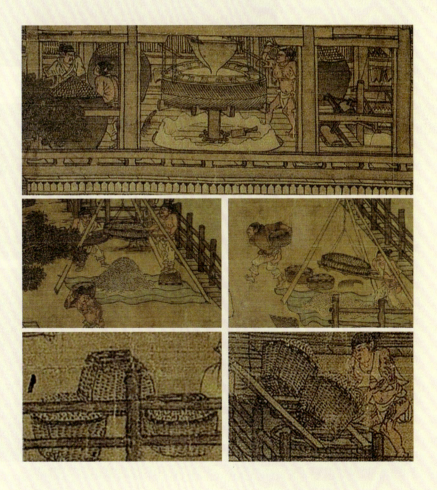

五代《闸口盘车图》中的生产竹器

第十章
隋唐五代竹器图谱及数字复原

五代《关山行旅图》中的竹罩笼与遮阳棚

五代周文矩《文苑图》中的竹编箱

五代董源《夏景山口待渡图卷》中的罾

五代赵干《江行初雪图》中的罾

敦煌61窟《耕获图》中的簸箕、斗笠（五代）

五代《韩熙载夜宴图》中的青篾扇

第十章
隋唐五代竹器图谱及数字复原

第二节
唐代高座竹椅的数字复原

1.《六尊者像》中高座竹椅等竹器

　　唐代卢楞伽所绘制的《六尊者像》，现藏于北京故宫博物院，是中国佛教画的经典之作。画面内容丰富、线条流畅、人物生动，宗教意味浓厚。

　　《六尊者像》记录了我国最早的竹椅形象，而且是组合式的竹制椅子。拔纳拔西尊者的座椅是一个完全用竹子制作的家具，不但造型细致，而且椅背上利用竹子的自然造型制作了优美的曲线样式。这在后世的竹椅中也不多见。绘画记录了该竹椅的构造和衔接方式，特别是前面脚踏部分，展现了圆竹的结构和造型处理手法。

　　画面中还有一个尊者侍从手持的竹扇，造型圆润，制作精致。竹扇在我国历史上一直沿用，从东周李洲坳墓出土的"天下第一扇"、汉马王堆出土的竹扇等就可以看到先人对竹扇的喜爱。至唐代，制作精致的圆形竹扇更是为后世留下了竹扇的基本造型模板。另外，竹扇在中国古代一直与"便面"共存，"便面"是扇子的一种。《汉书·张敞传》："自以便面拊马。"颜师古注："便面，所以障面，盖扇之类也。不欲见人，以此自障面，则得其便，故曰便面，亦曰屏面。"后亦泛指扇面。类似造型的竹扇在张萱的《捣练图》中也出现了。《捣练图》在绘制中还特意留下了竹扇柄上竹节的形态。

2.《六尊者像》高座竹椅造型特征分析

竹椅中弯曲的竹构件造型是十分特别的,至于这种弯曲竹材构件是自然弯曲还是人工弯曲的还不能推断。但竹椅脚踏部分四角的竹材构造充分展示了竹脚踏是使用一根竹竿弯曲合围而成的。这种竹材的制作工艺说明在当时工匠已经掌握了竹竿的开槽弯曲成型工艺。若要竹构件定型,少量的热弯成型工艺应是必不可少的(图10-1)。

根据《中国成年人人体尺寸》(GB/T 10000—1988E)相关标准,以第50百分位成年男性坐高为90.8cm作为依据,设定大竹椅上的尊者为该图中大竹椅尺寸的第一参照系,同时以尊者的头全高作为第二参照系。按照中国传统绘画中主要人物大于附属人物的特点,尊者身边的人物在比例上均小于尊者,因此不把尊者身边的人物作为参照系。测算出竹椅的整体高度为120cm,是一个尺寸比较大的竹家具。再根据竹椅总高这一参数,进一步推算出竹椅其他构件的尺寸。测算出的《六尊者像》高座竹椅具体尺寸如表10-1所示。

表10-1 《六尊者像》高座竹椅尺寸 单位:cm

尊者坐高(第一参照系)	尊者头全高(第二参照系)	椅总高	椅面高	侧面宽	扶手高	靠背高	椅腿直径	扶手直径	枨子直径	足承高	足承侧面宽
90.8	23.26	120	46	54	28	68	6	4.5	3.5	12	19

竹椅的正面宽在画面中测算的约为57cm,但根据尊者盘坐的情况来看,盘坐在竹椅上,空间还有富余,说明竹椅的宽度要大于盘坐时双腿的直线距离。根据日本正仓院保存的一把赤漆榉木胡床来看,该胡床靠背高48.5cm,椅座高42cm,宽78.4cm,深70cm。说明在唐代,座椅的正面宽度是比较大的,能达到近80cm。而80cm基本上能满足盘坐的空间要求。因此,《六尊者像》中竹椅的宽度也应该在80cm左右。而通过画面中足承的正面宽数据,可以估算出其正面实际宽约为42cm左右。

图10-1
唐代高座竹椅尺寸分析图
(单位:cm)

3.《六尊者像》高座竹椅复原与效果

《六尊者像》高座竹椅如图 10-2 所示。根据对复原竹椅的数据分析与测算,测算出该竹椅的竹材体积如下:

竹片、竹条制作的椅面、足承面等竹构件体积,即

$$V_{竹构件1}=5550.87088\text{cm}^3$$

竹椅的椅腿和搭脑部分都是较粗的竹竿,直径在6cm左右,假定其壁厚为1cm,根据测算,这一部分竹材的实际体积为:

$$V_{竹构件2}=(3^2-2^2)/3^2\times 11500.847\approx 6389.36\text{cm}^3$$

竹椅的扶手和枨子分别使用直径为4.5cm、3.5cm的竹竿制作,假定其壁厚为0.5cm,则这一部分竹材的体积为:

$$V_{竹构件3}=(2^2-1.5^2)/2^2\times 12267.32\approx 5366.95\text{cm}^3$$

图10-2
《六尊者像》高座竹椅复原效果图

最后一部分是足承用的小竹竿，这一部分小竹竿的直径为2cm左右，假定其壁厚为0.5cm，则这一部分竹材的体积为：

$$V_{竹构件4}=(1^2-0.5^2)/1^2×1267.039≈950.28cm^3$$

最后测算出该竹椅的竹材总体积为：

$$V_{总}=V_{竹构件1}+V_{竹构件2}+V_{竹构件3}+V_{竹构件4}≈18524.46cm^3$$

根据竹材的气干密度，以0.7g/cm³为基准进行测算，得出该竹椅的总重量是：

$$m_{竹椅}=0.7g/cm^3×18524.46cm^3≈12967.12g≈12.97kg$$

第三节
唐代竹桌的数字复原

1.《萧翼赚兰亭图》中的竹桌与竹杖

《萧翼赚兰亭图》是唐代画家阎立本创作的中国古画,该作品根据唐代何延之《兰亭始末记》故事所作。但是阎立本原作已经遗失,现存世有北宋摹本和南宋摹本。北宋摹本藏于辽宁省博物馆,南宋摹本藏于台北故宫博物院。此处讨论的是北宋摹本。南宋摹本与北宋摹本场景相似,略有变化。

在该画中,可以看出有一件竹制茶桌和辩才和尚的一根竹杖。细看茶桌,其框架结构由圆竹直接制成,桌面则采用竹席制成,因此,这是一个完整的竹制桌子。也是目前最早的绘画中出现的竹桌形象。

2.《萧翼赚兰亭图》中竹桌造型特征分析

根据《中国成年人人体尺寸》(GB/T 10000—1988E),第50百分位成年男性坐高为90.8cm,据此设定竹桌边上煮茶人为第一参照系。因为煮茶人席地而坐,身子略向前倾,会对整体坐高有一定的影响,因此取90.8cm的90%作为参照,即81.7cm。测算出竹桌的整体宽度为56cm,高度为20cm(图10-3),是一个尺寸比较精致的竹家具。

再根据竹桌总宽和总高,进一步推算出竹桌其他构件的尺寸(表10-2)。

表10-2 《萧翼赚兰亭图》竹桌尺寸　　　　　　　　　　　　　　　　　　　　　单位:cm

煮茶人坐高 (第一参照系)	桌总高	桌总宽	桌腿直径	帐子直径	帐子高度	桌面围合用竹直径
81.7	20	56	2.7	1	17.5	1

图10-3
《萧翼赚兰亭图》竹桌的尺寸分析图(单位:cm)

3.《萧翼赚兰亭图》中竹桌复原与效果

根据前期的数据分析,对唐阎立本《萧翼赚兰亭图》矮脚竹桌进行了复原,复原效果如图10-4所示。

图10-4
唐阎立本《萧翼赚兰亭图》
矮脚竹桌复原效果图

第四节
隋唐幂篱的
数字复原

1. 隋唐幂篱

幂篱作为一种独特的古代帽饰,在历史上延续了近500年。但由于古代服饰不易保存,幂篱的形象鲜为人知。"幂篱"两字组合最早在晋代出现。❶隋代幂篱流行于吐谷浑的上层人群中,多为男性穿戴。唐初幂篱开始盛行。❷唐代以后则逐渐消失,不再使用。

唐代燕妃墓(672AD)出土了一幅捧幂篱女侍图。从图像分析,幂篱是侍女为侍奉墓主人穿戴而备,侍女双臂前伸捧有一顶呈钵形的黑色圆帽。侍女手捧的圆帽檐连缀丝织物虽然打折弯曲,但仍下垂到侍女的腿部位置。根据幂篱有"障蔽全身"的特点,此即为唐初流行的幂篱。

从燕妃墓壁画中绘制的幂篱形象中,可以看到幂篱的帽子部分绘制得十分精细。按照历代斗笠等制作的原理,如此精细的帽子,不是一般材料可以编织出来的,特别是草编或柳编的都很难编得如此的精细,另外作为皇妃的用具,不会使用草编来制作。而使用竹编倒是十分方便。幂篱帽子和巾帛相连的地方似乎使用双层竹片夹住,至于下垂的巾帛长度,则是因人而异,可以长及全身,也可以仅遮蔽脸部。吐鲁番阿斯塔那187号墓出土的唐代骑俑佩戴的幂篱就相对较短,没有燕妃墓中幂篱巾帛的长度(图10-5)。

图10-5
吐鲁番阿斯塔那187号墓出土的戴幂篱彩绘女骑俑

---

❶《晋书·四夷传》中记载吐谷浑男子服饰时提到:"其男子通服长裙,帽或戴幂篱。"
❷《旧唐书·舆服志》:"武德、贞观之时,宫人骑马者,依齐、隋旧制,多著幂篱,虽发自戎夷,而全身障蔽,不欲途路窥之。王公之家,亦同此制。"

2.燕妃墓壁画幂䍦造型特征分析

以燕妃墓中壁画上侍女的身高165cm作为参照系,可以测算出幂䍦的基本尺寸,即:幂䍦最大直径51cm,幂䍦竹编部分总高19cm,帽檐竹片宽度为2cm左右。幂䍦顶部球形部分直径约为18cm,高度为9cm,近似于一个直径为18cm的半球形。幂䍦的挂帘部分长短不一,但唐燕妃墓中所绘制的幂䍦挂帘长度约有一人高,是能够遮挡人的全身的一种幂䍦(图10-6)。

3.燕妃墓壁画幂䍦复原与效果

根据前期的数据分析,对燕妃墓中幂䍦进行复原,复原效果如图10-7和图10-8所示。

图10-6
唐代幂䍦造型尺寸分析

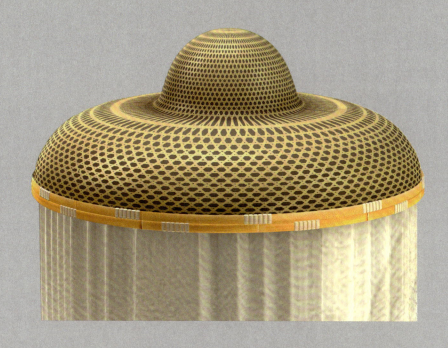

图 10-7
唐代幂䍥复原效果图（1）

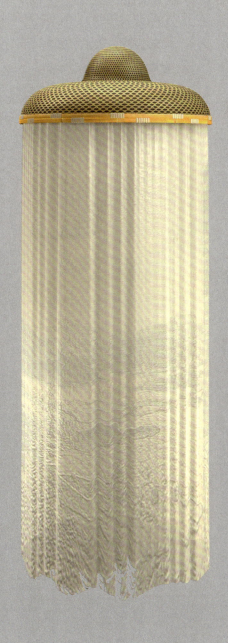

图 10-8
唐代幂䍥复原效果图（2）

第十章
隋唐五代竹器图谱及数字复原

第五节
唐代《茶经》中的竹茶具数字复原

1.《茶经》中的竹茶具

　　《茶经》是中国乃至世界现存最早、最完整、最全面介绍茶的第一部专著,由唐代陆羽所著。书中记录了我国茶叶生产的历史源流、生产技术、饮茶技艺以及茶道原理等资料,并阐述了茶文化,推动了中国茶文化的发展。在《茶经》中,陆羽阐述了适于烹茶、品饮的二十四器。这二十四器中就有不少同竹材相关,是唐代的竹茶具。略有遗憾的是,《茶经》虽记载了二十四器的材料、形制和功能等,但没有图像资料。

　　在《茶经》中,陆羽将制茶器具称为"茶之具",将饮茶器具称为"茶之器"。但后世则将"具"和"器"合并,统称为茶具。其中竹茶具主要有十七种,涉及制茶、饮茶的各个环节,说明唐代竹茶具已经十分系统和专业化。在前文中已经对《茶经》中记载的两种竹器芘莉、漉水囊进行了造型分析和数字化复原,在这里就不再赘述。

2.《茶经》中竹茶具造型特征分析

筥:"筥以竹织之,高一尺二寸,径阔七寸,或用藤作,木楦,如筥形,织之六出,固眼其底,盖若利箧口铄之。"

根据上述文字描述,结合唐代一尺合现代的30.7cm,则筥的主要尺寸如下:

$$H_{筥}=1.2×30.7=36.84cm,\ \phi_{筥}=0.7×30.7=21.49cm$$

罗合:"罗末以合盖贮之,以则置合中,用巨竹剖而屈之,以纱绢衣之,其合以竹节为之,或屈杉以漆之。高三寸,盖一寸,底二寸,口径四寸。"

根据上述文字描述,则罗合的主要尺寸如下:

$$H_{罗合}=0.3×30.7=9.21cm,\ H_{罗合盖}=0.1×30.7=3.07cm,$$
$$H_{罗合底}=0.2×30.7=6.14cm,\ \phi_{罗合口}=0.4×30.7=12.28cm$$

具列:"具列或作床,或作架,或纯木纯竹而制之,或木或竹,黄黑可扃而漆者,长三尺,阔二尺,高六寸,其到者悉敛诸器物,悉以陈列也。"

根据上述文字描述,则具列的主要尺寸如下:

$$L_{具列}=3×30.7=92.1cm$$
$$W_{具列}=2×30.7=61.4cm$$
$$H_{具列}=0.6×30.7=18.42cm$$

都篮:"都篮以悉设诸器而名之。以竹篾内作三角方眼,外以双篾阔者经之,以单篾纤者缚之,递压双经作方眼,使玲珑。高一尺五寸,底阔一尺,高二寸,长二尺四寸,阔二尺。"

根据上述文字描述,则都篮的主要尺寸如下:

$$H_{都篮}=1.5×30.7=46.05cm$$
$$W_{都篮底}=30.7cm$$
$$H_{都篮底}=0.2×30.7=6.14cm$$
$$L_{都篮}=2.4×30.7=73.68cm$$
$$W_{都篮}=2×30.7=61.4cm$$

3.《茶经》中竹茶具复原与效果

根据前述尺寸和文字描述,罗合复原效果如图10-9所示。通过复原可以还原和拆分罗合的主要部件。

筥复原效果如图10-10所示。通过复原可以对比筥和罗合的尺寸大小关系。从对比图看,罗合是一个尺寸较小且精致的竹茶具。

具列和都篮的复原效果见图10-11、图10-12。由于《茶经》中并没有说明这些茶具更详细的细节特征,因此在复原的过程中可以对没有明确说明的诸如造型、框架结构、用色、编织手法等方面开展不同效果的尝试,探索设定不同用色和编织手法的同类茶具。

图10-9
《茶经》竹制罗合复原效果图

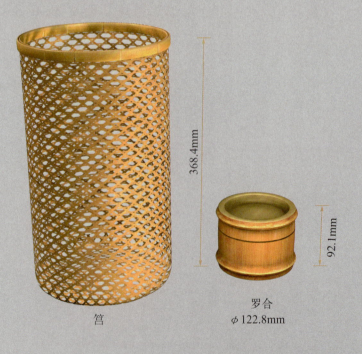

图10-10
《茶经》中筥和罗合复原效果图

图 10-11
《茶经》具列复原效果图

图 10-12
《茶经》都篮复原效果图

第十章
隋唐五代竹器图谱及数字复原

231

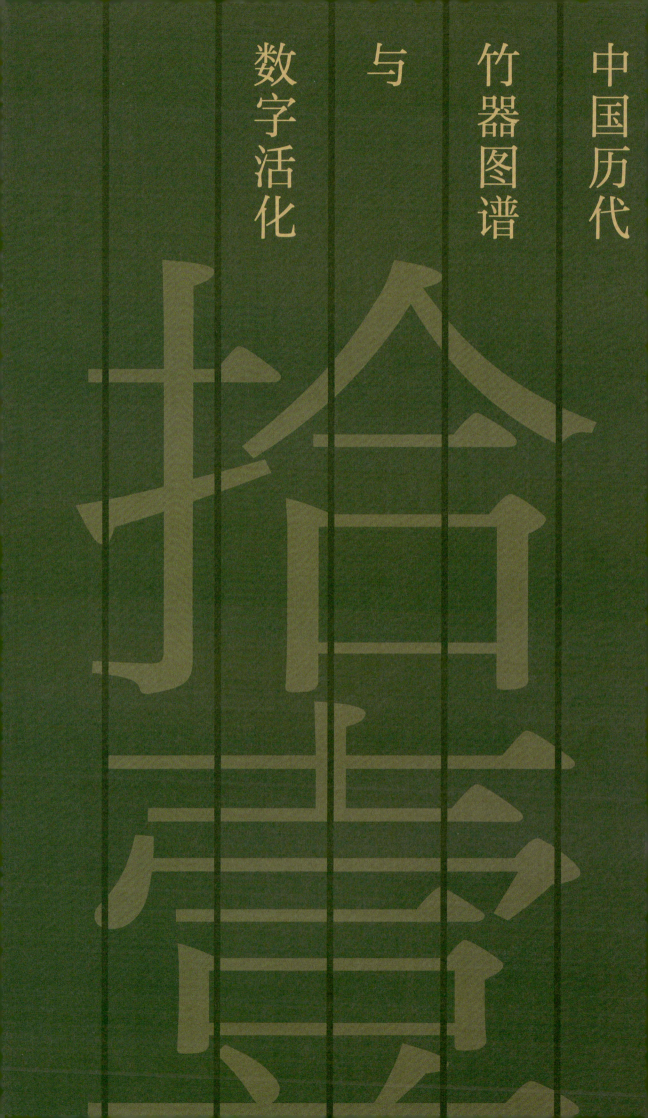

中国历代竹器图谱与数字活化

第十一章 宋代竹器图谱及数字复原

第一节 宋代典型竹器图谱

第二节 宋代竹家具及数字复原

第三节 宋代竹篮的数字复原

第四节 宋代竹货挑及日用竹器的数字复原

第五节 宋代竹丝扇的数字复原

第六节 宋代竹茶器的数字复原

第一节
宋代典型竹器图谱

960AD—1279AD
北宋张择端《清明上河图》中的竹器系统

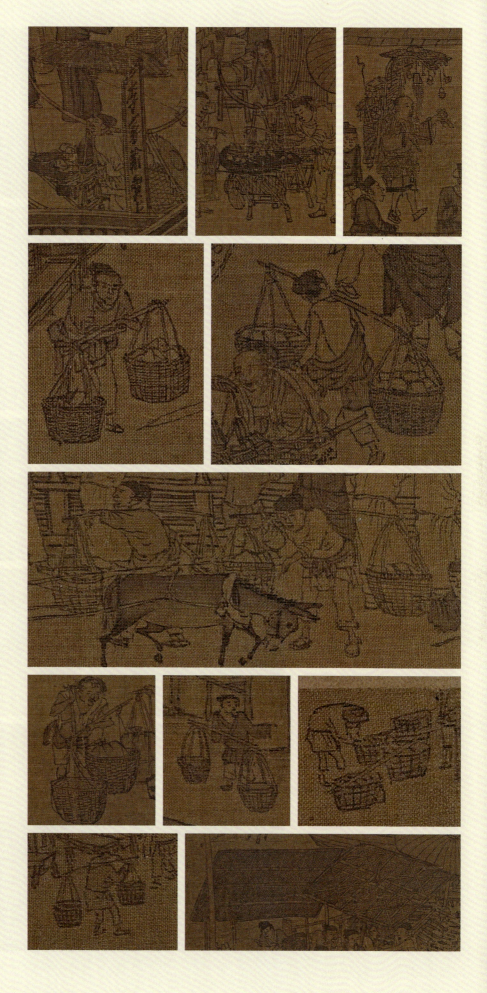

第十一章
宋代竹器图谱及数字复原

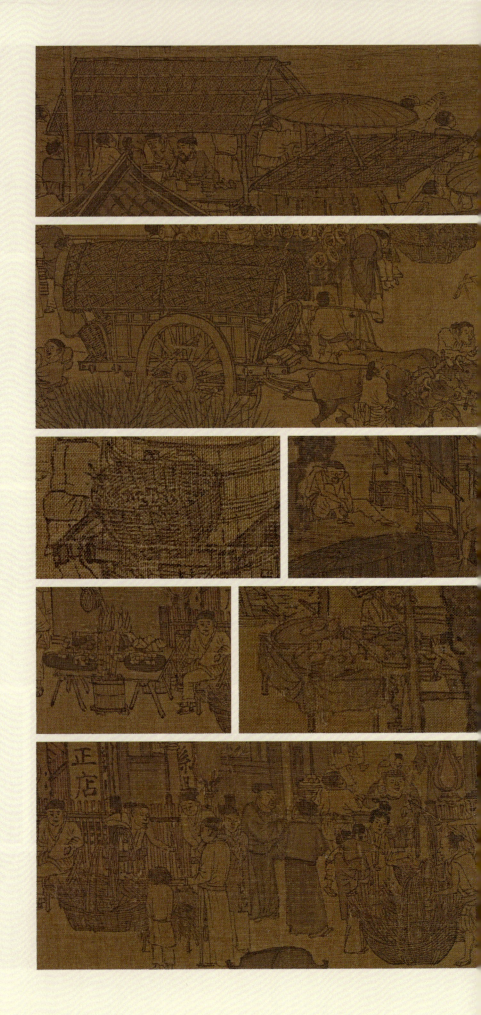

第十一章
宋代竹器图谱及数字复原

宋代佚名《十八学士图》中的竹椅和竹栏

北宋李公麟《商山四皓会昌九老图》中的竹椅

内蒙古敖汉旗北羊山1号辽墓出土壁画中的竹笼

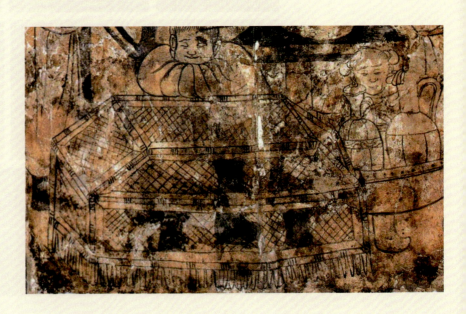

北宋佚名《雪渔图》中的竹渔具

北宋王希孟《千里江山图》中的罾及竹篱笆

北宋赵佶《文会图》中的竹罩

南宋李嵩《货郎图》中的日用竹器

第十一章
宋代竹器图谱及数字复原

大理国张胜温《梵像图》中的竹椅

南宋刘松年《茗园赌市图》中的竹货架

南宋审安老人《茶具图赞》中的竹茶具

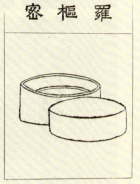
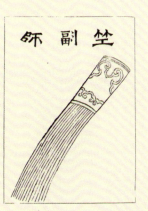

第十一章
宋代竹器图谱及数字复原

南宋刘松年《撵茶图》中的竹笼

南宋刘松年《斗茶图》中的竹柜

 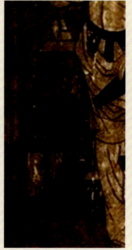 

南宋佚名《斗浆图》中的各式竹茶具与竹篮

南宋楼璹《蚕织图》中的蚕织竹器

第十一章
宋代竹器图谱及数字复原

243

南宋《宋高宗书〈女孝经〉马和之补图》中的方竹筐

南宋马公显《药山李翱问答图》中的竹椅

南宋佚名《白描罗汉册》中的竹椅

福建邵武黄涣墓出土青篾扇（南宋）

江苏金坛周瑀墓出土青篾扇（南宋）

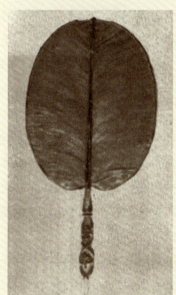

南宋佚名《玄奘三藏像》中的竹背架

第十一章
宋代竹器图谱及数字复原

第二节
宋代竹家具及数字复原

传统竹家具是中国竹器中一个重要的分支。唐宋时期，我国普遍的起居形式从席地而坐向垂足而坐转变，高型家具体系逐渐形成。❶我国的竹家具也随之逐步成熟完善，形成完整的竹家具系统。这个时期的竹家具多见于图像和文字中，以实物保存下来的较少❷。因此，从传统绘画出发对传统竹家具进行研究是一条行之有效的路径。尤其在我国绘画高峰的宋代，绘画中存在的竹家具是竹家具研究不可忽视的一个重要部分。宋代绘画中的竹家具有着器物与文化的双重属性。它们既是对当时竹家具制作的形式和工艺的记载，也是当时朴素清雅、谦逊有节的中国文化的象征。

1.宋代绘画中竹家具的形态复原思路

宋代绘画中的竹家具多见于人物题材的绘画，例如《白描罗汉图册》（佚名）、《药山李翱问答图》（马公显）中的竹扶手椅，《文会图》（赵佶）、《扶醉图》（钱选）、《米襄阳洗砚图》（晁补之）中的斑竹椅，《十八学士图》（佚名）中的斑竹玫瑰椅，《梵像图》（张胜温）中的两件竹椅等❸。绘画中竹家具多与所绘人物共同出现，会受到人或物的遮挡，且中国传统绘画中有写意变形的绘画技法，与实际情况有一些偏差。因此，这些绘画中竹家具的形态是不完整的、有误差的，需要通过一定的方法进行推算复原。传统竹家具的形态复原内容包含造型、尺度、色彩及材质等（图11-1）。

图11-1
宋代绘画中的竹家具举例

《药山李翱问答图》
（局部）

《米襄阳洗砚图》
（局部）

《白描罗汉图册》
（局部）

---

❶ 李雨红，于伸.中外家具发展史[M].哈尔滨：东北林业大学出版社，2000：23.
❷ 孙巍巍，李德君.中国传统竹藤家具的设计美学[J].竹子研究汇刊，2014，33(1)：52-58，62.
❸ 邵晓峰.中国宋代家具[M].南京：东南大学出版社，2010.

图 11-2
《十八学士图》中的湘妃竹玫瑰椅

(1) 传统竹家具的造型复原方法

造型的推算复原以绘画中竹家具整体的形象为基础，以宋、明等朝代与该竹家具类别相同的木质家具为参照，结合相关的文献记载，最后推算出竹家具的造型。以《十八学士图》中的湘妃竹玫瑰椅为例。《十八学士图》中共有3件类似的玫瑰椅，如图11-2所示，另外两件为木质玫瑰椅。玫瑰椅造型最早的史料记载见于唐末李济翁《资暇录》。其载："近者绳床（指椅子），皆短其倚衡，曰'折背样'。言高不过背之半，倚必将仰，脊不遑纵。亦由中贵人创意也。盖防至尊（帝王）赐坐，虽居私第，不敢傲逸其体，常习恭敬之仪。士人家不穷其意，往往取样而制，不亦乖乎！"❶根据绘画中的家具以及文献中的记载，我们可以得出，《十八学士图》中的湘妃竹玫瑰椅具有与当时大部分玫瑰椅类似的造型特点：由于"恭敬之仪"坐姿的需要，它的椅背高度不高于一般靠背椅椅背尺度的一半；由于处在低坐向高坐发展的过渡时期，这种玫瑰椅普遍存在踏床❷，今作脚踏；在座面及踏床下方均存在类似于后世家具中的束腰结构，这种束腰结构起到了装饰与力学支撑的双重作用。

(2) 传统竹家具的尺度复原方法

尺度是家具非常重要的设计因素。良好的尺度关系不仅是满足家具使用功能的基础，也是使家具整体造型美观的重要因素。宋代绘画中竹家具的尺度无法进行精确的数据测算，是竹家具复原制作的难点。在确定绘画中家具的尺度时，可以通过人体工程学原理、设计几何学原理及相同种类传统家具之间的类比等方法进行估算。家具的尺度是以人体尺度为基准的。以《十八学士图》中湘妃竹玫瑰椅为例，根据人体的坐姿尺寸，我们可以确定座椅框架每一部分的尺度区间。我国人体坐姿颈椎点高，一般男性为59.9～71.9cm，女性为56.3～67.5cm；坐姿小腿加足高，一般男性为37.2～46.3cm，女性为33.1～41.7cm。❸结合上文所提及的"折背样"

---

❶ 邵晓峰.中国宋代家具[M].南京：东南大学出版社，2010.
❷ 王世襄.明式家具研究[M].北京：生活·读书·新知三联书店，2007.
❸ GB/T 10000—1988 中国成年人人体尺寸.

说法，该玫瑰椅靠背的尺度应为人体坐姿颈椎点高的一半左右，大约在 30.0～36.0cm 之间。座面到脚踏底部的距离应为坐姿小腿加足高，大约在 33.0～46.3cm 之间。该玫瑰椅的其余部分尺寸区间均可以用此办法类推。在满足人体工程学的基础上，按照设计几何学原理中的黄金分割比例❶进一步估算玫瑰椅的尺寸。若香妃竹玫瑰椅的靠背高度为35.0cm，座面到脚踏底部的距离为56.6cm，这两者之比为 1：1.618，故以此尺度来复原制作该湘妃竹玫瑰椅（图11-3）。

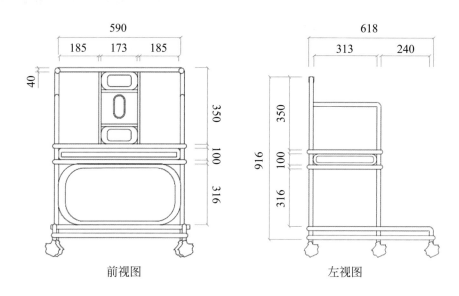

图11-3
《十八学士图》中湘妃竹玫瑰椅的尺度复原正、侧视图（单位：mm）

前视图　　　　　　　左视图

湘妃竹本身的尺寸也是决定湘妃竹椅尺度外观的一个因素。湘妃竹的直径可达15cm，节间长达40cm❷。徐振国等提出"胸径5cm、株高11m、枝下高4m、秆重8kg，要求林相整齐、均匀"的斑竹（湘妃竹）林结构标准❸。这也意味着直径5cm是湘妃竹成材的一个比较广泛的标准，结合常见家具结构部件的尺度及力学强度要求，湘妃竹椅所用竹直径居于4～5cm是比较合理的区间。《十八学士图》湘妃竹玫瑰椅的复原选定4cm为湘妃竹的直径。在人体工程学原理与设计几何学原理的基础上，该玫瑰椅的尺寸可以参照后世明代家具中的一部分玫瑰椅。我国的明代家具源于宋代家具，因此在造型尺度方面，明代家具对于宋代绘画中家具的复原有一定的参照和指导意义。

---

❶ 黄金分割比例长宽比为1：1.618，有史以来，不论在人工环境，还是在自然界都记载着人类对于黄金分割比例的认知偏好。

❷ 中国科学院.中国植物志[M].北京：科学出版社，1999.

❸ 徐振国，郭起荣，冯云，等.不同类型斑竹林结构特征的研究[J].江西农业大学学报，2012，34(02)：317-323.

（3）传统竹家具的色彩和材质复原方法

中国绘画不以描摹自然色彩为目的，而是用诗意化、意象化的色彩以"情"赋彩、随"意"赋彩，色彩表现具有很强的主观性，宋代绘画也不例外。因此，在绘画中，物体的材质和色彩与真实情况相差较大。在数字化复原竹家具的过程中，需要按照竹家具真实的色彩和材质进行制作。以湘妃竹活竹、家具使用初期、长期使用后为三个时间节点对湘妃竹的色彩进行提取。挑选这三个时间节点的湘妃竹竹青表面具有代表性的区域节点，采用Photoshop软件进行色彩提取，以色彩的RGB值作为量化数据。提取后，活竹阶段的湘妃竹表面色彩RGB值为R112、G160、B79，斑点RGB值为R54、G53、B66；家具使用初期的色彩RGB值为R243、G188、B98，斑点RGB值为R195、G111、B63；家具长期使用后的色彩RGB值为R196、G62、B16，斑点RGB值为R120、G64、B66。如图11-4所示，这些色彩的数据可以直接用于湘妃竹家具的复原制作。

图11-4
湘妃竹表面色彩提取

2.传统竹家具结构与工艺复原方法

结构和工艺复原是传统竹家具复原活化的一个重要组成部分。对于传统竹家具结构和工艺的研究,一方面的意义在于现代竹家具的制作仍然在沿用传统竹家具的结构和工艺方法,现代竹家具结构和工艺的创新也有赖于传统结构和工艺的基础;另一方面,对于竹家具结构和工艺的研究可以使宋代绘画中竹家具的复原在细节上更加准确。传统竹家具的框架结构形式有弯曲接合和直材接合两大类。弯材或直材,与其他圆竹或竹片通过竹钉、铁钉、胶黏剂、绑扎等连接方式组成竹家具的框架❶。这两大类结构形式在宋代绘画竹家具中均有体现。

(1)宋代绘画中竹家具的弯曲结构工艺

竹材的弯曲成型有加热弯曲和开凹槽弯曲两种工艺。加热弯曲适用于小径竹材加工,多用于弯曲造型的零部件以及结构辅件。这种加工工艺在《药山李翱问答图》《六尊者像》等绘画中均有呈现(图11-5)。开凹槽弯曲适用于大径竹材,多用于竹家具主要的结构框架。包接是开槽弯曲重要的一种接合方式,多用于竹家具成角造型的制作,常见的有并竹弯曲、方折弯曲等形式。包接的方式在宋代绘画竹家具中大量存在,是当时比较重要的一种竹家具结构工艺。以《十八学士图》中湘妃竹玫瑰椅的复原为例,该竹椅的靠背直角部位、座面围子以及椅腿横枨围子均采用了包接的结构工艺(图11-6)。

图11-5
《药山李翱问答图》中的弯曲部件

图11-6
宋代绘画中竹家具的包接结构

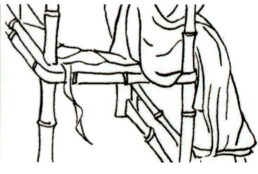

---

❶ 唐开军,史向利.竹家具的结构特征[J].林产工业,2001(1):27-32.

（2）宋代绘画中竹家具的直材接合工艺

传统竹家具的直材接合类似于木家具的榫卯接合，接合的方式包括绑扎、榫接合❶，其中榫接合需配合竹钉等的连接方法。直材接合的方式主要出现在竹家具T字造型、十字造型、L字造型以及一些辅助结构，例如横枨、矮老❷等部件的连接上，其在宋代绘画竹家具中也广泛存在。例如《梵像图》中竹椅靠背的T字造型、矮老，以及另一件竹椅座面下方的矮老；《文会图》中竹椅两腿之间的横枨；《扶醉图》竹榻两腿之间的横枨等。在《十八学士图》中湘妃竹玫瑰椅上，还存在大量的绑扎连接方式。绑扎工艺本身就具有较强的装饰表现力（图11-7）。

图11-7
宋代绘画竹家具中的直材接合

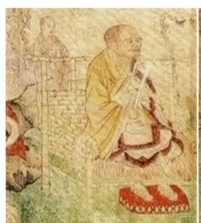

《梵像图》中的直材接合　　　　　　　　　　《文会图》中的直材接合

---

❶ 姚利宏，徐伟涛，游茜，费本华，宋莎莎.圆竹家具设计探究[J].林产工业，2018，45(03)：26-30.

❷ 矮老，短柱，多用在枨子及其上部构件之间。

3. 宋代绘画中竹家具的复原技术路径与模式

宋代绘画竹家具的复原活化，最终要呈现的是形态完整、结构合理的数字三维图样。该复原图样应包含该竹家具的造型、尺度、色彩、材质及局部结构工艺等信息。下面根据上文所论，提出宋代绘画中竹家具的复原技术路径（图11-8）。

在造型上，尊重绘画中传递的家具造型信息，结合其他文献资料中的相关信息，参考中国传统家具中类别相似的其他家具的造型规律，确定绘画中竹家具的大体造型。

在尺度上，以人体工程学原理为基础测算出绘画中竹家具的框架尺寸，参照绘画中其他常见的物品，结合设计几何学的相关原理以及类别相似的其他家具的尺度经验，确定绘画中竹家具的尺度。

在色彩和材质上，应当遵循家具的本色，从绘画中竹家具所用的竹材，以及同种竹材所制作的家具实物照片中提取家具色彩的量化数值。

在结构工艺方面，我国传统竹家具的大部分结构和工艺方法现在依然在使用。在存世的传统竹家具以及现代竹家具中挖掘中国传统竹家具的各种结构和工艺方法，并将其定位到所要复原的竹家具中，从而完成结构和工艺上的复原。

根据以上造型、尺度、色彩、材质与结构工艺的复原分析，采用3ds Max及AutoCAD进行竹家具的造型、尺度的复原以及模型制作。在模型基础上，采用3ds Max三维软件及V-Ray渲染插件进行色彩及材质的复原（图11-9）。

此复原活化的模式应尊重绘画中传递的家具信息。在此基础上，对绘画中竹家具的形态进行描摹，并通过相关文献、人体工程学、设计几何学以及传统家具的形态经验来增加描摹的准确性。应注意绘画与实际的差距，并以实际情况为准则进行复原。此复原活化的模式通用于宋代绘画中竹家具的复原，也可以推广至一类只存有图像或文献记载的中国传统竹家具的复原。

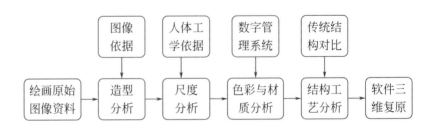

图11-8 绘画竹家具的复原技术路径

图 11-9
《十八学士图》中湘妃竹玫瑰椅的复原活化

4.宋《白描罗汉册》竹椅造型特征分析与复原

《白描罗汉册》三开,原为广州市海幢寺旧藏,有海幢寺朱文藏印一方。画纵均为26.2cm,横第一开48cm,第二开48.2cm,第三开47.7cm。名款在末页右边小楷书一行,题作"元丰二年浴佛日李伯时薰脩",下钤朱文"李伯时口印"。经鉴定,此册非李公麟原作,可能是南宋摹本。本幅白麻纸,页中钤有类似"金粟山藏经印"印章一方,朱文模糊不清。此册无其他文字题识,也未见于著录。

根据该画的总体情况,选择罗汉的坐高作为第一参照系,用来测算竹椅的高度。根据《中国成年人人体尺寸》(GB/T 10000—1988E)相关标准,以第50百分位成年男性坐高为90.8cm作为依据,同时结合该标准中第50百分位成年男性小腿加足高为41.3cm的标准,则罗汉坐像高应为132.1cm。但根据罗汉坐像高为132.1cm,测算出罗汉的头全高为30.0cm,而按照《中国成年人人体尺寸》中的标准,第50百分位成年男性头全高为22.3cm。通过罗汉头全高反推出其坐姿高为:$H_{罗汉}$=98.0cm。

由此,以罗汉"头全高"作为参照系,测算出竹椅的相关尺寸如下:

$H_{竹椅}$=94cm,其中$H_{椅面}$=43cm,$H_{足承}$=7cm,$H_{椅面到扶手}$=23cm

$W_{竹椅侧面}$=72cm,其中$W_{足承}$=20cm

$\phi_{竹椅腿底部}$=6cm,$\phi_{竹椅腿顶部}$=3cm,$\phi_{竹椅扶手}$=3cm

如图11-10所示的竹椅上罗汉的身体宽度和竹椅正面宽度的对比，可以看到竹椅面宽要比罗汉肩宽大很多，因此该竹椅的面宽可以参照唐卢楞伽《六尊者像》中高座竹椅的面宽，即80cm左右。这样的竹椅面宽与94cm的高度、72cm的侧面宽度是比较相称的尺寸搭配，比《十八学士图》中湘妃竹玫瑰椅的尺寸略有增加。

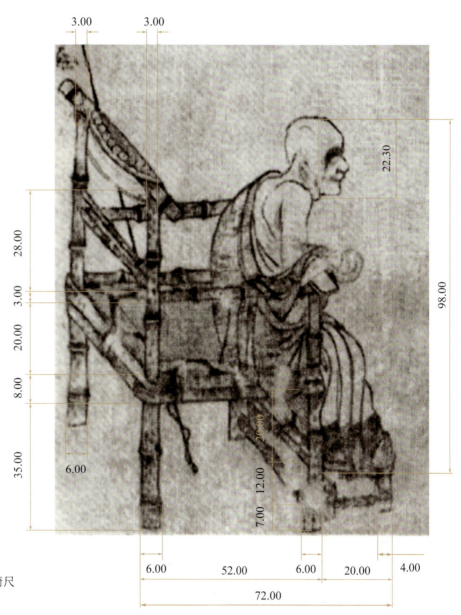

图 11-10
宋《白描罗汉册》中竹椅尺寸分析图（单位：cm）

第十一章
宋代竹器图谱及数字复原

根据复原的结果,可以看到该竹椅分为竹椅主体和竹制足承两个部分,同《十八学士图》中湘妃竹玫瑰椅不一样,是分开的两个竹制部件。竹椅腿部直径达6cm,如果以该图中所绘制的形象——湘妃竹来看,6cm直径的湘妃竹已经是比较粗的了(图11-11)。

图11-11
宋《白描罗汉册》中竹椅复原效果图

5.宋《药山李翱问答图》中竹椅造型特征分析与复原

宋马公显❶《药山李翱问答图》,绢本,水墨浅设色,规格为25.9cm×48.5cm,日本京都南禅寺藏。该图为马公显传世孤本,主要是描写唐代的药山禅师与朗州刺史李翱"云在青天水在瓶"的对话故事。这是一幅典型南宋画院风格的佛画,其构图简洁,意境完整,主体鲜明,笔触大胆泼辣,水墨发挥得更加充分,将一场充满哲理的问答情景呈现在人们眼前。在栅栏围起来的禅院里,以两棵古松为背景,松下一位老僧坐在具有江南特色的竹椅上,身前是板状腿的石桌,上有花瓶、茶盏、砚台和两函经书,对面是身着官服打躬作揖的李翱,禅师手指上方,仿佛在说"云在青天",一问一答相对成趣。马公显继承并发展了李唐的画风,大胆取舍剪裁,描绘寺之一角,画面留出大片空白以突出对话,以表示烟云深远的青天和空旷高远的气氛,似虚而实,虚中有实。

如图11-12所示,根据画面中的图形要素,选用药山禅师的坐高作为参照系是最合适的,但是药山禅师因腿部被遮挡,准确测量有一定的难度,因此使用三个参照系:第一是该画面中石桌的高度,第二是药山禅师的手掌长度,第三是花瓶的高度。一般情况下,桌子高为70cm左右,传统的书桌高度也基本在这个范围。

根据第一参照系桌子高70cm的参照系进行测算,可知:

第二参照系药山禅师的手掌(带指甲)$H_{禅师手掌}$=21～22cm;

第三参照系花瓶的高度$H_{花瓶}$=30cm。

根据以上三个参照系,通过软件测算出的竹椅高度$H_{竹椅}$=128cm。

根据《中国成年人人体尺寸》(GB/T 10000—1988E)相关标准,以第50百分位成年男性最大手掌长度为18.3cm作为依据,带指甲手掌长度可估算为约19cm,则误差应为:(22−19)÷19≈0.158=15.8%。

反推出第一参照系石桌的高度修正值$H_{石桌高度修正值}$=70×(1−15.8%)=58.94cm。

反推出第三参照系花瓶的高度修正值$H_{花瓶高度修正值}$=30×(1−15.8%)=25.26cm。

竹椅高度修正值$H_{竹椅高度修正值}$=128×(1−15.8%)≈108cm。

---

❶ 马公显为"南宋四家"马远的伯父,马远家族世代以画佛家传,至马远、马麟始以山水闻名。

图 11-12
宋马公显《药山李翱问答图》中竹椅尺寸分析图
（单位：cm）

    显然，从石桌和花瓶的高度修正值来看，也有可行性，也就是说竹椅的总高度可以在一定范围内浮动，即 108～128cm。由此，竹椅的其他尺寸也就可以通过总高度进行核算，从而推导出更多的细部尺寸，如：竹椅腿部用竹竿下部直径 $\phi_{竹椅腿下}$=6cm，竹椅腿部用竹竿上部直径 $\phi_{竹椅腿上}$=5cm，竹节间长度 $L_{竹节}$=9～11cm，竹椅座面高度 $H_{竹椅座面}$=47cm。

    同时测算出竹椅的扶手长为 53cm。虽然画面中带有一定的透视，视觉感受与实际情况有一定出入，但测算出的这一尺寸基本能切合竹椅的总高度，也符合竹椅常规的侧面宽度。

竹椅的面阔尺寸无法测量出，根据药山禅师在竹椅中的身形对比，可知竹椅椅面的宽度跟禅师的身宽相差无几，根据《中国成年人人体尺寸》（GB/T 10000—1988E）相关标准，以第50百分位成年男性最大肩宽为43.1cm作为依据，可测得竹椅总宽度为50cm左右。对比唐代《六尊者像》中高座竹椅的宽度，这一宽度显然是比较小的（图11-13）。

图11-13
宋马公显《药山李翱问答图》中竹椅复原效果图

6. 宋《商山四皓会昌九老图》中湘妃竹椅造型特征分析与复原

《商山四皓会昌九老图》合卷描写四皓❶及九老❷幽隐恬淡的隐居生活，四皓、九老或观棋，或远望，或拄杖，或会友，完全是当时文士家居生活的写照。整幅作品笔致纤弱工谨、清秀典雅。

根据画面的情况，首选画面中座椅上的"九老"作为参照系。但经过软件测算后，发现绘画中"九老"的坐高尺寸与桌面高、座椅高等不成比例。同时"九老"中同一人的头高、身高和腿高自身也不成比例，身高与头高、身高与腿高等比例不一致。因此，该画面中选择画桌作为第一参照系，书童作为第二参照系，共同推算竹椅的尺寸（图11-14）。

选择常规桌面高度70cm作为参照系，测算出的各尺寸见表11-1。

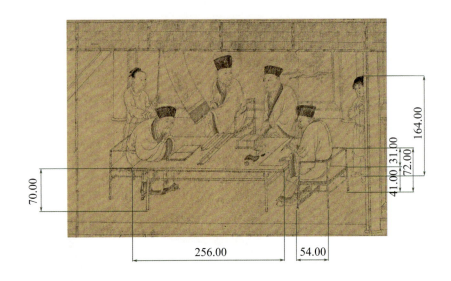

图11-14
宋《商山四皓会昌九老图》
中湘妃竹椅分析图
（单位：cm）

表11-1 《商山四皓会昌九老图》中湘妃竹椅尺寸

单位：cm

桌面高 （第一参照系）	书童高 （第二参照系）	桌长	竹椅高	椅面高	竹椅侧面宽
70	164	256	77	44	54

---

❶ 商山四皓，是秦朝末年四位博士：东园公唐秉、夏黄公崔广、绮里季吴实、角里先生周术。他们是秦始皇时七十名博士官中的四位，分别职掌：一曰通古今；二曰辨然否；三曰典教职。因不满秦始皇的焚书坑儒暴行而隐居于商山。后人用"商山四皓"来泛指有名望的隐士。《史记·留侯世家》中记载了四位隐士的名号与事迹。

❷ "会昌九老"，又称"香山九老"或"洛中九老"，包括胡杲、吉皎、郑据、刘真、卢真、张浑、白居易、狄兼谟、卢贞等九位七十岁以上老人。唐武宗会昌五年（845年）三月廿一日，白居易宴请胡杲等六位老友聚会自己家中，以文会友。同年夏，在龙门香山寺，白居易又与8位老人举行了一次"尚齿会"。此次聚会又增加了李元爽、禅僧如满两位老人。

因为画面是从非正面视角绘制的，对竹背架的宽度不好测算。不过从竹背架和玄奘的身体宽度相对比来看，竹背架的宽度和玄奘身体的宽度几乎一致。根据《中国成年人人体尺寸》（GB/T 10000—1988E）相关标准，第50百分位成年男性最大肩宽为43.1cm，以此作为参照，该竹背架的宽度应该在40～43cm（表11-2）。

表11-2 《玄奘三藏像》中竹背架（笈）尺寸

单位：cm

玄奘身高 （第一参照系）	总高	侧面宽	正面宽	竹竿直径	圆笠直径	圆笠高度
170	147	16～18	40～43	2.5	98	20

根据测算的数据，复原后的竹背架（笈）见图11-18。

图11-18
宋佚名《玄奘三藏像》中
竹背架（笈）复原效果图

第三节
宋代竹篮的数字复原

竹篮在我国编织使用历史悠久，可追溯到新石器时代的浙江钱山漾遗址（距今约5200—4700年）。该遗址出土竹编物共计两百多件。商周时期的采矿用竹器物中也有竹篮出现。汉代《说文》记载："篮，大篝也。"唐代白居易《放鱼（自此后诗到江州作）》有诗句："晓日提竹篮，家僮买春蔬。"韦庄《姬人养蚕》有诗句："仍道不愁罗与绮，女郎初解织桑篮。"竹篮自古以来就是中国人不可或缺的重要日用竹器。

竹篮在宋代得到了进一步的丰富和发展，不仅竹篮种类丰富，造型多样，还出现了专门功能的竹篮。如吴自牧《梦粱录》中记载的"马头竹篮"就是专门用来卖花的"花篮"，《斗浆图》中展示了各式各样专门盛装茶具的竹篮和盛装竹炭条的竹篮。这些竹篮采用不同编织手法，形成造型对比，突出了自身的装饰性，突破了竹篮一直以来以实用功能为主的特点。即使是实用竹篮，在造型上和编织工艺上，也精益求精，力求造型简洁和素雅。

1. 宋《清明上河图》中元宝竹篮造型特征分析与复原

宋代卖花者多以花篮盛之，如吴自牧《梦粱录》记载的暮春时节"卖花者以马头竹篮盛之，歌叫于市，买者纷然"。在《清明上河图》中就出现了这种花篮——孙羊正店前的马头花篮。根据竹器的提梁高度和大小，可以看到这是一个尺寸较大的竹篮。另外，根据竹篮的同角度的形态，可以看出这是一个两头高、中间低的元宝形竹篮。虽然出现的次数不多，但是出现一次就至少有5个之多（图11-19）。

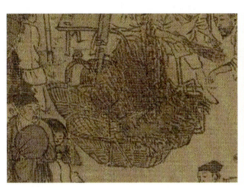

图11-19 元宝大竹篮（竹箩）

根据《中国成年人人体尺寸》（GB/T 10000—1988E）相关标准，第50百分位成年男性身高为167.8cm和第50百分位成年女性身高为157.0cm。将如图11-20所示的竹篮周边的路人作为参照系，综合不同姿态和性别的人群身高，测算出竹篮的整体高度为104.0cm，篮身最大宽度为114.0cm。再根据竹篮总高这一参数，进一步推算出竹篮其他构件的尺寸，具体见表11-3。

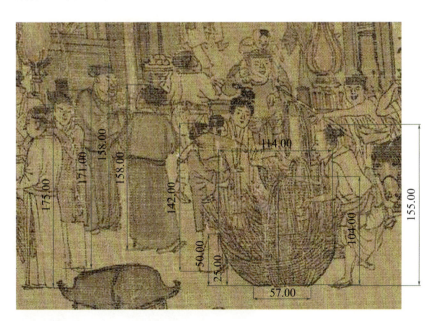

图11-20
宋张择端《清明上河图》
中元宝竹篮造型分析图
（单位：cm）

表11-3 《清明上河图》中元宝竹篮尺寸 单位：cm

（弯腰）买花人（第一参照系）	抱小孩妇人（第二参照系）	其他路人（第三参照系）	篮高	篮身最宽	篮身最高	篮身最低	篮底最宽
155	142	158～175不等	104	114	50	25	57

2. 宋佚名《鱼篮观音图》中竹篮造型特征分析与复原

据《观音感应传》记载，唐元和十二年，陕西金沙滩上有一美貌女子携篮卖鱼，人人都想娶她，女子发愿要嫁给能背诵整部《法华经》的男子，而只有姓马的男子可以做到，于是两人成婚。但刚娶入门，女子就去世了。后来有高僧跟姓马的男子说，此女子实际上是观音的化现。因此又称其为"马郎妇观音"。"马郎妇观音"为三十三观音之一，是鱼篮观音的由来。中国台北故宫博物院藏的宋代佚名《鱼篮观音图》，观音盘坐画幅正中，以民妇姿态出现。前置竹篮中，有鱼一尾，因年代久远而模糊不清，仅依稀可见鱼鳞而已。

根据《中国成年人人体尺寸》（GB/T 10000—1988E）相关标准，第50百分位成年女性坐高为85.5cm，以此作为该图中竹篮尺寸的第一参照系。考虑到图中"观音"发髻等因素，对国标标准坐高做了修正，测算出竹篮的整体高度为44cm（图11-22）。

再根据竹篮总高这一参数，进一步推算出竹篮其他构件的尺寸，得出具体数据，见表11-4。

图11-22

宋佚名《鱼篮观音图》中竹篮造型分析图（单位：cm）

表11-4 《鱼篮观音图》中竹篮尺寸

单位：cm

观音坐高（第一参照系）	竹篮高（第二参照系）	篮身高	篮身直径	篮身口沿直径	提梁总高	提梁小耳高
89	44	7.5	33	2	30	6.5

这个竹篮的造型极具特色,首先是篮身直径大,但高度小,是一个浅口的竹篮;其次是竹篮的提梁高度大,跨度大,几乎是一个方形和半圆形的造型(图11-23)。

图 11-23
宋佚名《鱼篮观音图》中
提梁竹篮复原效果图

第四节
宋代竹货挑及日用竹器的数字复原

1. 宋李嵩《货郎图》中货挑及日用竹器

如图11-24所示的李嵩《货郎图》是一幅人物风俗画卷。画面上,货郎肩挑杂货担,不堪重负地弯着腰。货担上物品繁多,不胜枚举,从锅碗盘碟、儿童玩具到瓜果糕点,无所不有。在商品流通尚不够发达的南宋时期,货郎们走街串巷,一副货担就是一个小小的百货店。画家借助货郎这一题材表现了南宋市井生活的一个侧面。那些令人眼花缭乱的物品,虽然今天有很多已不明其用途,但却真实记录了南宋百姓的生活方式,是不可多得的珍贵史料。该画中的货挑、竹耙、竹鸟笼、竹制痒痒挠、笊篱、小竹篓、竹茶筅等均是在宋代其他绘画记录中少见的,因此,对此类竹器的描绘显得更加珍贵了。

图11-24
宋李嵩《货郎图》(现藏于故宫博物院)

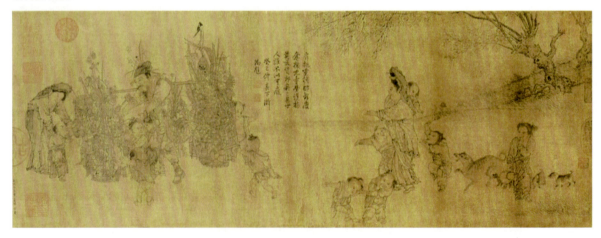

2.宋李嵩《货郎图》中竹器造型特征分析

在李嵩《货郎图》中，可以引入货郎作为全图的尺寸参照系。因货郎在画面中身体微曲，所以按照正常成年男性尺寸的标准，略有下浮，因此以160cm为基准进行测算，从而得到《货郎图》中其他的日用竹器的主要尺寸，具体如下。

鸟笼总高35cm，鸟笼底部直径21cm，鸟笼本身高度26cm；竹笊篱的头部最大直径23cm，笊篱高度14cm，因竹笊篱的手柄部插入货挑中看不见，可以按照现在的竹笊篱的尺度对竹柄进行估算；《货郎图》中长扇与宋代的团扇（即便面）不完全一样，这个长扇更像是宋代青丝竹篾扇，在形态上有所变长后制作而成，其主体结构仍然和青丝竹篾扇的造型相同，所以有理由相信这个竹扇属于青丝竹篾扇一类，是一个长椭圆形，带柄的竹扇，其扇面的高度为33cm，宽度为21cm，扇柄不详；在长扇前边，挂在货挑上的一个小型的竹篓，似乎为插花器，测算其高度为18cm（图11-25）。

图11-25
李嵩《货郎图》中竹器造型分析图（单位：cm）

第五节
宋代竹丝扇的数字复原

1. 宋代青丝竹篾扇

使用竹丝制作团扇在宋代相关的出土文物中有数件,这些出土团扇均为青篾扇子,是宋代流行的扇式之一,具有一定的代表性,也被称为"青丝竹篾扇"。吴自牧在《梦粱录》中就记载了当时南宋都城有瓦子前徐茂之家扇子铺、炭河桥下青篾扇子铺、周家折揲扇铺、陈家画团扇铺。足见扇子在南宋时期十分流行。

1975年7月,金坛南宋周瑀墓出土了两把团扇,差不多同时,福州南宋黄昇墓也出土了一把团扇。这几把团扇都是实用物,保存尚好。如此比较完整的宋代团扇出土颇为罕见。三把团扇都是长圆形,以细木杆为扇轴,以竹篾丝为扇骨。扇轴上半部两边有许多微孔,细如鬓毛的竹篾丝即穿插于轴孔中。中部左右装有两牙,似起护扇作用,下部就是扇柄。周瑀墓出土的一把扇上有镂空雕漆扇柄,保存完好;另一把系木柄,从出土时残留漆片看出,柄上原髹有犀皮漆,可惜已全部脱落,无法还原。这两把团扇都是纸面,呈褐色。其中一把纸面保存较好,经过处理后已恢复原样,另一把纸面残破已不成形,现已按前一把扇子纸面修复。黄昇墓出土的一把,据该墓发掘简报说,"出土时尚有桃红色花一朵及二、三片带彩残片",似是绢面,并绘有花卉(图11-30)。

根据福建省邵武市博物馆的相关资料显示,南宋黄涣墓出土的团扇"长46.8cm,宽23.6cm,带柄,扇面大体呈椭圆形,框骨以极细的竹丝制成,正背二面裱细绢,柄以檀香木制成圆柱体,并采用剔犀漆工艺浅浮雕饰缠枝花卉。整器工艺巧妙精湛"。

黄涣墓出土的团扇,从其复杂精美的制作工艺看,与福州南宋黄昇墓、福州南宋端平二年墓出土的团扇相似,属于当时上层社会中比较流行的日用装饰器具。从黄涣生平简介及随葬品来看,黄涣不仅是个亲民勤政的官员,更是一位注重生活品质之人,随葬品中除了团扇,还发现大量茶器,不难让我们想象出烧茶执扇、斗茶论诗、谈笑风生、优雅闲情的美好生活场景,可见黄涣是个很有闲情逸致之人。

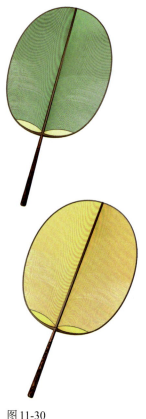

图11-30
宋代青丝竹篾扇

2.宋代黄涣墓青丝竹篦扇造型特征分析

根据黄涣墓青丝竹篦扇的相关资料,竹篦扇长46.8cm,宽23.6cm,扇面中数以百计的竹丝截面尺寸为1mm×1mm。这样的竹丝工艺十分精湛。据此可以测算出相应部件的尺寸。具体见表11-5。

表11-5 黄涣墓青丝竹篦扇尺寸　　　　　　　　　　　　　　　　　　　　　　　　　　　　　单位:cm

扇总长 (第一参照系)	扇总宽 (第二参照系)	扇面长	扇柄长	扇柄底端 直径	扇柄顶端 直径	扇面边沿与扇柄 交叉处直径
46.8	23.6	31.5	15.3	1.2	0.4	0.8

同时,该扇具有独特的几何比例关系,值得研究。

扇面比例为:31.5÷23.6≈1.335≈4:3;

竹扇总长宽比:46.8÷23.6≈1.983≈2:1;

竹扇总长、扇面长与竹扇总宽比:46.8:31.5:23.6≈2:1.335:1≈6:4:3;

扇柄最大直径与最小直径比:1.2:0.4=3:1;

扇柄最大直径、扇面边沿通过扇柄处直径与扇柄最小直径比:1.2:0.8:0.4=3:2:1。

虽然宋代还没有精确的几何比例知识,但这一把竹扇却几乎是按照精准的2:1、4:3的几何关系制作的。

另一方面,通过对竹扇几何关系的分析,发现该竹扇的中心线以一个半径为62.4cm的圆为基础,截取了66°角后产生的弦线。该弦线(即团扇中心线)被平均分为4段,每段都是团扇的重要造型节点,从而成功地塑造出形态比例精美的宋代团扇。扇面中任何一个线条的出现都是经过精心设计的,即使是数以百计的竹丝的排列也具有一定的数理逻辑关系,而不是简单的罗列。虽然在宋代制作的过程中没有经过数理几何关系的推算,但通过审美上的不断追求,切合了精确的数理关系(图11-31)。

通过进一步的数理关系分析,可得出一个基本的结论,黄涣墓出土的青丝竹篦扇看似简洁,几乎是平面设计,但具有良好的几何比例设计,是宋代极简设计美学的体现。

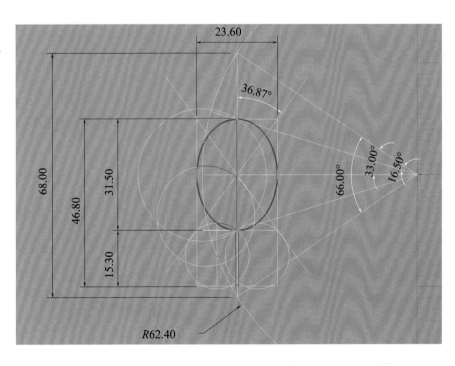

图11-31
宋代青丝竹篦扇几何关系分析图(单位:cm)

3. 宋代青丝竹篾扇复原与效果

通过对宋代黄涣墓青丝竹篾扇的分析，得到数字化复原的相应结果。同时，根据竹材、生漆和檀香木的密度，对复原的青丝竹篾扇进行测算，得出该扇的相关体积和重量数据。

根据相关数据，选取竹材的气干密度值 $\rho_{竹}$=0.7～0.75g/cm³，生漆的密度值 $\rho_{生漆}$=0.9689g/cm³，檀香木的密度值 $\rho_{檀香木}$=0.9g/cm³。

根据复原的模型测算，该青丝竹篾扇的竹材用料 $V_{竹}$=52.99cm³，檀香木和生漆的体积为 $V_{檀香木+生漆}$=21.31cm³。因生漆密度和檀香木密度接近，因此可以合并计算，最终估算出该扇的重量：

$$m_{青丝竹篾扇}=52.99×0.7+21.31×0.96≈37.09+20.46=57.55\text{g}$$

由此，可以推断出，宋代青丝竹篾扇造型简洁、形态优美，同时重量接近58g，即几乎是1两（1两=50g）重的分量，拿在手里应该是十分轻便的一种（图11-32）。

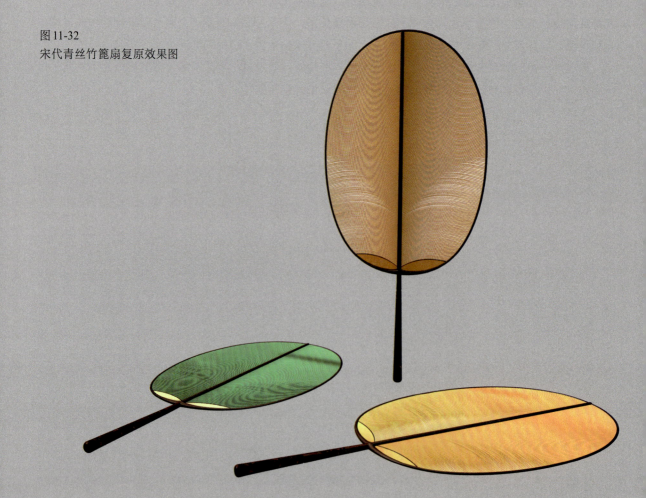

图11-32
宋代青丝竹篾扇复原效果图

第六节
宋代竹茶器的数字复原

斗茶,又称"茗战",是宋代时期,上至宫廷,下至民间,普遍盛行的一种评比茶质优劣的技艺和习俗。

1.《茶具图赞》中的竹茶具

《茶具图赞》是现存最古的一部茶具图书,也是中国第一部茶具图谱,一共介绍了12种茶具,不仅对盛行于宋代的斗茶用具进行了详细分类,还按照宋代的官制对茶具进行"授衔",称之为"十二先生",给它们题上名号,附上赞文,配上白描线图,形象生动地反映了每种茶具的特点、功用。《茶具图赞》中十二件茶具分别是:韦鸿胪(茶笼)、木待制(木椎)、金法曹(茶碾)、石转运(茶磨)、胡员外(茶杓)、罗枢密(茶罗)、宗从事(茶帚)、漆雕秘阁(茶托)、陶宝文(茶盏)、汤提点(汤瓶)、竺副帅(茶筅)和司职方(茶巾)。在这十二件茶具中,有3件茶具是用竹子制作的。

(1) 韦鸿胪

竹制茶焙,即茶笼,用以烘焙茶饼。在绘制的图像中,竹烘笼是一个圆柱形收顶的竹笼,采用普通的三角孔编织工艺,分别在底端及上端设置收口的竹条。姓"韦",表示由坚韧的竹器制成,"鸿胪"为执掌朝祭礼仪的机构,"胪"与"炉"谐音双关。赞词有"火鼎"和"景旸",表示它是生火的茶炉,"四窗间叟"表示茶炉开有四个窗,可以通风、出灰。

(2) 罗枢密

即茶罗,用以筛分茶粉。姓"罗",表明筛网由罗绢敷成。"枢密使"是执掌军事的最高官员,"枢密"又与"疏密"谐音,和筛子特征相合。在南宋时期,茶罗使用罗绢制成,但后世的茶罗也有以细密的竹编筛代用的。

(3) 竺副帅

即茶筅,用以点茶击拂。姓"竺",表明用竹制成。赞词中,"善调"指其功能,"希点"指其为"汤提点"服务,"雪涛"指茶筅调制后的浮沫。茶筅的造型在现代仍然在沿用。《茶具图赞》中绘制的形态和现在的茶筅略有不同,但造型的基本特征和功能均一样。这种造型的变化充分表明了在南宋时期,茶筅的造型还没有完全统一,有一定的变化。

2.宋代竹茶筅造型特征分析与复原

根据《茶具图赞》中竹茶筅的图像造型,在该时期刘松年《撵茶图》中也发现了一支同样造型的竹茶筅。结合这两张竹茶筅的图像资料,可以对竹茶筅的造型特征进行分析(图11-33)。

以画面中竹茶筅旁边的男性侍从为参照系,设定其身高为170cm。根据测算,竹茶筅的具体尺寸是:总长度230mm,直径5cm。竹节将竹茶筅一分为二,上部把手部分长7cm,下部茶筅部分长16cm。因竹茶筅的造型相对简单,也没有太多的装饰,仅把手部分有一些印刻的如意纹装饰,也一并复原(图11-34)。

图 11-33
宋代竹茶筅造型分析图
(单位:cm)

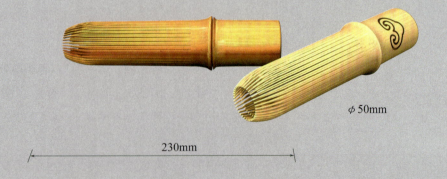

图 11-34
宋代竹茶筅复原效果图

3.刘松年《茗园赌市图》中竹炉提篮造型特征分析与复原

根据刘松年《茗园赌市图》中绘制的人物和竹炉提篮等物品的关系，以提篮的妇人作为尺寸分析的第一参照系，以妇人身高160cm为基准，测算出竹炉提篮的总体尺寸，即提篮的总高为72cm左右（图11-35）。

根据第一参照系测算的主要尺寸，核算该竹篮的细部结构尺寸，具体见表11-6。

该竹炉提篮篮身使用的是宋代常见的单经单纬十字编，提梁很长，由两条竹片弯曲插入篮身构成。两根竹片在最高处使用篾绳或藤绳缠绕捆绑固定。该竹炉使用类似于竹胎编的手法，将陶炉编织在竹篮之中。这样竹炉既可以放置炭火用来煮水，也方便斗茶时可以随时携带转移（图11-36）。

表11-6 《茗园赌市图》中竹炉提篮的尺寸　　　　　　　　　　　　　　　　　　　　　　　　　单位：cm

妇人高（第一参照系）	提篮高	提篮底座长	提篮最大直径	篮身高	提梁高	底座高
160	72	15	15	18	41	6

图11-35
刘松年《茗园赌市图》中竹炉提篮造型分析图（单位：cm）

图11-36
刘松年《茗园赌市图》中竹炉提篮复原效果图

4.宋佚名《斗浆图》中各类竹篮造型特征分析与复原

《斗浆图》中要素相对简单,但绘制的装炭竹篮、竹炉提篮、茶具竹篮等各类竹篮十分丰富。该图使用斗茶人的身高作为第一参照系,按照170cm的标准,同时以画面中另一位斗茶人的身高来反推第一参照系的尺寸标准是否有效。测算出各类竹篮的主要尺寸,如高度和直径或半径等,在此基础上,再逐一测算竹篮的细部尺寸(图11-37、表11-7)。

表11-7 《斗浆图》中各类竹篮的尺寸测算结果　　　　　　　　　　　　单位:cm

斗茶人1 (第一参照系)	斗茶人2 (第二参照系)	提篮1	提篮2	提篮3	提篮4	提篮5	提篮6	提篮7	提篮8
高170	高165	高12	高18	高25	高17	高22	高36	高36	高22
		直径36.5	半径13.7	—	—	—	半径20	半径12	—

图11-37
佚名《斗浆图》中各类竹篮造型分析图(单位:cm)

（2）茶具竹篮的复原

其实这种茶具竹篮也是一种腰篮。如图11-40所示，有一个高度相对较小，只有12cm的竹篮，挂在一个斗茶人的腰间，用来盛放各类茶具。这样一类竹篮是非常特别的，因为它可以挂在腰间，所以没有提手。这种挂在腰间的竹篮，也是宋代斗茶竹器中比较特别的一种，通过对这种竹篮的总体尺寸的分析，可以进一步得到其细部尺寸。

如高度为17cm的茶具竹篮，其方形结构尺寸大概为6cm宽，3～6cm高不等，接近口沿部分约3cm高，底部约4cm高，中间部分约6cm高。同时也可以测算出不同的竹篾的宽度，如其底部的最宽竹篾约1.5～2cm，口沿部分的竹篾约1～1.5cm，其他部分的竹篾约在0.8～1cm之间。由这样一系列的竹篾或竹片，构成了该竹篮的框架结构。在此框架结构基础上，内部使用十字编或六角编等更细的竹编作为内衬。竹篮重要结构部位使用篾绳或藤绳捆绑。

从《斗浆图》中可见，宋代时期斗茶用的竹腰篮造型应该是丰富多样的，在结构上和尺度上都可以有一定的变化（图11-41、图11-42）。

图11-40
茶具竹篮造型分析图
（单位：cm）

图 11-41
《斗浆图》中12cm高茶具竹
腰篮复原效果图

图 11-42
茶具竹篮复原效果图

图 11-44
竹炉提篮复原效果图

中国历代竹器图谱与数字活化

拾贰

第十二章 元代竹器图谱及数字复原

第一节 元代典型竹器图谱
第二节 元代竹家具的数字复原
第三节 元代《王祯农书》农具的数字复原
第四节 元代竹篮的数字复原
第五节 元代竹杖的数字复原

第一节
元代典型竹器图谱

1271AD—1368AD
《王祯农书》中的竹制农器系统

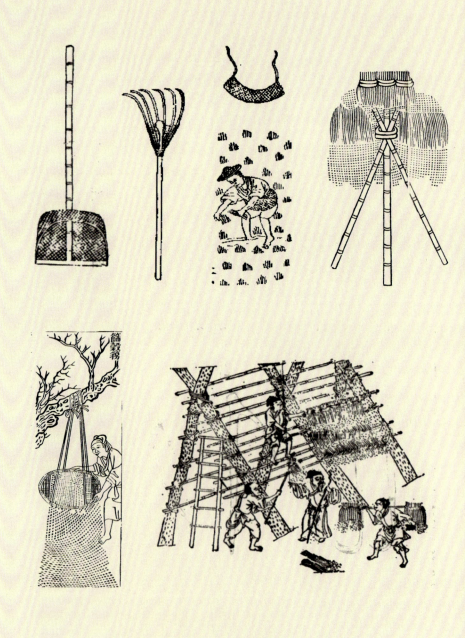

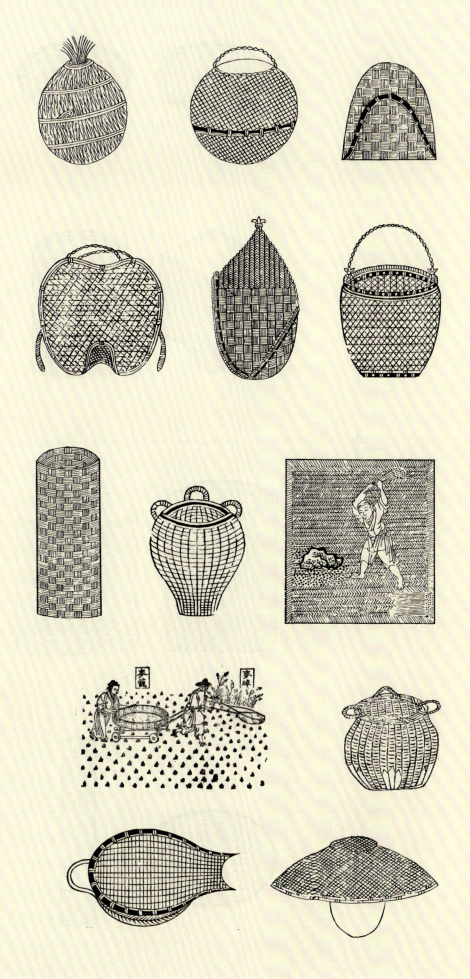

第十二章
元代竹器图谱及数字复原

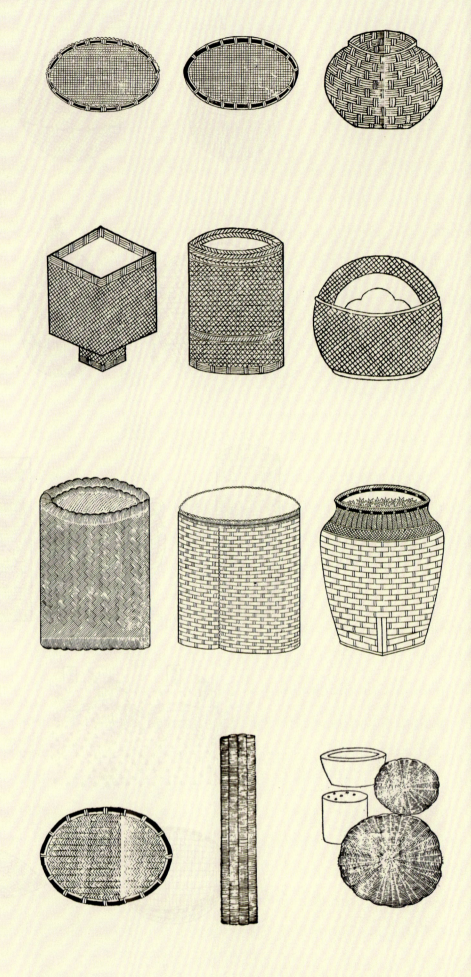

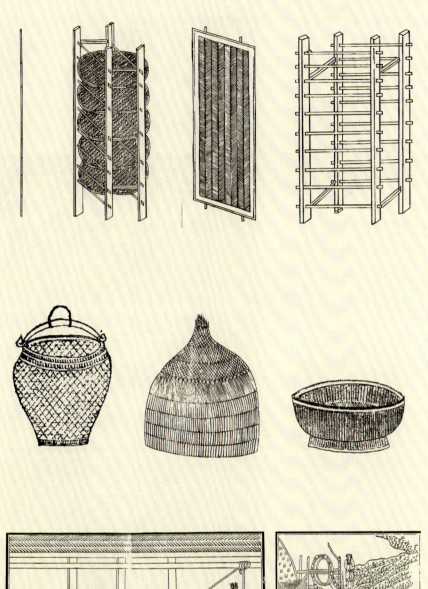

第十二章
元代竹器图谱及数字复原

元代程棨《耕织图》中的生产竹器

294　中国历代竹器图谱与数字活化

元代钱选《扶醉图》中的竹床

元代佚名《竹榻憩睡图》中的竹床

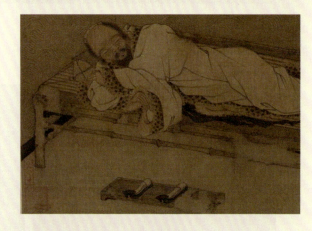

元代赵孟頫《欧波亭图》中的双层竹桌

敦煌莫高窟第九五窟《罗汉像》中的竹椅

元代陈鉴如《竹林大士出山图》中的竹架

第十二章 元代竹器图谱及数字复原

王振鹏《大明宫图》中的龙舟竹帆篷

元佚名《山溪水磨图》中的竹车篷等

元代任仁发《仕女图》中的竹篮等

元代刘贯道《梦蝶图》中的搭脚竹架

元代刘贯道《消夏图》中的长柄竹扇

元代王绎与倪瓒《杨竹西小像》中的竹杖

元代蔡山《罗汉图》中的竹杖

元代王振鹏《神仙图》中的竹杖

元代佚名《应真像》中的竹杖

第二节
元代竹家具的数字复原

在元代绘画作品中,钱选(1239AD—1299AD)《扶醉图》和佚名作品《竹榻憩睡图》中绘制了不同造型的竹床。竹床,在之前的实物资料中有战国时期河南信阳出土的竹木床,床上部分构件使用了竹材,之后的时间段鲜见有竹床的资料。而元代绘画作品的两件竹床资料,表明至少在元代中国就已经有全竹结构的竹床出现。实际上全竹竹床的出现应该早于该时期。

这两件竹床在造型特点和制作工艺上有一定区别,显示出元代竹床造型特点的多元化和对不同制作工艺的探索。竹床的竹材表现上也有不同,都是湘妃竹,一个追求湘妃竹的丰富质感,一个追求竹材朴素质感。这两种竹床的造型形式,后世一直沿用至今。

1.元钱选《扶醉图》中竹床造型特征分析与复原

《扶醉图》中竹床以双层竹竿作为框架和床腿,上铺竹片,在竹床面上有一圈装饰的方形结构。从画中竹床的肌理来看,以湘妃竹作为主材料。竹床的造型结构新颖,是一个接近全竹结构的竹床,而且竹床腿部和床架结合部位有一个细节的造型结构过渡,过渡造型本身也是通过45°角度的斜口造型拼合在一起的。该竹床的造型结构、各部件拼接方式借鉴了木家具制作经验,特别是在竹床的床面部分增加了一个木条的围合结构。

选择《扶醉图》站立的人物(陶渊明)为第一参考系,其他人物为辅助参考系。设定陶渊明身高为170cm,则其他人物均在170cm左右。湘妃竹床的总长为233cm,高度为50cm左右。在实际使用中,考虑人身高的合理性,竹床的长度一般不会这么长,所以要对竹床的长度进行修正(图12-1)。

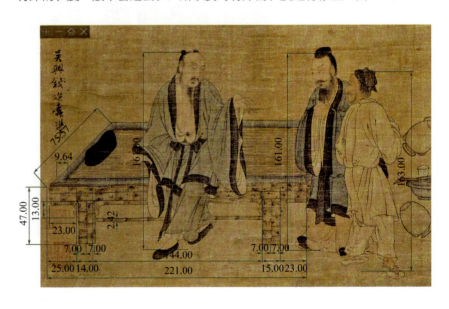

图12-1
元钱选《扶醉图》中竹床造型分析图(单位:cm)

按元代一尺等于31.68cm核算,一般7尺长的大床应该是最大长度的床(战国时期竹木床总长220cm左右,唐宋时期及近代的大床均很少有超出这个长度的)。因此估算该湘妃竹床的最大长度为221cm左右。根据这一尺寸,反推出人物身高为161～163cm,在传统绘画中也基本符合常理(表12-1)。

表12-1 《扶醉图》中湘妃竹床的尺寸　　　　　　　　　　　　　　　　　　　　　　　　　　　单位:cm

人物1高（第一参照系）	人物2高（辅助参照系）	人物3高（辅助参照系）	总长	总高	总宽	正面床腿间距	床腿竹竿直径	床腿连竿直径	床围竹竿宽度	床面围合木板宽度
170	170	172	233	50	约79	152	7.4	2.5	—	10
161	161	163	221	47	约75	144	7	2.4	3、5、7	9.6

根据复原的情况,该湘妃竹床是元代比较有特色的一种,采用的框架结构更像是木制家具的结构,使用了双竹竿的"4腿8竿"的支撑,腿与腿之间使用较细竹竿连接,类似于木制家具的"帐子",同时采用类似木制家具的"牙条"和"牙头"构件作为加强结构(图12-2)。

竹床的围合部分使用了三根较宽的竹材。根据测算,从下到上三根竹材的高度分别是3cm、7cm和5cm,营造出该竹床宽大、厚重的整体形态。根据画中竹材转角处、牙头、牙条等接合的处理手法,基本可以推断出竹床的这些部分使用的是竹片镶嵌包裹的手法,并没有使用整根竹竿围合,里面应有木制或竹制的内芯材料。但竹床腿部、帐子等应该使用了整根竹竿制作而成(图12-3)。

图12-2
元钱选《扶醉图》中竹床复原效果图

图12-3
元钱选《扶醉图》中竹床框架结构复原效果图

3. 敦煌莫高窟第九五窟《罗汉像》竹椅造型特征分析与复原

莫高窟第九五窟描绘了元代竹椅的形象，椅子简洁明了，上部使用竹子制作，椅面及以下使用木材制作，为竹木结合的形式。扶手及靠背使用四根竖向竹竿，扶手及靠背似是使用一根长竹竿围合而成。跟上述的竹床制作工艺相比，该椅子中竹材的制作工艺相对简单，造型处理也力求简洁、朴素。同宋代竹椅相比，该竹椅的造型和制作工艺也略显简单。因该壁画绘制的是佛教罗汉的形象，造型的简洁处理应是为了更好地衬托罗汉的清修。

根据相关国标中的人体尺寸标准，在《罗汉像》中选择罗汉坐像高作为第一参照系，设定罗汉的坐像高为130cm，经对比，第二参照系罗汉头全高22.3cm，符合相关标准。从而测算出罗汉像中竹木椅的整体高度为82cm，宽度为68cm（图12-6、表12-3）。

但《罗汉像》中椅子的面宽因为具有透视，且两个扶手之间的宽度和靠背的宽度出现了不一致。结合罗汉在座椅上的坐姿与空间，可以看到椅子面宽要大于罗汉身体（即肩宽），罗汉坐下后两边还留有空隙。由此可以推算座椅面宽较大，可以参照唐代卢楞伽《六尊者像》中高座竹椅的宽度，设定座椅宽度为70～80cm（图12-7）。

图12-6
敦煌莫高窟第九五窟《罗汉像》竹椅造型分析图（单位：cm）

表 12-3 《罗汉像》中竹木椅的尺寸 单位：cm

人物坐像高（第一参照系）	罗汉头全高（第二参照系）	总高	侧面宽	正面宽	椅面高	椅面侧宽	扶手长	扶手最高	用竹直径
130	22.3	82	68	约70～80	47	57	66	35	3.7～6

图 12-7
敦煌莫高窟第九五窟《罗汉像》竹椅复原效果图

第三节
元代《王祯农书》农具的数字复原

1. 元代《王祯农书》竹制种箪造型特征分析与复原

"种箪,盛种竹器也,其量可容数斗,形如圆瓮,上有掩口,农家用储谷种,置之风处,不致郁熇,胜窖藏也。"[1] 种箪是一种专门用来装种子的竹器。容量有几斗,形状像圆瓮,上面有扎口的地方,粮食放进去后可以扎口封存起来,起到保存粮食的作用(图12-8)。

结合《王祯农书》的描述和图像资料,通过数字复原,测算出种箪可以有不同的大小和容量,不过由于是用来盛装种子的,种箪不会太大。

根据体积公式:

$$V=\frac{4}{3}\pi R^3$$

测算出当种箪容积为2.5L时,其直径为168.5mm左右;当种箪容积为5L时,其直径为212mm左右。考虑到是存放种子用的,竹编的密度应该比较高,编织孔比较细密,能通风就行。

图12-8
元代《王祯农书》竹制种箪复原效果图

ϕ 212mm ϕ 168.5mm

---

[1] [元]王祯. 王祯农书[M]. 杭州:浙江人民美术出版社,2015:394.

2.元代《王祯农书》竹篮造型特征分析与复原

《王祯农书》中较细致地绘制了篮子的造型。其文字解释为:"无系为筐,有系为篮,大如斗量,又谓之笭。"也就是说,元代的篮子应该是比较大的,要不然也不会在描述"筛谷笭"中说和篮子一样大。篮子的功能主要是,农家用来采桑或者放蔬果等。

同时《王祯农书》中又解释:"筲,农家用採桑柘取蔬果等物,易挈提者,方言笼,南楚江沔之间谓之篣,或谓之筊。郭璞云,亦呼篮,盖一器而异名也。"《王祯农书》在描述不同的竹器如"筲""篣""筊"等字时进行了具体阐述。但总体上,这几个字在不同历史时期代表的字义不完全一致。如在汉代《说文解字》中,"筊"指鸟笼,"筲"指"笭筲",应该是一种鱼篓,"篣"指的是"竹笼"。在南朝梁《玉篇》中"筊"为"笼笭也",意为竹篮,"筲"则解释为"笭也","篣"则解释为"笼也"。

通过对竹篮容量的测算,当竹篮容量为1斗(1斗=10L)时,该竹篮的总高为870mm,竹篮篮身高度为550mm,篮身最大直径为580mm,篮底直径为300mm;当竹篮容量为5L时,该竹篮的总高为690mm,竹篮篮身高度为430mm,篮身最大直径为460mm,篮底直径为238mm(图12-9)。

图12-9
元代《王祯农书》竹篮复原效果图

3.元代《王祯农书》竹簸箕造型特征分析与复原

箕，就是簸箕。《说文解字》中记载："簸，扬米去糠也"。《王祯农书》中也引用了这句话。簸箕的功能千余年来没有大的变化，但是，簸箕在《王祯农书》中造型却很特别，因为王祯所绘的簸箕跟现代农村地区使用的有很大区别，该簸箕是一个一半圆形、一半扁矩形的结合。经过查证，元代画家程棨在《摹楼璹耕作图》中绘制的簸箕也是同一造型，这充分说明了元代人使用的簸箕跟现代有不一样的造型。《王祯农书》中这样解释这个造型："故箕皆有舌，易播物也。"

在材质上，《王祯农书》解释为"北人用柳，南人用竹，其制不同，用则一也"。在中国，由于地域广大，在不同气候条件的地区，会采用不同的原材料来制作同一功能的器具（图12-10）。

根据复原的情况和测算结果，结合程棨在《摹楼璹耕作图》中竹簸箕的造型和与人身高的对比，《王祯农书》中箕的最长尺寸在75～118cm之间，但簸箕的高度很小，在10cm上下，因此这样的竹簸箕很适合扬谷，而不太适合存储谷物。

图12-10
元代《王祯农书》竹簸箕复原效果图

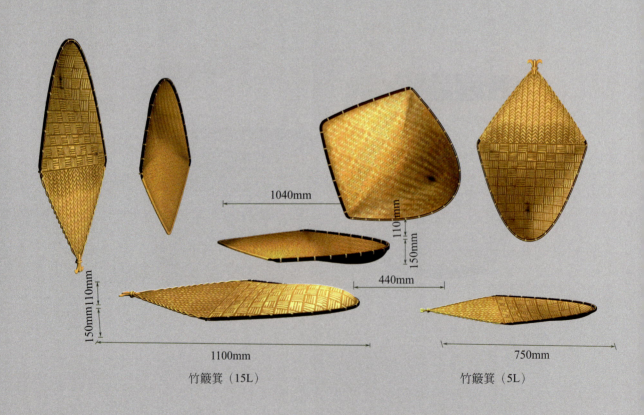

4.元代《王祯农书》竹籅造型特征分析与复原

"籅（yù），漉米器也，《说文》浙箕也，又云漉米薮，又炊籅也。……盖今炊米日所用者。"籅是汉代以来的一种日用"淘米"竹器，在生活中十分普及。但在不同的时期，造型上应有变化。《王祯农书》中指出，在元代，籅在不同的地方，也有"缩""篗"等称谓。

《王祯农书》指出，"籍"也是一种"饭器"，"容五升，今人亦呼饭箕为籍箕，南曰籅，北曰籍，南方用竹，北方用柳，皆漉米器。"在元代，漉米器和盛饭器可以是一种器具，而且南北方因地域条件的不同，形制会不一样，但是功能上基本一致。

根据《王祯农书》中"容五升"的说法，对比书中绘制的图案，对竹籅进行了复原。复原后，竹籅的总长度为440mm，高度为130mm，其造型很有特色（图12-11）。

图12-11
元代《王祯农书》竹籅造型分析及复原效果图

第四节
元代竹篮的数字复原

1. 元任仁发《仕女图》竹提篮造型特征分析与复原

在任仁发《仕女图》和佚名《渔篮观音图》中，采用不同的绘画造型和表现手法绘制了一种竹制小提篮和笊篱的组合。《仕女图》中的竹篮绘制得更详细一点，竹篮采用三角编织手法，篮子和提梁形成一个很雅致的椭圆形，篮子内放置了二个笊篱。由于《渔篮观音图》中观音手中提的篮是渔篮，因此，这个笊篱应该是用来捕捞小鱼的。

以仕女作为参照系，根据相关的人体尺寸标准，设定仕女身高为160cm，测算出竹篮的总高为50cm，竹篮最大直径27cm，篮底直径15cm（图12-12）。

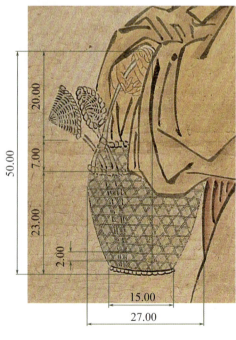

图12-12
元任仁发《仕女图》竹提篮造型分析图（单位：cm）

基于总体尺寸，可进一步测算出竹篮的其他构件的细部尺寸，具体见表12-4。

表12-4 《仕女图》中竹篮的尺寸测算结果　　　　　　　　　　　　　　　　　　　　单位：cm

仕女（第一参照系）	篮总高	篮身高	篮口直径	篮底直径	提梁高	提梁底端结构高	竹编孔最大宽
160	50	23	27	15	27	7	2

经过测算，如图12-13所示的竹篮容积 $V_{竹篮}$=7908.60cm³≈7.9L。由此可以看出，这个竹篮是一个相对小巧的竹篮，其容载量是有限的。

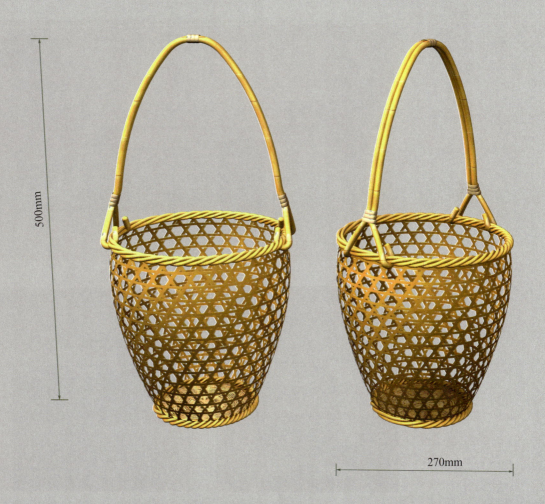

图12-13
元任仁发《仕女图》竹提篮
复原效果图

2.元程棨《蚕织图》采桑竹篮、竹笼造型特征分析与复原

在程棨《蚕织图》中绘制了数个采桑竹篮和竹笼。采桑竹篮就是用来采桑的小件竹器,在元代采桑还使用了较大型的采桑竹笼。竹笼比较特殊,专门用于采桑。《王祯农书》中有专门的记载,不过此处的竹笼与《王祯农书》中绘制的造型略有变化。竹笼设计成很深的筒状造型,口略大,高度已经到了成人的胸口以下,竹编造型采用透气的三角编。因为桑叶很轻,如果要一次性多装载一点,那就必须提高桑叶的容量。采桑叶应该在桑树林中,高挑的造型可以挑起来方便地穿梭于桑树林中。这是因功能而改变的竹筐造型。

在《蚕织图》中,使用采桑人作为第一参照系。参照相关标准,设定采桑人身高为165cm,测算出采桑竹篮的总高为60cm,篮身最大直径为38cm;采桑竹笼的总高度为111cm,最大直径为49cm(图12-14、图12-15)。

根据采桑竹篮和采桑竹笼的总体尺寸,可进一步测算出细节部件的详细尺寸,具体如表12-5、表12-6所示。

图12-14
元程棨《蚕织图》采桑竹篮、竹笼造型分析图(1)
(单位:cm)

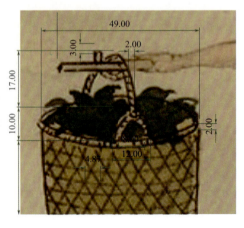

图12-15
元程棨《蚕织图》采桑竹篮、竹笼造型分析图(2)
(单位:cm)

表12-5 《蚕织图》中采桑竹篮的尺寸测算结果　　　　　　　　　　　　　　　　　　　　　　　　　单位：cm

采桑人 （第一参照系）	总高	篮身高	篮口直径	篮底直径	提梁高	竹编孔最大宽
165	60	25	38	31	24	3.6

表12-6 《蚕织图》中采桑竹笼的尺寸测算结果　　　　　　　　　　　　　　　　　　　　　　　　　单位：cm

采桑人 （第一参照系）	总高	笼身高	笼口直径	笼底直径	提梁高	提梁接口宽	提梁直径	竹编孔最大宽
165	111	84	49	31～33	27	12	2	4.9

通过测算，得到采桑竹篮和竹笼的基本尺寸数据。通过复原，可以推算出采桑竹篮和竹笼的容积情况（图12-16）。

$$V_{采桑竹篮}=24191.70\text{cm}^3\approx24.2\text{L}$$
$$V_{采桑竹笼}=118721.38\text{cm}^3\approx118.7\text{L}$$

图12-16
元程棨《蚕织图》采桑竹篮、竹笼复原效果图

第五节
元代竹杖的数字复原

元代绘画中对竹杖的喜爱体现在很多绘画作品中，似乎竹杖成了一种智慧与文化的象征。而且竹杖的造型有简单造型和怪异造型的区别。这一点是对宋代绘画中有关竹杖的继承。如元代陈鉴如《竹林大士出山图》、王绎与倪瓒《杨竹西小像》、蔡山《罗汉图》和王振鹏《神仙图》中的竹杖等。

竹杖本是常见的竹器，但是经过宋元时期的发展，被赋予了更多的象征意义，一般在绘画中都有文人雅士或宗教人物等手持竹杖，竹杖与文化之间的隐喻关系逐渐形成——与佛教结合显示了竹文化中的清修和"空"，在元代与文人结合则更多地象征文人的气节。如《杨竹西小像》中的形象表现了杨竹西清廉谨慎的性格，烘托了其在宋亡后不仕朝廷的气节。相应地，为了力求竹杖的特别，其造型也越来越独特和个性化。

1.元佚名《应真像》竹杖造型特征分析与复原

元佚名《应真像》一共有六幅，由台北故宫博物院收藏，第六张画像中绘制了应真尊者和竹杖。根据拐杖的竹节造型，应该是宋元时期流行的"邛竹杖"。拐杖造型特别，曲回婉转，疏密有间，别有韵味。

以《应真像》中人物（应真）作为参照系，应真坐在石头上且身体前倾，因此坐高应该比标准坐高要略小，同时参照应真的头全高和脚长两个辅助参照系，测定应真的坐像高为123～124cm。在这个尺寸下，其头全高为27.9cm，足长为25cm，基本符合真实人物的大小（图12-17）。

根据总体尺寸，可以进一步测算到竹杖的细部尺寸，具体见表12-7。

表12-7 《应真像》中竹杖的尺寸测算结果 单位：cm

人物坐像高（第一参照系）	头全高（第二参照系）	足长（第二参照系）	总高	竹节长	竹节最大处直径	竹节最小处直径
123.75	27.9	25	约171	20	5～5.5	1.5

对复原的竹杖进行体积测算，得出竹杖的体积约为407.26cm^3。再根据竹材密度为0.7g/cm^3，计算出竹杖的重量约为285.08g。

对最小直径在1.5～2cm的竹杖来说，能够有约0.3kg的分量，在手感上十分轻便，而且还能让人感受到一定分量带来的结实感，不至于觉得过于单薄（图12-18）。

图 12-17
《应真像》竹杖造型分析图
（单位：cm）

图 12-18
《应真像》竹杖复原效果图

2.元王振鹏《神仙图》竹杖造型特征分析与复原

以王振鹏《神仙图》中主要人物（神仙）作为参照系，人物坐在石头上且身体前倾，因此其坐高应该比标准坐高要略低，同时参照人物的头全高和足长两个辅助参照系，测定其的坐像高为115cm。在这个尺寸下，其头全高为22.3cm，足长为20cm，基本符合真实人物的大小（图12-19）。

根据总体尺寸，可以进一步测算到《神仙图》竹杖的细部尺寸，具体见表12-8。对复原的竹杖进行体积测算，得出竹杖的体积约为1264.61cm^3。再根据竹材密度为0.7g/cm^3，计算出竹杖的重量约为855.23g。经过复原，可展现出普通竹杖和紫竹杖的不同效果（图12-20）。

表12-8 《神仙图》中竹杖的尺寸测算结果

单位：cm

人物坐像高（第一参照系）	头全高	足长	总高	长竹节长	短竹节长	竹节最大处直径	竹节最小处直径
115	22.3	20	190	16～22	5～10	2～8逐节增大	1.2

图 12-19
《神仙图》竹杖造型分析图
（单位：cm）

图 12-20
《神仙图》竹杖复原效果图

3.元蔡山《罗汉图》竹杖造型特征分析与复原

元蔡山《罗汉图》由日本东京国立博物馆收藏,描绘的是一位拄拐杖坐在岩石上的罗汉。从姿态上看应属第一宾度罗跋啰堕阇尊者,尊者右足跨在左膝之上,半跏坐于岩石上,右手执竹杖靠住右肩,容貌古野呈胡相,长眉之下慈悲坚毅的目光炯炯有神。

以罗汉坐像高为第一参照系(图12-21)。根据《中国成年人人体尺寸》(GB/T 10000—1988E)相关标准,第50百分位成年男性坐像高约为132cm。根据参照系测算出竹杖的总高为182cm,再根据总体尺寸,测算出相关尺寸,具体数据见表12-9。

对如图12-22所示的竹杖进行体积测算,得出竹杖的体积约为619.43cm³。再根据竹材密度为0.7g/cm³,计算出竹杖的重量约为433.60g。

表12-9 《罗汉图》中竹杖的尺寸测算结果　　　　　　　　　　　　　　　　　　　　　　单位:cm

人物坐像高 (第一参照系)	竹杖总高	常规竹节长	短竹节长	竹节最大处直径	竹节最小处直径
132	182	35～55	9～11	5～5.5	2

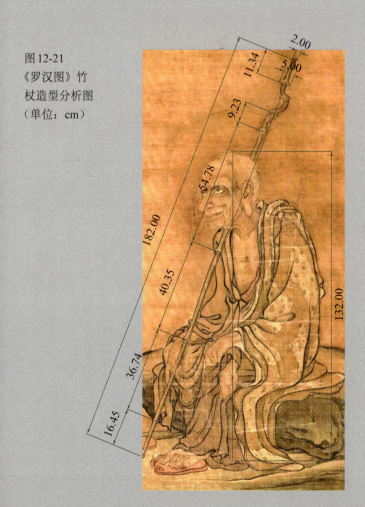

图12-21
《罗汉图》竹杖造型分析图
(单位:cm)

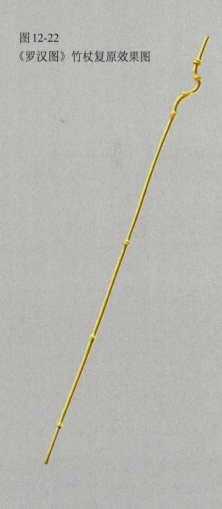

图12-22
《罗汉图》竹杖复原效果图

中国历代竹器图谱与数字活化 拾叁

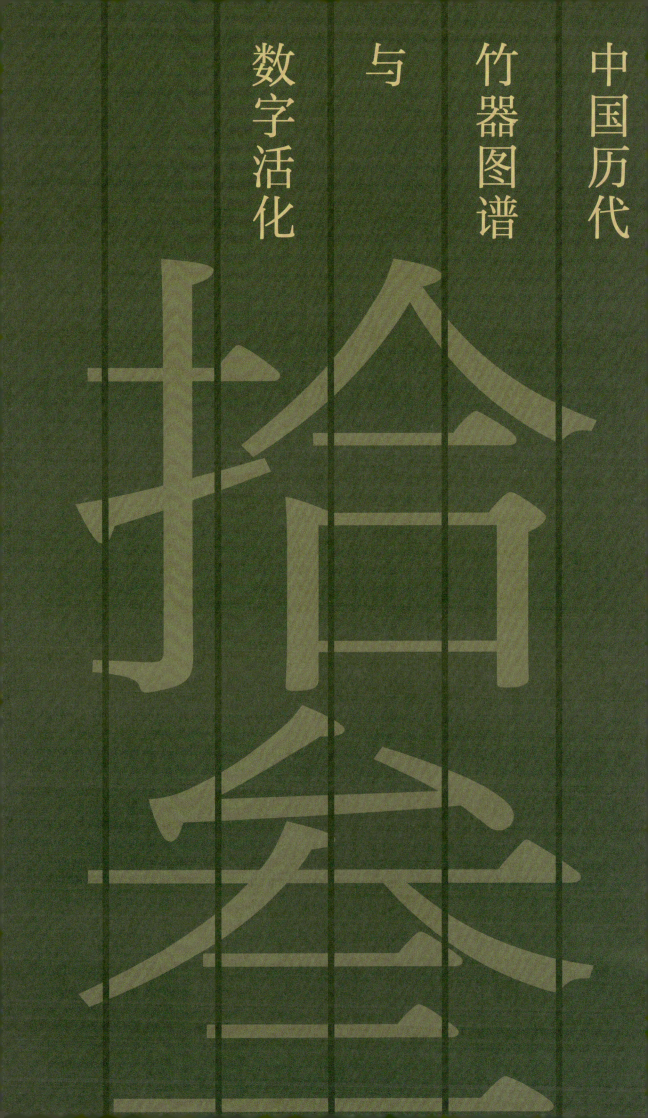

第十三章 明代竹器图谱及数字复原

第一节 明代典型竹器图谱
第二节 明代竹椅、竹几的数字复原
第三节 明代竹床榻的数字复原
第四节 明代竹柜、架的数字复原
第五节 明代竹轿椅的数字复原

第一节
明代典型竹器图谱

1368AD—1644AD
《天工开物》中的竹器系统

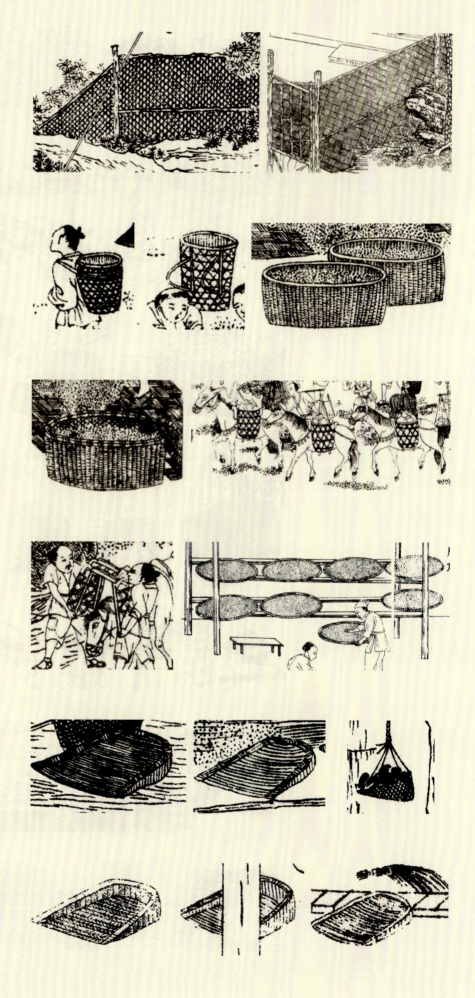

第十三章
明代竹器图谱及数字复原

戴进《钟馗夜游图》中的轿椅

第十三章
明代竹器图谱及数字复原

计盛《货郎图》中的竹货架

《明宪宗元宵行乐图卷》中的竹货架

谢环《杏园雅集图》中的竹椅

佚名《西园雅集图卷》中的竹椅

仇英《人物故事图册·竹院品古图》中的竹椅

《西厢记真本图册》中的竹几

《仙佛奇踪》中的竹几

《人物草虫图》中的竹几

《人物草虫图》中的圈椅等座椅

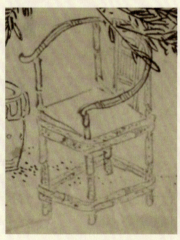

中国历代竹器图谱与数字活化

李士达《饮中八仙图卷》中的竹座椅

《明人春景货郎图》中的竹货架

《明人人物册》中的竹椅

尤求《饮中八仙图卷》中的竹椅

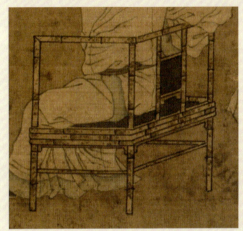

汪廷讷《人镜阳秋》中的竹座椅

吴伟《歌舞图轴》中的竹凳

《玉簪记》中的竹椅

茅一相《欣赏续编·巳集·大石山房十友谱》中的梦友湘竹榻

汪廷讷《人镜阳秋》中的湘妃竹衣架

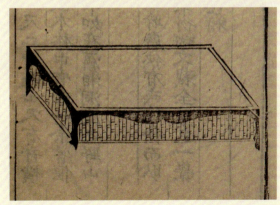

第十三章　明代竹器图谱及数字复原

仇英《二十四孝图册》中的湘妃竹床、足承与护栏

沈俊《陆文定人物画册》中的竹椅

沈俊《钱应晋像轴》中的竹榻

仇英《清明上河图》中的日用竹器

郭诩《访道图》中的竹篮

郭诩《秤书图》中的竹篮

计盛《货郎图》中的竹篮

周臣《流民图》中的各式竹筐

第十三章
明代竹器图谱及数字复原

明鲁王墓中的细编竹帽

周臣《渔乐图卷》中的竹制渔具

周臣《渔乐图画册》中的竹制渔具

陈洪绶《斜倚薰笼图轴》中的竹笼

陈洪绶《羲之笼鹅图》中的竹笼

明代"三朱"竹雕

明崇祯描金漆妆奁盒（南京博物院）

明代竹编黑漆彩绘人物纹长方形委角果盒（安徽博物院）

明代竹丝编朱漆描金龙纹八棱形果盒（安徽博物院）

第十三章 明代竹器图谱及数字复原

第二节
明代竹椅、竹几的数字复原

1. 环翠堂新编《出像狮吼记》大扶手竹椅造型特征分析与复原

如图13-1所示的环翠堂新编《出像狮吼记》的插图中绘制了一件连足承的大靠背扶手竹椅。在画面中，男主人的坐像高可以作为第一参考系。同时由于古琴有专门的尺寸标准，一般古琴长"三尺六寸五分"，长度有规格，约为121cm，而古琴、琴桌和竹椅侧面几乎是平行关系，所以可以作为竹椅侧面长度测算的第二参照系，用来测算竹椅侧面尺寸。

以男主人坐像高为第一参照系，根据《中国成年人人体尺寸》（GB/T 10000—1988E），第50百分位成年男性坐高加上小腿及足高约132cm，同时把古琴长度作为第二参照系，琴桌高度作为辅助参照系。根据参照系测算出竹椅相关尺寸数据，如表13-1所示。

表13-1 《出像狮吼记》大扶手竹椅尺寸数据　　　　　　　　　　　　　单位：cm

人物坐像高（第一参照系）	琴长（第二参照系）	琴桌高（辅助参照系）	总高	侧面总宽	正面总宽	足承高	椅面高	椅面到扶手高	扶手长
132	121	75	122	64	52	10	55	25	45

图13-1
环翠堂新编《出像狮吼记》
大扶手竹椅造型分析图
（单位：cm）

对复原的大竹椅进行体积测算，按照大竹椅现有竹材直径为2.5cm测算，分两种情况进行核算，一是竹竿壁厚❶为0.5cm，一种是1cm，则测算

---

❶ 竹竿壁的厚度随着竹种的不同会有所变化，壁厚和竹竿直径的大小不完全成正比，大直径竹竿也有壁厚薄的，小直径竹竿也有壁厚较厚的。常见的毛竹在胸高处壁厚0.5～1.5cm。

出的竹椅竹材体积分别如下：

假设竹壁的厚度为0.5cm，得出竹椅中竹构件的体积约为11036.28cm³。假设竹壁的厚度为1cm，得出竹椅中竹构件的体积约为16554.42cm³。再根据中国林业科学研究院木材工业研究所的相关研究[1]，6年生的竹材气干密度在0.7～0.75g/cm³范围内，因此计算出竹椅两个竹构件的重量分别为7725.40g、11588.09g。

同时测算出木构件的体积约为3976.59cm³。

再根据一般木材的密度在0.2～0.75g/cm³，选择榆木密度0.68g/cm³进行测算，得出该竹椅木构件的重量约为2704.08g。

由此，该竹椅的总重量在10.43～14.29kg左右。从用竹材制作椅子的角度来看，应该是以总重量较轻作为一个优点，因而该竹椅的总重量应该更靠近10.43kg左右，虽然总重量有点大，但对这样一个尺寸规格的椅子来说，也是能接受的（图13-2）。

值得一提的是，该竹椅具有明显的明代木质家具的造型与结构特点，部分结构采用了木质加强结构，如足承下方使用了木质家具中的"牙条"部件，用来强化竹椅的底盘结构。

该竹椅还有不同的造型形式和组合，如没有前面的足承部分，竹椅靠背采用的是如同"灯挂椅"一样的出头造型等。这在明代的典籍绘本中有记载。

图13-2
明代带榻扶手竹椅

---

[1] 周覃一，任海青，李霞镇，娄万里.毛竹材气干密度的变异研究[J].世界竹藤通讯，2009（8）：18-21.

2.陈洪绶《西厢记真本图册》竹几造型特征分析与复原

在明代陈洪绶《西厢记真本图册》中绘制了一件圆竹几。该竹几造型简洁，但结构不同于一般的竹几，采用了类似于"牙条"的竹部件加强竹几的承力强度，四腿中部使用一个竹圈来加固。为了固定和加强竹圈的结构，竹圈和竹腿交接处使用了一个1/4圆的木质紧固件。该竹几是用来盛放花盆的花几。画面中莺莺倚坐在床榻边，莺莺坐像高是第一参照系，考虑到莺莺倚坐在榻边，因此其坐像高要比标准值略低。设定莺莺坐像高为100cm，测算出榻面高为45cm，基本符合常规的尺寸（表13-2、图13-3）。

表13-2　陈洪绶《西厢记真本图册》圆竹几尺寸数据　　　　单位：cm

莺莺坐像高（第一参照系）	榻面高（第二参照系）	竹几总高	竹几面直径	竹几面厚	竹几腿宽	腿直径	几腿长	束腰高
100	45	40	34	2	32	2.5～3	33	5

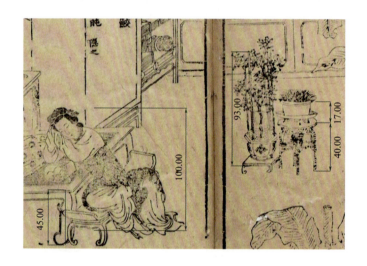

图13-3
《西厢记真本图册》圆竹几造型分析图（单位：cm）

如图13-4所示，在另一张明代图册《仙佛奇踪》中绘制了一张方竹几，竹几上放置花瓶一件，禅意很浓，画中男主人坐在竹几旁边，可以看出人物的上半身尺寸明显大于腿部尺寸，人物的比例存在一定的失真。选择画面中人物上半身的坐高作为第一参照系，根据《中国成年人人体尺寸》（GB/T 10000—1988E），第50百分位成年男性坐高为90.8cm，以此测算出方竹几总高为49cm，人物坐的地毯最宽为130cm，测算出的尺寸均在常规范围内。由此可以测算出方竹几各部件的细部尺寸（表13-3）。

表13-3　方竹几尺寸数据　　　　单位：cm

人物坐高（第一参照系）	地毯宽（第二参照系）	竹几总高	方形几面边长	几面厚	竹几腿宽	腿直径	几腿长	束腰高
90.8	130	49	22	2	22	2	41	8

对复原的竹几进行体积测算，按照圆竹几现有竹材直径为2.8cm、竹竿壁厚为0.5cm，方竹几现有竹材直径为2cm、竹竿壁厚为0.5cm来算，则测算出的圆竹几、方竹几竹材体积分别约为1385.12cm³、1084.28cm³。按照6年生的竹材气干密度为0.7～0.75g/cm³，计算出圆竹几、方竹几的重量分别约为969.58g、759g。同时，测算出圆竹几、方竹几木构件的体积分别为625cm³、517.35cm³。再根据一般木材的密度为0.2～0.75g/cm³，选择榆木密度0.68g/cm³测算，计算出圆竹几、方竹几木构件的重量分别约为425g、351.8g。由此，竹几的总重量分别为1.4kg、1.1kg左右，比较轻，应该是很方便拿起来携带的（图13-5）。

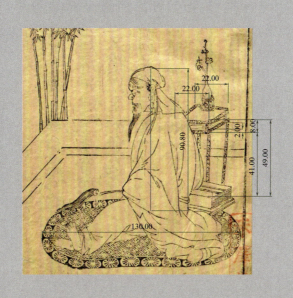

图13-4
方竹几造型分析图
（单位：cm）

图13-5
方竹几与圆竹几复原效果图

第三节
明代竹床榻的
数字复原

1. 明仇英《二十四孝图册》架子床造型特征分析与复原

《二十四孝》全名《全相二十四孝诗选集》,由元代郭居敬编录,一说是其弟郭守正,第三种说法是郭居业撰,是历代二十四个孝子在不同环境中行孝的故事集,为中国古代宣扬儒家思想及孝道的通俗读物。在明代仇英《二十四孝图册》中的《亲尝汤药》《涤亲溺器》二册分别绘制了两张不同造型的明代架子床(图13-6)。

以母亲的坐像高为第一参照系,根据《中国成年人人体尺寸》(GB/T 10000—1988E)相关标准,第50百分位成年女性坐高加上小腿及足高共为123.7cm,同时将儿子身高作为第二参照系,以反证第一参照系尺寸的合理性。当第一参照系母亲坐像高为123.7cm时,测算出儿子身高为160cm;当儿子身高为170cm时,母亲的坐像高为126cm左右。根据参照系的不同测算出当儿子身高分别为160cm和170cm时竹床的相关尺寸数据(表13-4)。

图13-6
《涤亲溺器》竹架子床尺寸
分析图(1)(单位:cm)

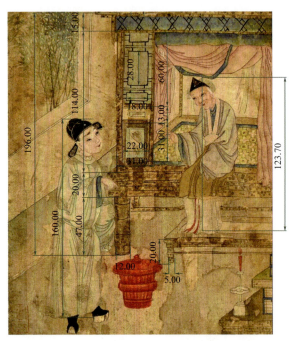
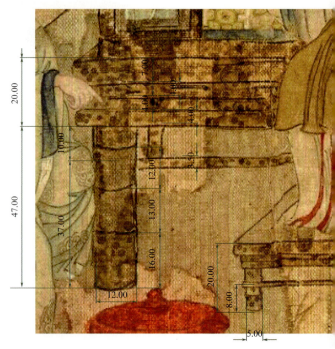

表13-4 《二十四孝图册》竹制架子床尺寸数据　　　　　　　　　　　　　　　　　　　　　　　　　　　　　单位：cm

母亲坐像高（第一参照系）	儿子身高（第二参照系）	竹床画面中总高	床面高	床腿高	床腿直径	床枨直径	足承总高	足承腿直径	床面围合竹竿高度
123.7	160	196	67	47	12	3.5	20	5	7和4
126	170	205	70	49	13	3.6	21	5.3	7.4和4.2

　　由于画面中竹制架子床绘制得不全，特别是正面不完整，因而架子床的正面宽不能通过图像直接测算出。根据画面可以测算出足承的长度为97cm左右，如果增加足承另外一侧腿的直径和端头露出部分，则推测足承总长 $L_{足承}$ ＝画面现有长度＋另一端腿部和端头＝97＋5＋5＝107cm。

　　架子床正面的宽度，根据画面分析，可知帐帘分开处为架子床的中间点，根据软件测算，架子床正面宽的一半为145cm，正面除去"门围子"围板的开口宽一半为93cm，从而推算出床的正面总宽为290cm，这显然超出正常床的正面宽。根据明代《长物志》卷六《几榻》记载："榻，坐高一尺二寸，屏高一尺三寸，长七尺有奇，横三尺五寸，周设木格，中贯湘竹，下座不虚，三面靠背，后背与两傍等，此榻之定式也。"床榻类的家具在明代约七尺长，因此在这里可以假定该床的总长也是"七尺"，按明代一尺❶约等于32cm核算，则竹床的总长一般在224cm左右（图13-7）。

图13-7
《涤亲溺器》竹架子床尺寸分析图（2）（单位：cm）

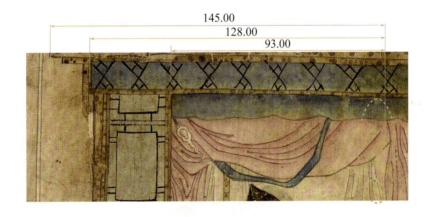

　　对复原的架子床进行体积测算，需要首先分别测算架子床各部件，如木质部件和竹质部件，不同构件的体积与重量的测算参数不一致，需要分别测出（图13-8、图13-9）。

---

❶ 明代"尺"有三种不同的类型，分别是营造尺，一尺合今天32cm；量地尺，一尺合今天32.6cm；裁衣尺，一尺合今天34cm。这里选取营造尺核算家具的尺寸。

在另一张图中，画面中绘制的竹架子床只能勉强看到正面的造型特征。同时是架子床，但在造型上略有区别，这一张架子床没有"门围子"结构，侧面围子和正面围子采用竹竿组合的"万字纹"几何图案装饰，带有足承，在材料使用和结构工艺上和上一个竹架子床基本一致，可以在复原的时候类比。在画面中基本看不到完整的架子床部件，因而在尺寸上也基本参考《涤亲溺器》中竹制架子床的（图13-10）。

复原后，该架子床的床面高和正面、侧面围子的高度几乎一样，为48cm，在正面形成一个等高的视觉感受。同时复原的架子床宽约228cm，形成一个4.75∶1（228∶48）比例的一个横长方形，这个比例也为正面围子做三等分提供了基础。三等分以后的正面围子形成了三个比例为1.44∶1（52∶36）的长方形。同时也可以看到这个长方形的高36cm，刚好是围子总高48cm的3/4（图13-11、图13-12）。

图13-10
《亲尝汤药》中的竹架子床

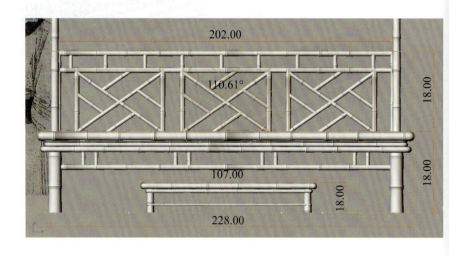

图13-11
复原后架子床的主要尺寸及比例分析（单位：cm）

图13-12
《亲尝汤药》中竹架子床复原效果图

2. 明代"梦友"湘竹榻造型特征分析与复原

成书于明嘉靖时期的茅一相编《欣赏续编·巳集·大石山房十友谱》,"梦友"部分所附图画即为一中间填以湘妃竹的无围屏小榻,并附文,"右湘竹榻高一尺二寸,长七尺有奇,横如长之半,周设木格,中实湘竹,余尝偃卧其上,窹寐中如在潇湘洞庭之野,山房呼为'梦友'"。稍晚一点的《长物志·卷六·几榻》也有着差不多的尺寸记载。虽然有观点认为无论是《欣赏续编》还是《长物志》描绘的此类"中贯湘竹,下座不虚,三面靠背"的罗汉床很可能都来自文人的想象。但根据《欣赏续编》绘制的"梦友"湘竹榻形象,可以测算其主要部件尺寸(表13-5),并进行复原探索。

根据对"梦友"湘竹榻文字和图像资料的研究,推断测算出竹榻部件的主要尺寸,特别是原书上绘制的竹榻长和高不能匹配与之相应的文字记载,所以在结合文字的具体意思后,按照比例关系推算了竹榻中湘妃竹的直径和长度,直径大部分是5cm左右,长度为整个榻高的3/4,也就是3/4×38.4=28.8cm(图13-13)。

表13-5 《欣赏续编》"梦友"湘竹榻尺寸数据　　　　　　　　　　　　　　单位:cm

竹榻尺寸类型	榻高	正面长	侧面长	湘妃竹直径	湘妃竹竿长度
古籍记载的尺寸	一尺二寸	七尺	三尺五寸	—	榻高3/4
现代尺寸	38.4	224	112	4～5	28.8

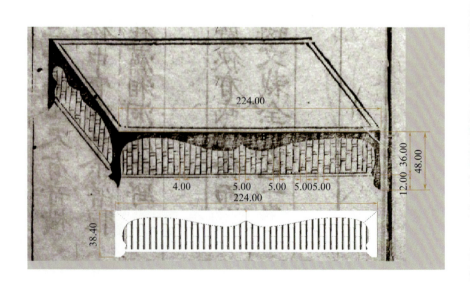

图13-13
"梦友"湘竹榻尺寸分析图
(单位:cm)

根据复原后的湘竹榻，对相应的部件进行用材核算。湘竹榻主要使用木质构件和湘妃竹构件（图13-14）。

竹榻竹构件主要有两部分，一部分是四面围合的湘妃竹圆竹构件，一部分是使用湘妃竹竹条排列的竹榻面。圆竹构件直径在5cm左右，假设其壁厚为0.5cm；竹条榻面长和宽略小于竹榻的总长和总宽，厚度一般在0.5cm左右。经数字建模后，测算出的圆竹构件体积约为24670.26cm³，竹条榻面体积约为11136.73cm³，从而得出该竹榻竹构件的总体积约为35807cm³。再根据竹材密度为0.7～0.75g/cm³，计算出竹材的重量约为25.06kg。

同时，测算出木构件的体积约为37197.07cm³。再根据一般木材的密度为0.2～0.75g/cm³，如榆木的密度是0.68g/cm³，松木的密度为0.4～0.7g/cm³。选择榆木、松木分别测算，计算出该竹榻木构件的重量分别约为25.3kg、14.9kg。

则该竹榻的总重量在40～50.4kg，从选竹材制作榻的角度来看，应该是以总重量较轻作为一个优点。对这样一个尺寸规格的竹榻来说，40～50.4kg应该是比较轻的。

图13-14
"梦友"湘竹榻2号复原效果图

第十三章
明代竹器图谱及数字复原

3.明代遗香堂《绘像三国志》竹榻造型特征分析与复原

在该画中，因躺着的人物没有绘制完整，比例略有失调，较难测算出竹榻的长度，不过站立的主人像造型完整，可以作为主要参照系，用来测算竹榻纵向的尺度。以男子身高170cm作为参照，测算出竹榻的踏面高41cm，侧面扶手高29cm左右，靠背高36～40cm（图13-15）。

对于竹榻的长度，按照《长物志》和《大石山房十友谱》的相关记载，可以设定为明代"七尺"，即224cm。但根据躺在竹榻上人上半身高度核算，如果画面中正面围子是3个标准"万字纹"装饰格，则显然达不到224cm。根据测算的结果，这时竹榻的总长约为181cm，虽然也能制作成一个供人躺卧的竹榻，但在尺寸上是一个相对较小的竹榻。如果按照4个标准"万字纹"装饰格算，则竹榻的正面腿与腿间的距离刚好是224cm，只是总长达到了240cm。按照"横长"是总长一半核算，则该竹榻的横长为120cm。这样算这是一个尺寸较大的大竹榻（图13-16）。

经过测算，《绘像三国志》竹榻尺寸数据详见表13-6。

图 13-15
遗香堂《绘像三国志》
竹榻尺寸分析图（1）
（单位：cm）

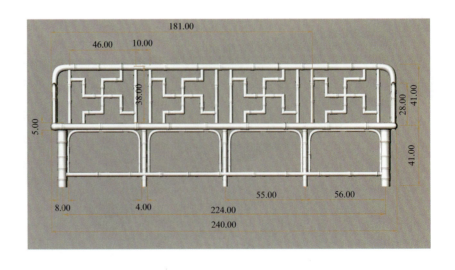

图 13-16
遗香堂《绘像三国志》
竹榻尺寸分析图（2）
（单位：cm）

表13-6 《绘像三国志》竹榻尺寸数据

单位：cm

站立人身高 （第一参照系）	躺卧人身长 （第二参照系）	榻高	榻面高	正面围子高	正面总长	侧面长	榻腿湘妃竹直径	一般竹竿直径	最小竹竿直径
170	130	80～82	41～42	40	240或181	120	8	4～5	1.5

注：正面总长为181cm是竹榻正面围子仅有3组"万字纹"装饰格时的尺寸。

经过测算，长度为240cm时，竹榻竹材部分的体积如下。

竹榻腿直径为8cm，假设其壁厚为1cm，其竹材体积约为3006.40cm^3；主要竹材是直径为4～5cm的竹竿，假设其壁厚为0.5cm，其竹材体积约为11994.97cm^3；另外一种是直径为1.5cm的小竹竿，假设其壁厚为0.5cm，其竹材体积约为2545.96cm^3。再根据竹材密度为0.7～0.75g/cm^3，计算出竹榻的重量约为12.28kg。

竹榻榻面支撑部分主要是木质构件，测算出木构件的体积约为14996.88cm^3，再根据一般木材的密度在0.2～0.75g/cm^{3}之间，选择榆木密度0.68g/cm^{3}进行测算，计算出该竹榻木构件的重量约为10.2kg。

这样，竹榻的总体重量在22.5kg左右。对于这么长的竹榻而言，这个总体重量已经是很轻的了。当然，在竹侧面和正面围子部分的装饰纹样中，由于装饰结构制作的需要，会在短竹内放置木材，作为连接的内藏部件，这一部分木质部件没有纳入测算。如果全部纳入测算，则该竹榻的总重量还会变大一点，但总体上竹榻的重量也会在25kg左右（图13-17、图13-18）。

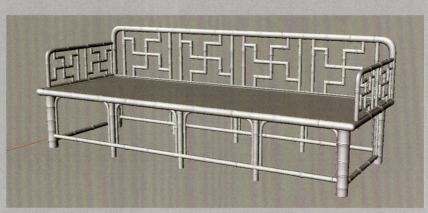

图13-17
长度较大的竹榻复原

图13-18
长度较小的竹榻复原

第四节
明代竹柜、架的数字复原

1. 明唐寅《斗茶图集》竹柜与竹架造型特征分析与复原

《斗茶图》自宋以后,一直是后世文人画家追随的选题之一。明清时期均有名人画家绘制的《斗茶图》。唐寅这幅《斗茶图集》对宋代《斗茶图》进行了重新描绘,并增加了不同的家具和器物,其中竹柜和竹架等竹制家具很有特点。

唐寅《斗茶图集》中选择斗茶人作为参照系,设定斗茶人身高170cm为第一参照系,则第二人身高为175cm左右。以第一参照系为基础,测算出竹柜高89cm,宽45cm;竹架高76cm,竹架面最宽处44～45cm(图13-19、表13-7)。

图13-19
明唐寅《斗茶图集》
竹柜与竹架造型分析图
(单位:cm)

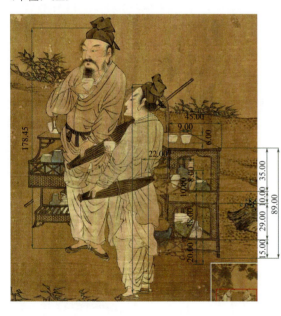
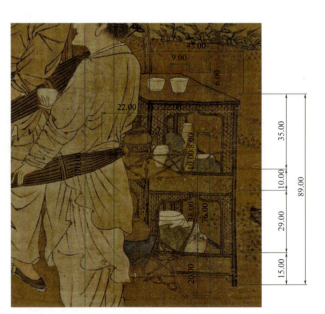

表13-7 唐寅《斗茶图集》竹柜与竹架尺寸数据   单位:cm

人物1身高（第一参照系）	人物2身高（第二参照系）	竹柜总高	竹柜侧宽	侧面壶门宽	侧面壶门高	茶杯口径	茶杯高
170	175	89	45	29	30	9	6
人物1身高（第一参照系）	人物2身高（第二参照系）	竹架总高	架面最大宽度	竹架最大宽度	竹架腿竹节直径	竹架腿直径	架腿长
170	175	76	44	50	2	1	76

因为竹柜正面宽在画面中无法测算。根据画面中竹柜的情况,估算竹柜正面宽为侧面宽的1倍,即正面宽为90cm。

根据复原及测算的情况,竹架用竹的直径为1cm左右,这样的竹子近乎实心,中间有一个很小的孔,假设其壁厚为0.4cm,其竹材体积约为1683.71cm³。再根据竹材密度为0.7~0.75g/cm³,计算出竹构件的重量约为1.18kg。

竹架面支撑部分主要是木质构件,当木板的厚度为1cm时,测算出木构件的体积约为2318.48cm³。再根据一般木材的密度在0.2~0.75g/cm³之间,选择榆木测算,计算出该竹架木构件的重量约为1.58kg。

如果木板构件使用的是0.5cm厚板材,则这个分量会降低一半,也就是0.8kg左右。这样,竹架的总体重量在2~2.8kg,这个总重量的竹架是十分轻巧、方便携带的(图13-20)。

图13-20
明唐寅《斗茶图集》竹柜与竹架复原效果图

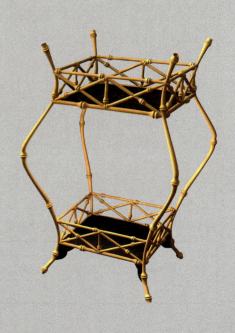

2.明湘妃竹衣架造型特征分析与复原

明汪廷讷撰《人镜阳秋》（万历二十八年金陵环翠堂刊）绘制了一件明代湘妃竹衣架，造型简洁，和明代木质衣架的形制基本一致，采用了竹材制作，在细节造型和材质肌理上略有不同。

如图13-21所示，选用画面中妇人为第一参照系，同时引入床的高度和桌子的高度作为辅助参照系。根据《中国成年人人体尺寸》（GB/T 10000—1988E）相关标准，第50百分位成年女性坐高为85.5cm，小腿加足高为38.2cm，合计为123.7cm。根据这一参照系标准计算，则床面高为38cm，桌面高为80cm，基本在常规的家具尺寸范围内。根据参照系，测算出竹衣架的总高为149cm（表13-8）。

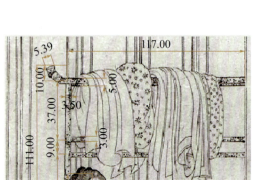

图13-21
明湘妃竹衣架造型分析图
（单位：cm）

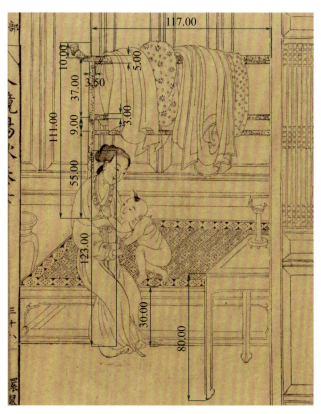

表13-8 《人镜阳秋》竹衣架尺寸数据

单位：cm

妇人坐像高（第一参照系）	床面高（第二参照系）	桌面高（第二参照系）	总高	总宽	粗竿直径	中竿直径	细竿直径	最大直径
123.7	38	80	149	>143	5	3	1	5.4

根据复原及测算的情况，当竹衣架高度为149cm时，竹衣架的最大宽度能达到185cm左右。根据王世襄先生《明式家具研究》一书中的相关记载，明代木质的素衣架"高四尺零一寸，大三尺，下脚一尺二寸长，四寸四分大，柱子一寸二分大，厚一寸。上搭脑出头二寸七分……"。按照王世襄先生的说明，则木质素衣架的高为 $H_{木衣架}$=4.1×32=131.2cm，宽为 $W_{木衣架}$=3×32=96cm，竹衣架脚宽 $W_{脚}$=1.2×32=38.4cm，柱子宽 $W_{柱子}$ 0.12×32=3.84cm（图13-22）。

由此类比，对照测算的竹衣架的各项尺寸，都在合理的范围内。但图中竹衣架的宽度显然和王世襄先生记载的木衣架不完全一致，竹衣架的宽度要比"大三尺"大很多。参照王世襄先生的记载，可以设定竹衣架的下脚宽也为"一尺二寸长"，即38.4cm。

竹衣架用竹的直径为3～3.5cm，虽然衣架端头部分竹材直径达到5cm，但不影响其他竹材的测算。假设其壁厚为0.5cm，其竹材体积约为5876.39cm³。再根据竹材密度为0.7～0.75g/cm³，计算出竹构件的重量约为4.1kg。

考虑到竹衣架中各部件的连接需要内置木质连接件，竹衣架的总重量会略有增加，估计在4.5～5kg之间。这样的竹衣架也是方便移动的轻型家具。

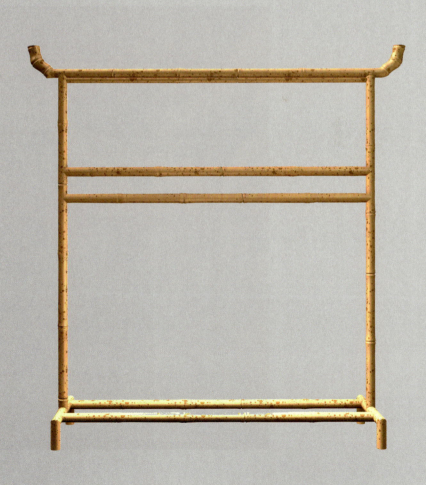

图13-22
《人镜阳秋》竹衣架复原图

第五节
明代竹轿椅的
数字复原

1. 戴进《钟馗夜游图》竹轿椅造型特征分析

《钟馗夜游图》是传统题材,元代龚开曾描绘过,但戴进的处理方法不一样。他把人物画得很大,充满画面,其中又特别突出人物的眼睛。钟馗坐在四个小鬼抬着的舆轿上,另外两个鬼卒为之撑伞和挑行李,月色朦胧,行色匆匆,像是在巡视和探索人间鬼怪。此画是"钉头鼠尾描"画法的代表作,运线顿挫跌宕、洗练遒劲、豪迈雄浑,与大斧劈皴的简劲山石与人物相得益彰,这也是"浙派"的主要特色之一。

如图13-23所示,画面中选用钟馗为第一参照系,同时参照明代家具常规尺寸作为辅助参照系。根据《中国成年人人体尺寸》(GB/T 10000—1988E),第50百分位成年男性坐高为90.8cm,小腿加足高为41.3cm,合

图13-23
戴进《钟馗夜游图》竹轿椅
造型分析图(单位:cm)

计为132.1cm。根据这一参照系标准，则轿椅总高为80cm，椅面高为45cm，扶手高为35cm，基本在常规的家具尺寸范围内。轿椅的侧面总宽测算为53cm，轿竿总长为180cm左右，根据国标《中国成年人人体尺寸》中成年男子坐下后"臀膝距"为55.4cm，轿椅的这个侧面宽不够用，人坐在轿椅上，加上修正尺寸，至少需要60cm的空间，这样考虑到抬轿人的活动尺寸需要，再加上画面中抬轿竹竿有较长一部分是在抬轿人身体之外（经测算约为35cm），180cm的抬竿长度显然是不够的。由此可以认为是绘画的风格让画面中侧向长度受到了压缩，真实的抬竿和轿椅侧宽应该比测算的大一点。

根据前期对明代类似竹椅的尺寸分析，结合对《钟馗夜游图》相关尺寸的测算，在轿椅侧面宽70cm的情况下，抬竿长约230cm（比明代七尺略大，合七尺二寸），竹竿的直径达到4cm，这样的尺度基本符合真实能用的轿椅尺寸（图13-24、表13-9）。

图13-24
戴进《钟馗夜游图》竹轿椅尺寸分析图（单位：cm）

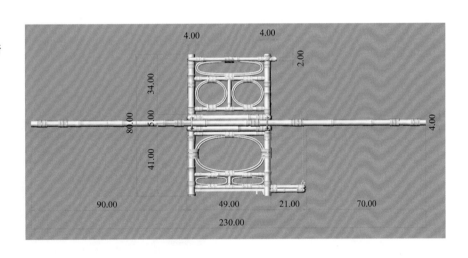

表13-9 《钟馗夜游图》竹轿椅尺寸数据

单位：cm

钟馗坐像高（第一参照系）	抬竿长（第二参照系）	轿椅侧面宽	总高	正面宽	足承宽	粗竿直径	中竿直径	细竿直径
132.1	230	70	80	78	21	4	2	0.8～1

2. 戴进《钟馗夜游图》竹轿椅复原与效果

通过复原竹轿椅的材料尺寸数据，对竹轿椅可进行容积和重量的测算（图13-25）。

抬竿、轿椅主要框架用竹竿直径为4cm，假设其壁厚为0.75cm，其竹材体积约为10155.93cm³；轿椅其他主要竹材是直径为2cm左右的竹竿，假设其壁厚为0.5cm，其竹材体积约为6746.63cm³；另外一种是直径为1.5cm左右的小竹竿，假设其壁厚为0.5cm，其竹材体积约为316.39cm³。再根据竹材密度为0.7～0.75g/cm³，计算出竹轿椅竹制构件的重量约为12.05kg。

还有一部分是竹轿椅的弯曲加强结构，这一部分结构更像是使用藤材制作而成。经测算这一部分的体积为1217.065cm³。我国云南高地钩叶藤气干密度为0.41g/cm³，可以用来作为藤材的参考密度。经计算，这一部分藤材重量约为0.5kg。

竹轿椅还有一部分木构件，测算出木构件的体积约为1849.07cm³。再根据一般木材的密度在0.2～0.75g/cm³之间，选择榆木测算，计算出该竹轿椅木构件的重量约为1.26kg。

竹轿椅上还配有少量的五金构件，经测算其体积为51.5680cm³，分别按照铁的密度7.8g/cm³、铜的密度8.9g/cm³计算，则该构件为铁构件时的重量约为0.4kg，如为铜构件时的重量约为0.46kg。

这样，竹轿椅的总体重量约为14.3kg。作为抬人用的竹轿椅，其本身重量当然是越轻越好，所以竹材似乎成了当时的不二之选。实际上通过现在的复原与测算，也能看出来，不到15kg的总重量，已经最大限度地压缩了轿椅的自身重量，同时又能具有相当好的承重能力。

图13-25
明戴进《钟馗夜游图》竹轿椅复原效果图

3. 戴进《钟馗夜游图》竹轿椅的结构与工艺特点

（1）足承悬挂结构的创新

复原后，可以看到竹轿椅的形象结构和宋代《十八学士图》中的带足承的座椅、明代《出像狮吼记》中带足承的座椅基本结构大体一致。但由于该足承是轿椅的一部分，它需要悬在空中，结构相对比较特别。该足承没有向下的支撑力可以借用，所以是以轻薄的结构直接连接在竹椅本身的主体结构上，同时采用绳索和金属连接的方式，悬挂在抬竿上面。通过抬竿的悬挂系统和竹椅主体支撑结构将足承牢牢地固定在竹轿椅之上，这种足承的悬挂结构是在之前的竹制家具中很少见的，也是明代独特的创新工艺结构。

（2）藤条（或竹条）的强化结构的工艺化与装饰化

采用竹条或者藤条，作为竹家具的加强结构，这在之前的绘画中也能看到，但是在戴进《钟馗夜游图》中竹轿椅上出现得非常频繁，数量众多。而且在环形强化结构上还有审美的考量、形态比例的考量，显然这是一个将环形强化结构作为装饰手法合并使用的一种竹家具的新结构，功能新颖。不论是不是画家戴进个人的创作，还是在实际生活中真的有这样的一个装饰结构，通过复原能够看到，这样具有装饰性的环形强化结构是可以实现的，而且它既能达到力学上的强化结构的效果，也能达到审美上的装饰效果，是该图中竹轿椅的一个结构特色。

（3）藤绳的大量使用

另一个比较醒目的特色就是藤绳的大量使用。藤绳是在竹家具当中常见的一种捆绑缠接材料，在之前的竹器物上也有使用，但使用的总量不大。在戴进《钟馗夜游图》绘制的竹轿椅上大量地使用了藤绳这一材料，一来藤绳是可以加固竹轿椅的结构连接，二来藤绳也作为竹轿椅装饰的一部分强化了环形结构的装饰效果，通过竹材、藤条、藤绳等材料的微弱肌理变化对比产生精致的装饰效果。

（4）多种材料的共用

在戴进《钟馗夜游图》中竹轿椅的材料使用上，其类型相比之前的竹器、竹家具都有所增加。最早的竹器一般是用竹材本身就能够完成竹器的制作，如竹片、竹条、竹篾和竹绳的综合利用。但到了宋朝以后，偶见使用竹和木质材料的结合。在明代《钟馗夜游图》的竹轿椅中，能看到除了竹材和木材之外的金属材料和绳索的使用，这个竹轿椅实际上就综合使用了竹材、藤条、藤绳、五金这几种材料。多种材料的使用显示出竹器本身因为功能需要而采用的多种工艺的结合，同时也为后世，特别是清代的工艺竹篮中多种材料工艺的综合利用打下了良好的基础。

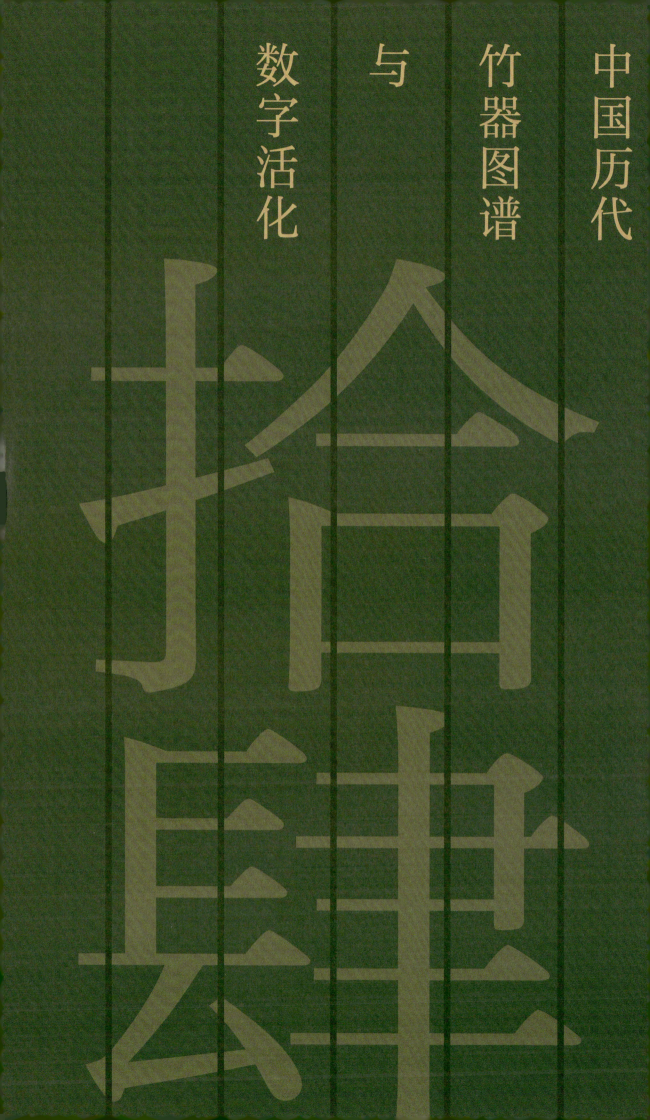

中国历代竹器图谱与数字活化

拾肆

第十四章 清代竹器图谱及数字复原

第一节 清代典型竹器图谱
第二节 清代竹椅凳的数字复原
第三节 清代竹床榻的数字复原
第四节 清代竹橱柜的数字复原
第五节 清代竹桌的数字复原

第一节
清代典型竹器图谱

1644AD—1911AD
《御制耕织图》中的生产竹器

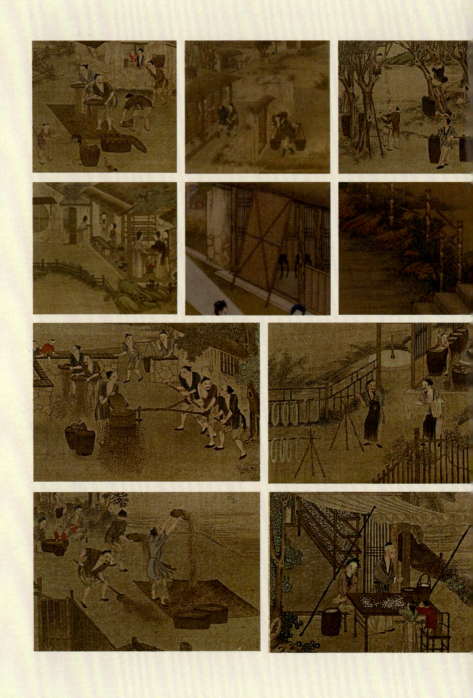

清代工艺竹篮

郎世宁《雍正十二月圆明园行乐图》中的竹椅

清院本《胤禛美人图之博古幽思》中的竹椅

清院本《胤禛美人图之消夏赏蝶》中的竹桌

第十四章
清代竹器图谱及数字复原

353

华胥《甄妃晨妆图立轴》中的竹床

清院本《胤禛美人图之裹装对镜》中的竹架

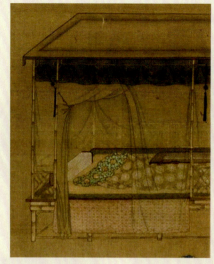

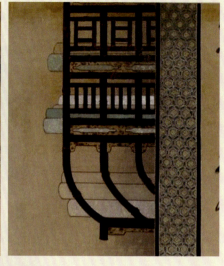

清代故宫竹工艺品

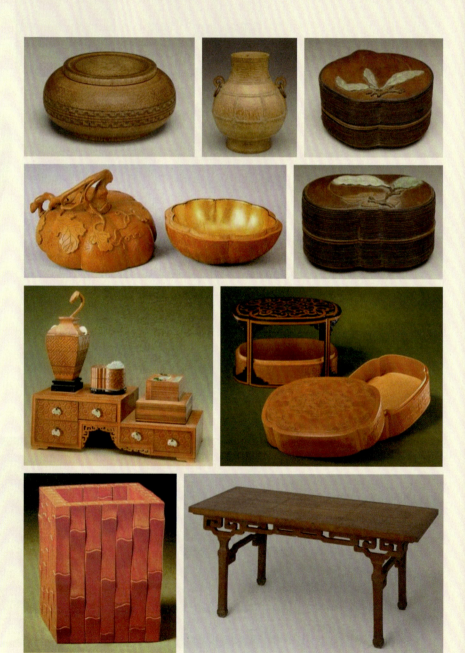

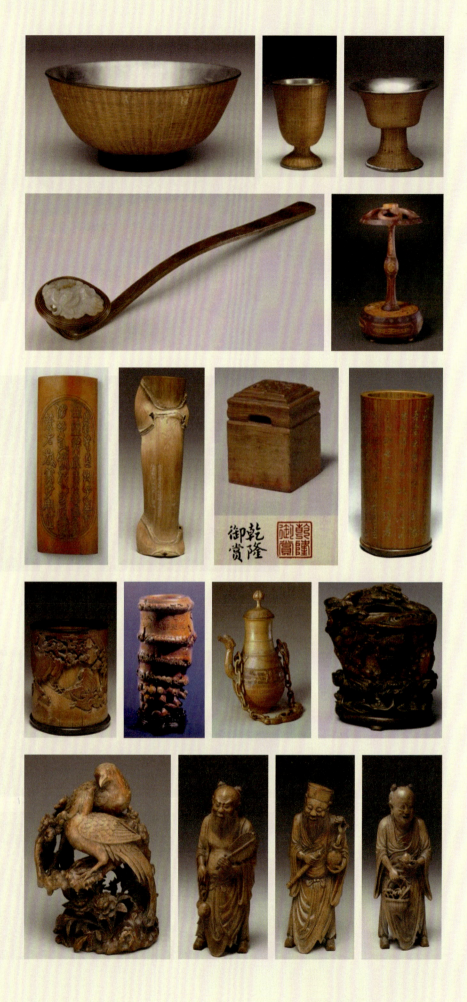

第十四章
清代竹器图谱及数字复原

清代竹发篓

清代葫芦胎竹编

清代蛐蛐篓

清代老兵军帽

徐扬《姑苏繁华图》中的各类生活生产竹器

中国历代竹器图谱与数字活化

《吴友如画宝》中的生活竹器

第十四章
清代竹器图谱及数字复原

357

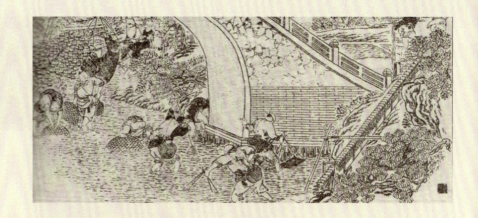

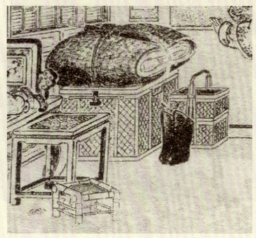

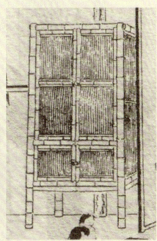

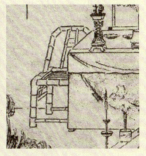

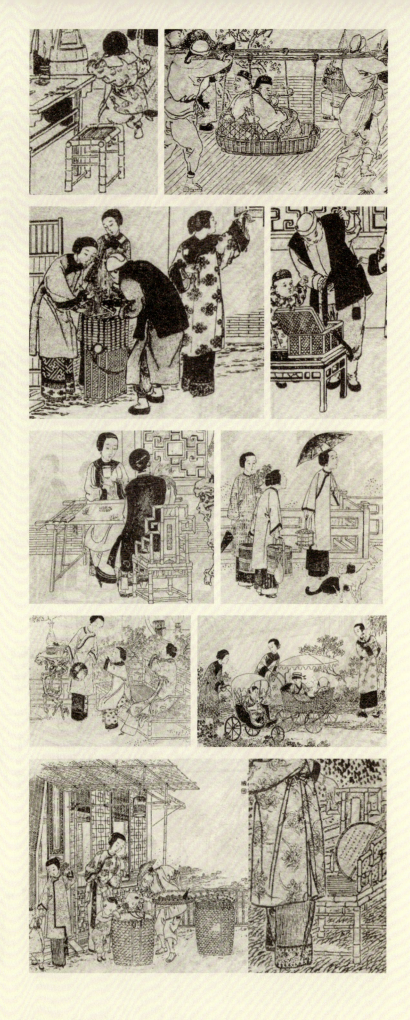

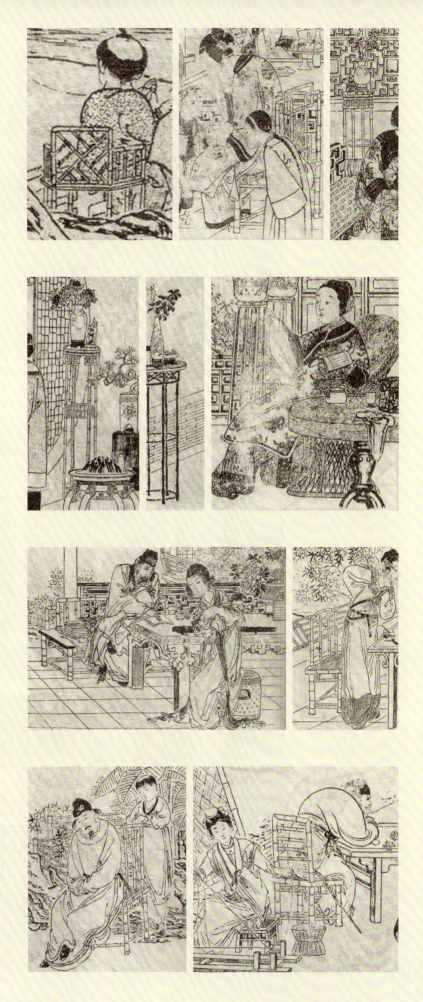

第十四章
清代竹器图谱及数字复原

清代三任（任薰、任熊、任颐）绘画中的竹家具

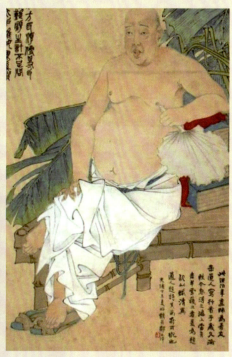

第十四章
清代竹器图谱及数字复原

佚名《燕寝怡情》清内府设色库绢本中的竹床、竹凳、竹窗和竹护栏

佚名《太平繁华八图屏》中的日用竹器

佚名《市井三十六行》中的各类竹器

第十四章
清代竹器图谱及数字复原

第二节
清代竹椅凳的数字复原

1.《胤禛美人图之博古幽思》中湘妃竹椅造型特征分析

在清院本《胤禛美人图之博古幽思》中绘制了另一个湘妃竹椅。竹椅造型特别，造型上没有采用传统的方形椅面，而是使用了不等长的六边形椅面，扶手与靠背更是采用了十分特别的三层五立面的设置，较低的扶手和靠背最高处之间又设置了一层造型，这样更方便使用者回身倚靠，扶手和靠背与椅面之间均使用以竖向为主、横向中分的竹竿装饰，体现竹椅的方直。相应的椅腿不是四根，而是六根，腿下接近地面处使用横向竹帐，横向竹帐下有罗锅帐。正中靠背最宽，扶手和侧面靠背宽度相仿，但比正中靠背窄。五立面的靠背椅，椅面比一般方形椅面更宽大，三等级的靠背和扶手，更加有利于坐在椅子上时回倚。这张竹椅虽然也是采用横平竖直的造型，但六边形椅面和三层五立面的靠背设计，让竹椅规矩中显得活泼，理性中蕴含情趣。

画面中选用仕女作为第一参照系，同时参照清代家具常规尺寸作为辅助参照系。根据《中国成年人人体尺寸》（GB/T 10000—1988E），第50百分位成年女性坐高为85.5cm，小腿加足高为38.2cm，合计为123.7cm。根据这一参照系标准，则仕女旁边的条桌高70cm，符合清代竹桌的一般高度，可以作为辅助参照系。竹椅总高为84cm，椅面高为45cm，两节递增的扶手和椅背高度分别为22cm、29cm和39cm，基本在常规的家具尺寸范围内（图14-1、表14-1）。

图 14-1
清湘妃竹椅造型分析图
（单位：cm）

表14-1 《胤禛美人图之博古幽思》湘妃竹椅尺寸数据　　　　　　　　　　　　　　　　　　　单位：cm

仕女坐像高（第一参照系）	桌高（第二参照系）	竹椅总高	椅面高	第一扶手高	椅背总高	第二扶手高	最大竹竿直径	中等竹竿直径	细竿直径
123.7	70	84	45	22	39	29	2.8～3	2.4	1.1

3.《胤禛美人图之裘装对镜》竹绣墩造型特征分析

《胤禛美人图之裘装对镜》中仕女身着裘装,腰系玉佩,一手搭于暖炉御寒,一手持铜镜,神情专注地对镜自赏,"但惜流光暗烛房"的无奈之情溢于眉间。画中背景是一幅墨迹酣畅的行草体七言诗挂轴,落款为"破尘居士题"。破尘居士是雍正皇帝为雍亲王时自取的雅号,表示自己清心寡欲、不问荣辱功名的志趣。在该画的右下角侍女的身旁,放一个用湘妃竹制作而成的绣墩。该绣墩和我们常见的藤制绣墩造型相似。但从画面中可以看出,该绣墩使用竹材编制,尺寸大小和造型特点更像是湘妃竹。从理论上讲,使用竹制和藤制均可以实现这一造型,但绘画中所展现的主要特征更突出竹材的特点。该竹制绣墩造型典雅,结构清晰,比较清楚地展现了清代皇宫竹凳的造型特点和装饰特点,是十分精致的一件竹制绣凳。

画面中选用仕女作为第一参照系,同时参照清代家具常规尺寸作为佐证的辅助参照系。根据《中国成年人人体尺寸》(GB/T 10000—1988E),第50百分位成年女性坐高为85.5cm,小腿加足高为38.2cm,合计为123.7cm。根据这一参照系标准,则绣墩总高为40cm,仕女坐榻高为38cm,榻边小桌高为37cm,基本在常规的家具尺寸范围内(图14-4、表14-2)。

图14-4
《胤禛美人图之裘装对镜》
竹绣墩造型分析图
(单位:cm)

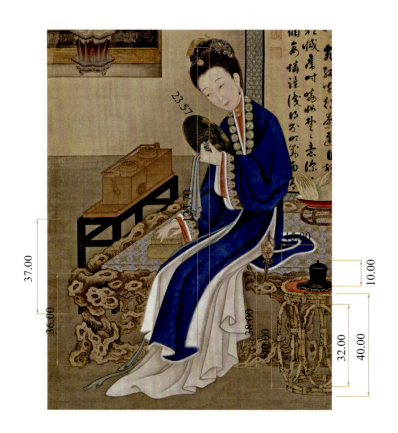

表14-2 《胤禛美人图之裘装对镜》竹绣墩尺寸数据　　　　　　　　　　单位:cm

仕女高像 (第一参照系)	榻高 (第二参照系)	小桌高 (第二参照系)	绣墩总高	绣墩面直径	竹竿直径	开光最高
123.7	38	37	40	30	1.5	32

4.《胤禛美人图之裘装对镜》竹绣墩复原与效果

通过复原绣墩的材料尺寸数据，可对其进行容积和重量的测算。

该绣墩主要框架用竹竿直径为1.5cm，假设其壁厚为0.5cm，其竹材体积约为1097.88cm³。再根据竹材密度为0.7～0.75g/cm³，计算出绣墩竹构件的重量约为0.77kg。

该绣墩还有一部分木构件，测算出木构件的体积约为271.21cm³。再根据一般木材的密度在0.2～0.75g/cm³之间，选择榆木密度0.68g/cm³测算，计算出该绣墩木构件的重量约为0.18kg。这样，绣墩的总体重量约为0.95kg。

该竹绣墩不到1kg的总重量，已经是最大限度地压缩了自身重量，同时又能具有相当好的承重能力。当然，在皇宫中这样的绣墩既可以是用来坐的，也可以摇身一变，变成竹几，用来放置小物件，也十分精致（图14-5）。

图14-5
清雍正时期湘妃竹绣墩复原效果图

第三节
清代竹床榻的数字复原

1. 华胥《甄妃晨妆图立轴》中竹架子床造型特征分析

竹床在元代、明代的绘画资料中已经有不同的造型出现，所以在清代竹床并不算新的品种。清代竹床与明代竹床有延续性，造型与元代竹床有重要区别。在华胥的《甄妃晨妆图立轴》中绘制了一张架子床。架子床即床身上架置四柱（或六柱）、四竿的床。架子床是相对于之前的无架竹床的一种发展和创新，竹床变成更加大型和豪华的家具，使用上也更加方便和实用，特别是在设置围栏、可悬挂床帘及附属装饰等方面，使得竹床的造型和功能更加丰富。

在《甄妃晨妆图立轴》中竹床为六柱、四竿的架子，在竹床的正面床口两边多出两个立柱。床顶面使用封闭结构，材质有待考证。床的围栏部分有三面半，正面床口位置有两片较短的围栏。围栏上使用了由数段长短不一的竹竿组成的"卍"字装饰图案，床正面围栏使用二组"卍"字纹图案装饰，床背面围栏上有六组"卍"字纹图案装饰，两个侧面分别由三组组成。这种"卍"字纹的装饰在结构不同的竹家具装饰中一直沿用，既有装饰效果，又有吉祥寓意，且符合竹材本身的造型特点。床面下使用了双层竹竿围合结合，以加强竹床的承重能力，双层围合结构内加设支撑结构，其结构特点可参照近代竹器中的构造。正面床腿有四根大湘妃竹支撑，侧面及背面腿部支撑柱数量不清。

就总体造型而言，该竹床也追求方直、理性和简洁的特点，与前节的竹椅在造型理念上有相似性。竹床即便有装饰构造部分，但整体上没有破坏竹床的简洁性，这与同时期清代木质床的复杂造型和繁复装饰形成反差。这与竹材的造型特点也有一定的关系。

画面中选用仕女为第一参照系，同时参照清代家具常规尺寸作为佐证的辅助参照系。根据我国国标《中国成年人人体尺寸》（GB/T 10000—1988E）相关标准，第50百分位成年女性坐高为85.5cm，小腿加足高为38.2cm，合计为123.7cm。根据这一参照系标准，则条桌总高为72cm，凳高为36cm，基本在常规的家具尺寸范围内。由此推算出该图中竹床的高度、正面总宽等基本数据，测算的总高度为218cm，正面总宽度为238cm，结合明清时期竹床的主要尺寸，这一尺寸是较合理的。

根据竹架子床总高218cm和正面总宽238cm这个总体尺寸，进一步测算出该竹架子床其他各个部位的尺寸（图14-6）。如从正面来看，竹架子床的门围子宽度为31cm，而门围子的装饰结构——"卍"字纹装饰结构长为32cm，这样形成了一个接近正方形的装饰结构。同时门围子上"卍"字纹的装饰部件最外围的用竹直径为1.8cm，"卍"字纹本身用竹是该竹床中最小直径的竹材，为1.4～1.5cm。同理也可以推测出该尺度是侧面围子、正面围子等装饰结构的主要尺寸（图14-7）。经测算，竹榻具体尺寸见表14-3。

图14-6
《甄妃晨妆图立轴》竹架子床主要尺寸测算
（单位：cm）

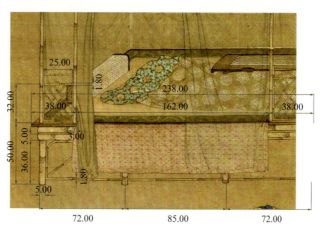

图14-7
《甄妃晨妆图立轴》竹架子床细部尺寸核算
（单位：cm）

表14-3 《甄妃晨妆图立轴》竹架子床尺寸数据　　　　　　　　　　　　　　　　　　　　　　　单位：cm

仕女坐像高（第一参照系）	凳高（第二参照系）	桌高（第二参照系）	床总高	床正面宽	门围子宽	正面开口宽	床面高	床围子高	床腿直径	角柱竹竿直径	床围子竹竿直径	床腿帐子直径
123.7	36	72	218	238	31	162	50	30, 32	5	3	1.4, 1.8	1.8

3. 清《燕寝怡情》中竹架子床的造型特征分析

　　《燕寝怡情》人物图册是清宫内府收藏的珍品，描绘的是家居生活场景。这套图册中绘有数件竹制家具，如架子床、竹凳等，其中一张绘有湘妃竹制作的架子床，造型精致。画面中选用男主人和女主人为第一、二参照系，同时参照清代家具常规尺寸作为佐证的辅助参照系。根据《中国成年人人体尺寸》（GB/T 10000—1988E），第50百分位成年女性坐高为85.5cm，小腿加足高为38.2cm，合计为123.7cm。根据这一参照系标准，则男主人身高为149.9cm，显然男主人的身高不在正常范围内。因此反过来推算，设定男主人身高为170cm左右，则女主人的坐像高为140.3cm，基本在合理范围内。但通过这一参照系测算出的竹架子床的总高为242cm左右，这个高度比明清时期的常规尺寸要高。因此再次修正男主人身高为160cm，测算出竹架子床总高为227.7cm，女主人坐像高为132.0cm左右，则这一尺寸是综合来看最合理的一组。

　　另一方面，因为该画存在较大的平行透视角度，竹架子床的正面宽度无法直接测算，通过测算画面的竹床顶部相应结构的尺寸关系，可以推算出竹床顶部的全宽，即竹床两个门围子中间的距离加上两个门围子的尺寸：$W_{竹床正面宽}$=98+35+35=168cm。但竹架子床的正面宽显然要大于这个尺寸。

　　根据等比例缩放的原则，参照清代竹架子床的常见尺寸，可以反推该床各部件的正面宽尺寸。如果参照《甄妃晨妆图立轴》竹架子床238cm的正面宽数据，则该图中正面宽所有测算数据按照238/168≈1.42的比例放大即可，即门围子宽度为1.42×35=49.7cm，正面床口宽1.42×98≈139.2cm（图14-9、表14-4）。

图14-9
清《燕寝怡情》中竹架子床
的造型分析图（单位：cm）

表14-4　《燕寝怡情》竹架子床尺寸数据　　　　　　　　　　　　　　　　　　　　单位：cm

男主人高 （第一参照系）	女主人坐像高 （第二参照系）	床总高	床面高	门围子宽	床口宽	床腿单根 竹竿直径	床腿帐子 直径	床腿支撑 竹直径
160	132	227.7	45	49.7	139.2	2.7	2	1
170	140.3	242	47.8	52.7	147.9	2.9	2.1	1.1
149.9	123.7	213.4	42.2	46.5	130.4	2.5	1.9	0.9

4.清《燕寝怡情》中竹架子床复原与效果

根据相关尺寸和装饰造型的分析,《燕寝怡情》竹架子床的复原效果如图14-10所示。

根据复原及测算的情况,竹床主要支撑用竹为直径3.2cm左右的竹竿,假设其壁厚为0.5cm,其竹材体积约为48248.81cm³;竹床旁边竹围子装饰构件使用的竹材为直径1.5cm的竹竿,其体积约为7557.82cm³;竹床顶部竹围子装饰构件外框架使用的是直径为2.5cm的竹竿,假设其壁厚为0.5cm,其体积约为2869.43cm³;竹床支撑构件中剩余竹材为直径2cm的竹竿,假设其壁厚为0.5cm,其竹材体积约为2363.78cm³;竹床床面为竹构件,其竹材体积为35700cm³。再根据竹材密度为0.7～0.75g/cm³,计算出竹榻竹质部分的总重量约为67.72kg。

竹床顶部为木构件,其体积为6207.136cm³,再选择榆木0.68g/cm³测算,计算出该竹床的木构件重量约为4.22kg。

综上,该竹床的总重量约为71.94kg。

图14-10
清《燕寝怡情》中竹架子床复原效果图

5.《吴友如画宝》中竹榻造型特征分析

《吴友如画宝》全书共分四卷，描绘了清末社会各阶层的生活和众生相，其中特别绘制了大量的生活场景，在生活场景中细致地描绘了各类竹制家具和生活竹器。

此处选用了一处绘制得十分精美的竹榻作为研究对象，选择该画面中坐在榻上女子作为第一参照系，站立女子作为第二参照系，同时参照清代家具常规尺寸作为佐证的辅助参照系。根据我国国标《中国成年人人体尺寸》（GB/T 10000—1988E），第50百分位成年女性坐高为85.5cm，小腿加足高为38.2cm，合计为123.7cm。根据这一参照系标准，则站立女子身高为146.9cm，这一身高不符合常规成年女子身高标准。根据前文的综合修正方法，也对该画中的综合尺寸开展调整测算（图14-11、图14-12、表14-5）。

图14-11
《吴友如画宝》中竹榻总高尺寸分析（单位：cm）

图 14-12
《吴友如画宝》中竹榻细部尺寸分析(单位:cm)

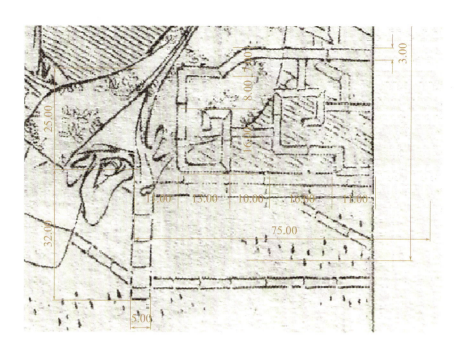

表 14-5 《吴友如画宝》中竹榻尺寸数据　　　　　　　　　　　　　　　　　　　　　　　单位:cm

站立女子高 (第一参照系)	坐榻女子坐像高 (第二参照系)	榻总高	榻面高	榻侧面宽	靠背高	床腿竹竿 直径	床腿枨子 直径	扶手竹竿 直径
146.9	123.7	70	32	75	38	5	3	3
160	134.7	76.2	34.8	81.7	41.4	5.5	3.3	3.3

画中竹榻的正面具有一定的透视变形,无法准确地测量出竹榻的正面宽。根据对前期明代和清代竹榻尺寸的核算,结合画面中人物和竹榻的关系,预估该竹榻宽约为4.5～5个女子最大肩宽。根据我国国标《中国成年人人体尺寸》(GB/T 10000—1988E),第50百分位成年女子最大肩宽为39.7cm,估算该竹榻的正面宽为:

$$W_{较小正面}=39.7×4.5=178.65cm;\quad W_{较大正面}=39.7×5=198.5cm$$

7.任薰《莲塘清暑图》单扶手竹榻造型特征分析

任薰《莲塘清暑图》中绘制了一件十分特别的竹榻，首先竹榻仅供单人使用，可放置专用几案；其次该竹榻仅一边有扶手，另一边没有扶手，应该是一件根据主人特定需求而专门设计的单人单扶手竹榻。

如图14-14所示，选择该画面中坐在榻上男主人（即任薰）作为第一参照系，同时参照清代家具常规尺寸作为佐证的辅助参照系。根据《中国成年人人体尺寸》（GB/T 10000—1988E）相关标准，第50百分位成年男性坐高为90.8cm，小腿加足高为41.3cm，合计为132.1cm。根据这一参照系，测算出竹榻的整体高度为46cm左右，其中榻面高仅为23cm，是一件榻面很低的竹榻，应该能够让人更多地半躺在竹榻上。同时测算出竹榻的正面宽为106cm，榻上的几正面宽度为23cm（表14-6）。

较难测定的是竹榻的侧面宽，根据画面的尺度测算，侧面宽为61cm，但因为存在透视问题，竹榻侧面宽应该大于61cm。

表14-6　任薰《莲塘清暑图》单扶手竹榻尺寸数据　　　　　　　　　　　　　　　　单位：cm

男主人坐像高（第一参照系）	榻总高	榻正面宽	榻面高	榻面围合竹直径	榻侧面宽	靠背高	床腿竹竿直径	床腿枨子直径	扶手竹竿直径	几高	几宽
132.1	46	106	23	3	>61	23	7	1	3～4	35	23

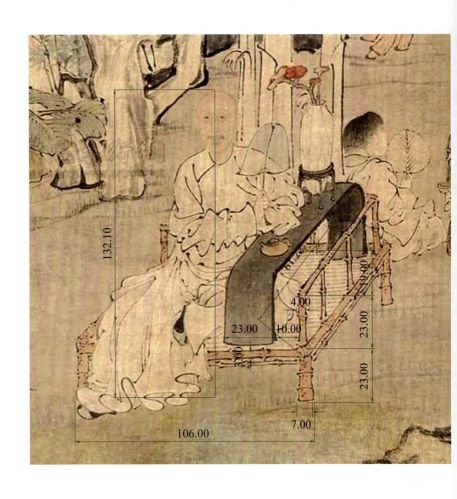

图14-14
任薰《莲塘清暑图》单扶手竹榻细部尺寸分析（单位：cm）

8. 任薰《莲塘清暑图》单扶手竹榻复原与效果

根据相关尺寸和装饰造型的分析，该竹榻的复原效果如图14-15所示。

根据复原及测算的情况，竹榻腿用竹的直径为6.5cm左右，假设其壁厚为1cm，其竹材体积约为3073.25cm³；竹榻榻面为竹构件，其竹材体积约为10046.73cm³；竹榻榻面支撑部分为直径4.5cm的竹竿，假设其壁厚为0.5cm，其竹材体积约为2327.24cm³。

竹榻扶手主要部分竹材为直径分别为3.5cm、2.5cm的竹竿，假设其壁厚为0.5cm，则二者的体积分别为1279.32cm³、398.25cm³；另外一种竹材为直径为2cm的竹竿，假设其壁厚为0.5cm，则其竹材体积约为900.49cm³。再根据竹材密度为0.7～0.75g/cm³，计算出竹构件的总重量约为12.62kg。

竹榻上的几为木构件，测算出木构件的体积为4410.474cm³。再根据一般木材的密度，选择榆木0.68g/cm³测算，计算出该竹几木构件的重量约为3kg。

综上，该竹榻的总重量约为15.62kg。

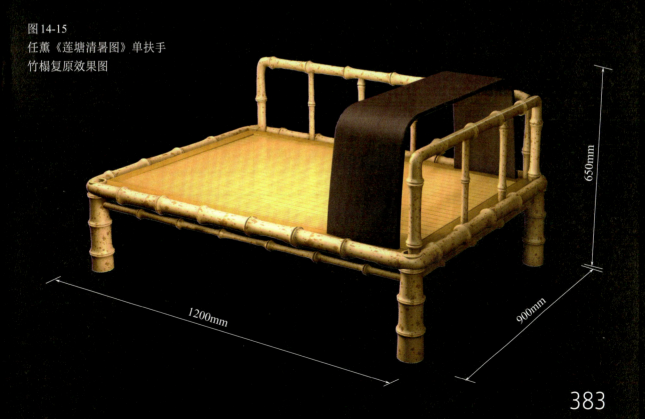

图14-15
任薰《莲塘清暑图》单扶手竹榻复原效果图

第四节
清代竹橱柜的
数字复原

1.《吴友如画宝》中竹橱柜造型特征分析

《吴友如画宝》中有几处绘制了竹橱柜的形象,此处选用一处绘制得精细的竹橱柜作为研究对象。因画面中仅有一个小孩往外走的形象,没有更精确的参照系,因此选择该图中的人物和常见器物作为参照系,如选择该画面中儿童作为第一参照系,厨房中的菜板架子和长条凳作为第二参照系,同时参照清代家具常规尺寸作为佐证的辅助参照系。根据综合测算,当儿童身高约为133cm时,菜板架子的高度约为75cm,长条凳的高度约为45cm。根据我国国标《中国成年人人体尺寸》(GB/T 10000—1988E),第50百分位成年男子坐着时小腿加足高为41.3cm,再加上鞋子的高度,则长条凳45cm的高度是在合理尺寸范围内的(图14-16)。

根据参照系相关数据,可测算出竹橱柜的整体高为182cm,正面底宽为92cm,正面顶宽为86cm,腿部竹竿最大直径为8cm,顶端竹竿直径为6cm,正面横向框架竹竿直径为5cm等。常见的竹橱柜的侧面宽为正面宽的一半,因此估算该竹橱柜的侧面宽为43～46cm(表14-7)。

表14-7 《吴友如画宝》中竹橱柜尺寸数据　　　　　　　　　　　　　　　　　单位:cm

儿童高(第一参照系)	长条凳高(第二参照系)	菜板架高(第二参照系)	总高	正面底宽	正面顶宽	侧面底宽	侧面顶宽	床腿竹竿直径	顶端竹竿直径	横向竹竿直径	小竹竿直径
133	45	75	182	92	86	46	43	8	6	5	3～3.5

图14-16
《吴友如画宝》中竹橱柜尺寸分析（单位：cm）

2.《吴友如画宝》中竹橱柜复原与效果

根据前述数据分析,复原出该竹橱柜的整体形象和效果,并尝试对竹橱柜的基本结构开展数字化复原(图14-17)。通过测算,该竹橱柜的整体容积$V_{竹橱柜}$=489048.0cm³≈489.05L。就竹橱柜的整体容积而言,能够盛装的空间能达到近500L,是一个较大型的橱柜。竹橱柜采用上下两组门的方式,上部双门的高度约为96cm,下部双门的高度约为32cm,上部双门的高度为下部双门高度的3倍,既体现出竹橱柜的修长造型比例,同时也方便竹橱柜内不同食物的分类存放。

另一方面,竹橱柜由整体框架结构和竹排面板组装而成。竹排面板的使用既能保护食物不被小动物和昆虫偷食,也能很好地起到通风作用,从而更好地保存食物。

图 14-17
《吴友如画宝》竹橱柜复原效果图

经过测算，竹橱柜内木构件的体积约为14388.84cm³；选用榆木（密度为0.68g/cm³）作为木材的测算标准，则木构件的重量约为9.78kg。

同样，经测算竹橱柜侧面竹竿的平均直径为7cm，壁厚为1cm，则该类构件的体积约为15986.02cm³；横向直径为5cm的竹竿，壁厚为1cm，则该类构件的体积约为7117.31cm³；直径为3.5cm的其他类竹竿，壁厚为0.5cm，则该类构件的体积约为3239.75cm³；竹排面板等竹构件体积为11880.25cm³。综上，竹橱柜竹构件体积约为38223.33cm³。选择竹材密度为0.7～0.75g/cm³进行测算，则竹构件的重量约为26.76kg。则该竹橱柜的总体重量约为36.54kg。

第五节
清代竹桌的
数字复原

1. 清代绘画中竹制方桌、圆桌和六边桌造型特征分析

在清代的各类绘本中有方桌、圆桌和六边桌等不同造型的竹桌。如清院本《胤禛美人图之消夏赏蝶》中绘制的大方桌、清代外销画中出现的圆桌和六边桌等。

大方桌在明清时期也称八仙桌,《胤禛美人图之消夏赏蝶》中的大方桌使用湘妃竹制作而成,桌腿由四根较细的湘妃竹竿组合而成,造型方正简洁,尺寸较大(图14-18)。清代外销画中出现的圆桌和六边桌等均造型精巧,十分重视竹桌的装饰性,使用大量的小竹竿组合成"卍"字纹和回形纹等装饰。这样的装饰既体现了该时期竹家具的美感,也是竹家具重要的加固和受力结构。

图14-18
《胤禛美人图之消夏赏蝶》
竹制方桌细部尺寸分析
(单位:cm)

对竹制方桌、圆桌（图14-19）和六边桌（图14-20）进行尺寸分析。三件竹桌的主要尺寸见表14-8。

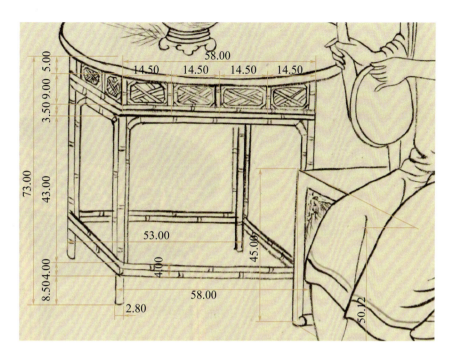

图14-19
清代外销画中竹制圆桌细部尺寸分析（单位：cm）

图14-20
清代外销画中竹制六边桌细部尺寸分析（单位：cm）

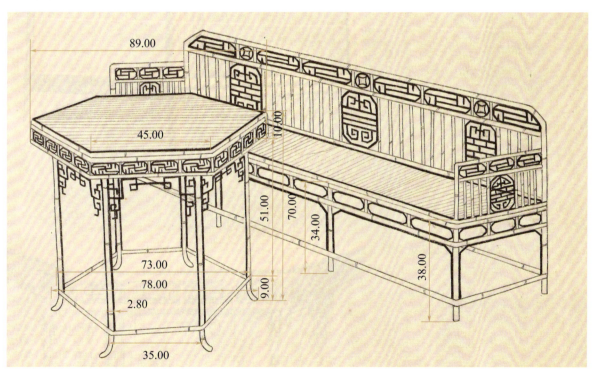

表14-8 三件竹桌尺寸数据

单位：cm

竹桌	仕女座高（第一参照系）	方桌总高	桌腿直径	桌面边长	桌面直径	桌面围合竹竿直径	桌面板厚度
方桌	123.7	71.5～73	4	90～105	—	1.5	3
圆桌	123.7	73	2.8	—	90	1.5～1.8	2
六边桌	—	70	2.8	45	—	1.5～2	1～2

2.清代绘画中竹制条桌造型特征分析

任熊《人物图》、任薰《人物图》中均绘制了一件大条桌。任熊《人物图》中,选择该画面中男主人作为第一参照系,站在条桌旁边的儿童作为第二参照系,同时参照清代家具常规尺寸作为辅助参照系。根据这一参照系,测算出竹条桌的整体高度为83cm左右,条桌侧面宽为46.5cm。较难测定的是竹条桌的正面宽,根据画面的尺度测算,因为存在透视问题,竹条桌侧面宽应该大于87cm。考虑到清代竹条桌的长度一般以"尺"为单位计算,根据画面的情况,设定竹条桌的正面宽为"四尺",这样可达到约134cm的长度(图14-25、表14-9)。

同样,其他两张图中的尺寸经过分析测算,得出相应的竹制大条桌尺寸,条桌尺寸上变化不大,仅任薰《人物图》中条桌的高度和侧面宽度有所变化,高度降低了一点,宽度增加了一点,分别为80cm和57cm。

图14-25
任熊《人物图》竹制大条桌细部尺寸分析(单位:cm)

表14-9 任熊《人物图》竹制大条桌尺寸数据 单位:cm

男主人身高(第一参照系)	儿童身高(第二参照系)	条桌总高	桌侧面宽	桌腿直径	桌面围合竹直径	桌正面宽	床腿竹竿直径	桌面板厚度
170	159	83	46.5	4~6	4	>87	3	4

3.清代绘画中竹制大条桌复原与效果

根据相关尺寸和装饰造型分析,竹制大条桌的复原效果如图 14-26、图 14-27 所示。

经过测算,两张条桌的重量为 13.5～14kg。竹桌面板采用了厚度约为 4cm 的木板,其目的是增加竹桌的总重量。因竹桌自身较轻,为了契合清代书桌厚重感的需要,设计了这样一种折中的方案,既有竹文化的内涵特点,又有厚重的即视感。

图 14-26
任熊《人物图》竹制大条桌复原效果图

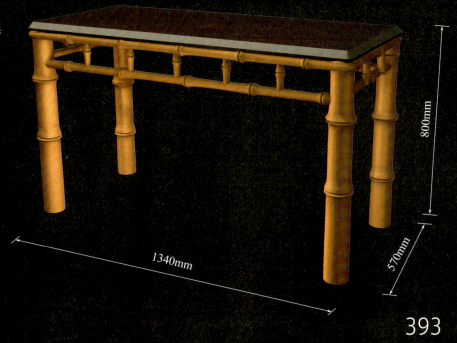

图 14-27
任薰《人物图》竹制大条桌复原效果图

参考文献

[1] 李约瑟. 中国科学技术史[M]. 王玲, 协助. 北京: 科学出版社, 上海: 上海古籍出版社, 1990.

[2] 劳佛尔. 中国篮子[M]. 叶胜男, 郑晨, 译. 杭州: 西泠印社出版社, 2014.

[3] 国家林业和草原局. 中国森林资源报告(2014—2018)[M]. 北京: 中国林业出版社, 2019.

[4] 贺刚. 湘西史前遗存与中国古史传说[M]. 长沙: 岳麓书社, 2013.

[5] 姜亮夫, 等. 先秦诗鉴赏辞典[M]. 上海: 上海辞书出版社, 1998.

[6] 逯钦立, 辑校. 先秦汉魏晋南北朝诗[M]. 北京: 中华书局, 2017.

[7] 田宜弘. 楚国歌谣集评注[M]. 杭州: 浙江工商大学出版社, 2013.

[8] 王全. 全唐诗[M]. 北京: 中华书局, 1960.

[9] 北京大学古文献研究所. 全宋诗[M]. 北京: 北京大学出版社, 1998.

[10] Ted Jordan Meredith. Bamboo for Gardens[M]. Portland: Timber Press, 2001.

[11] 何明, 廖国强. 中国竹文化[M]. 北京: 人民出版社, 2007.

[12] 张小开, 孙媛媛, 李亮之. 中国竹器·竹器历史[M]. 合肥: 合肥工业大学出版社, 2019.

[13] 张小开, 张福昌. 中国竹器·竹器设计[M]. 合肥: 合肥工业大学出版社, 2019.

[14] 张小开, 孙媛媛, 傅宝姬, 张福昌. 中国竹器·竹器品类[M]. 合肥: 合肥工业大学出版社, 2019.

[15] 张小开, 孙媛媛, 傅宝姬, 张福昌. 中国竹器·地域竹器[M]. 合肥: 合肥工业大学出版社, 2019.

[16] 河南省文物研究所. 信阳楚墓[M]. 北京: 文物出版社, 1986.

[17] 湖北省荆州地区博物馆. 江陵马山一号楚墓[M]. 北京: 文物出版社, 1985.

[18] 浙江省文物考古研究所, 等. 楼家桥、薑塘山背、尖山湾: 浦阳江流域考古报告之二[M]. 北京: 文物出版社, 2010.

[19] 湖北省博物馆. 曾侯乙墓文物艺术[M]. 武汉: 湖北美术出版社, 1992.

[20] 河南省文物考古研究所. 新蔡葛陵楚墓[M]. 郑州: 大象出版社, 2003.

[21] 湖北省文物考古研究所, 荆门市博物馆, 襄荆高速公路考古队. 荆门左冢楚墓[M]. 北京: 文物出版社, 2006.

[22] 湖北省文物考古研究所. 江陵九店东周墓[M]. 北京: 科学出版社, 1995.

[23] 容庚. 金文编[M]. 北京: 中华书局, 1985.

[24] 许慎. 说文解字[M]. [宋]徐铉, 校. 北京: 中华书局, 2013.

[25] 《云梦睡虎地秦墓》编写组. 云梦睡虎地秦墓[M]. 北京: 文物出版社, 1981.

[26] 湖南省博物馆, 中国科学院考古研究所. 长沙马王堆一号汉墓[M]. 北京: 文物出版社, 1973.

[27] 张家山二四七号汉墓竹简整理小组. 张家山汉墓竹简[M]. 北京: 文物出版社, 2006.

[28] 张安治. 中国美术全集・绘画编・原始社会至南北朝绘画[M]. 北京: 人民美术出版社, 1988.

[29] 张宝玺. 嘉峪关酒泉魏晋十六国墓壁画[M]. 兰州: 甘肃人民美术出版社, 2001.

[30] 吴健. 中国敦煌壁画全集. 西魏卷[M]. 天津: 天津人民美术出版社, 2002.

[31] 段文杰. 中国敦煌壁画全集7・敦煌中唐[M]. 天津: 天津人民美术出版社, 2006.

[32] 段文杰. 中国敦煌壁画全集9・敦煌五代・宋[M]. 天津: 天津人民美术出版社, 2006.

[33] 徐光冀, 等. 中国出土壁画全集[M]. 北京: 科学出版社, 2011.

[34] 昭陵博物馆. 昭陵唐墓壁画[M]. 北京: 文物出版社, 2006.

[35] 福建省博物馆. 福州南宋黄昇墓[M]. 北京: 文物出版社, 1982.

[36] 何传馨. 故宫藏画大系・唐五代名画・两宋名画[M]. 桂林: 广西师范大学出版社, 2008.

[37] 浙江大学中国古代书画研究中心. 宋画全集[M]. 杭州: 浙江大学出版社, 2014.

[38] 李衎. 竹谱详录[M]. 杭州: 浙江人民美术出版社, 2013.

[39] 王毓瑚. 王祯农书[M]. 北京: 农业出版社, 1981.

[40] 王祯. 王祯农书[M]. 杭州: 浙江人民美术出版社, 2015.

[41] 邵晓峰. 中国宋代家具[M]. 南京: 东南大学出版社, 2010.

[42] 王世襄. 明式家具研究[M]. 北京: 生活・读书・新知三联书店, 2007.

[43] 王子林. 明清皇宫陈设[M]. 北京: 故宫出版社, 2011.

[44] GB/T 10000—1988E. 中国成年人人体尺寸.

[45] 中国科学院中国植物志编辑委员会. 中国植物志[M]. 北京: 科学出版社, 1999.

[46] 张福昌. 中华民族传统家具大典. 地区卷[M]. 北京: 清华大学出版社, 2016.

后记

本书是作者主持教育部人文社会科学研究一般项目"中国传统竹器的保护传承与数字活化研究"（项目编号：20YJA760104）的研究成果。中国竹器及造物智慧伴随中国文明延续至今，不断发展，和中国竹文化一道，从物质到精神，不断丰富和繁荣中国乃至世界人民的生活体验，极具东方文明特色。

笔者自幼家中便有竹园，在竹园中嬉戏玩耍，具有浓厚的竹子情结。早在2004年攻读博士期间，便以中国竹器物的设计规律作为研究课题，至今未中断。一直以来，笔者都有一个愿望，希望越来越多的人关注和喜欢中国竹器，传承中华竹文化，让越来越多的人共同来推动中国传统竹器的现代化发展，创新设计出更多的能够符合现代生活需要的新竹器，实现中华优秀传统文化的创造性转化和创新性发展。

本书也正是带着这样的愿望而撰写，是笔者完成国家出版基金《中国竹器》（4卷）项目之后的后续研究，试图努力探索构建一个较完整的中国竹器图谱。从开始研究、撰写到最后成稿，不断地在完善和调整，前后增删完善12稿，就是希望在有限的篇幅中尽可能地把中国竹器造物及其图谱以更准确、更系统的方式展现出来。期间，得到了我的恩师江南大学张福昌教授的全程指导。从导师那儿博士毕业已经15个年头，还能得到老师的指导与勉励，实属学术生涯中的一件幸事。另外，国家林业和草原局竹子研究开发中心吴良如研究员、南京师范大学吴振韩教授、福建农林大学傅宝姬教授在本书研究过程中提供的帮助和支持，在此致以衷心感谢！

在本书出版期间，化学工业出版社责任编辑张阳老师在书稿审校过程中，不厌其烦地和笔者反复讨论书稿内容，不放过每一处历史文献佐证材料，不放过每一个数据推演细节，以专业的眼光和高度的敬业精神提升了本书品质，让笔者十分感动。此外，化学工业出版社设计师尹琳琳老师对本书的整体装帧进行了精心设计。得益于此，本书能以更精练的内容、更强的可读性、更精美的版面呈现出来，带给广大读者更佳的阅读体验。

本书的研究还在继续，还有很多历代竹器未被数字化复原，需要作进一步研究，但仍希望这本书能够为推动中国竹器造物、中国竹文化的繁荣和创新发展尽绵薄之力。书中不足之处敬请专家学者、广大读者批评指正。

张小开

2023年12月于天津